中国地方社会科学院学术精品文库·浙江系列

中国地方社会科学院学术精品文库·浙江系列

国际法院参加制度研究

——以《国际法院规约》第62条为视角

Research on the Intervention of the International Court of Justice:
In the Perspective of Article 62 of the Statute of the International Court of Justice

● 弋浩婕 / 著

社会科学文献出版社
SOCIAL SCIENCES ACADEMIC PRESS (CHINA)

本书由浙江省省级社会科学学术著作出版资金资助出版，亦获浙江省社会科学院地方法治研究中心基金资助。

打造精品　勇攀"一流"

《中国地方社会科学院学术精品文库·浙江系列》序

　　光阴荏苒，浙江省社会科学院与社会科学文献出版社合力打造的《中国地方社会科学院学术精品文库·浙江系列》（以下简称"《浙江系列》"）已经迈上了新的台阶，可谓洋洋大观。从全省范围看，单一科研机构资助本单位科研人员出版学术专著，持续时间之长、出版体量之大，都是首屈一指的。这既凝聚了我院科研人员的心血智慧，也闪烁着社会科学文献出版社同志们的汗水结晶。回首十年，《浙江系列》为我院形成立足浙江、研究浙江的学科建设特色打造了高端的传播平台，为我院走出一条贴近实际、贴近决策的智库建设之路奠定了坚实的学术基础，成为我院多出成果、快出成果的主要载体。

立足浙江、研究浙江是最大的亮点

　　浙江是文献之邦，名家辈出，大师林立，是中国历史文化版图上的巍巍重镇；浙江又是改革开放的排头兵，很多关系全局的新经验、新问题、新办法都源自浙江。从一定程度上说，在不少文化领域，浙江的高度就代表了全国的高度；在不少问题对策上，浙江的经验最终都升华为全国的经验。因此，立足浙江、研究浙江成为我院智库建设和学科建设的一大亮点。《浙江系列》自策划启动之日起，就把为省委、省政府决策服务和研究浙江历史文化作为重中之重。十年来，《浙江系列》涉猎领域包括经济、哲学、社会、文学、历史、法律、政治七大一级学科，覆盖范围不可谓不广；研究对象上至史前时代，下至 21 世纪，跨度不可谓不大。但立足浙江、研究浙江的主线一以贯之，毫不动摇，为繁荣我省哲学社会科学事业积累了丰富的学术储备。

贴近实际、贴近决策是最大的特色

学科建设与智库建设双轮驱动，是地方社会科学院的必由之路，打造区域性的思想库与智囊团，是地方社会科学院理性的自我定位。《浙江系列》诞生十年来，推出了一大批关注浙江现实，积极为省委、省政府决策提供参考的力作，主题涉及民营企业发展、市场经济体系与法制建设、土地征收、党内监督、社会分层、流动人口、妇女儿童保护等重点、热点、难点问题。这些研究坚持求真务实的态度、全面历史的视角、扎实可靠的论证，既有细致入微、客观真实的经验观察，也有基于顶层设计和学科理论框架的理性反思，从而为"短、平、快"的智库报告和决策咨询提供了坚实的理论基础和可靠的科学论证，为建设物质富裕、精神富有的现代化浙江贡献了自己的绵薄之力。

多出成果、出好成果是最大的收获

众所周知，著书立说是学者成熟的标志；出版专著，是学者研究成果的阶段性总结，更是学术研究成果传播、转化的最基本形式。进入 20 世纪 90 年代以来，我国出现了学术专著出版极端困难的情况，尤其是基础理论著作出版难、青年科研人员出版难的矛盾特别突出。为了缓解这一矛盾和压力，在中共浙江省委宣传部、浙江省财政厅的关心支持下，我院于 2001 年设立了浙江省省级社会科学院优秀学术专著出版专项资金，从 2004 年开始，《浙江系列》成为使用这一出版资助的主渠道。同时，社会科学文献出版社高度重视、精诚协作，为我院科研人员学术专著出版提供了畅通的渠道、严谨专业的编辑力量、权威高效的书稿评审程序，从而加速了科研成果的出版速度。十年来，我院一半左右科研人员都出版了专著，很多青年科研人员入院两三年左右就拿出了专著，一批专著获得了省政府奖。可以说，《浙江系列》已经成为浙江省社会科学院多出成果、快出成果的重要载体。

打造精品、勇攀"一流"是最大的愿景

2012年，省委、省政府为我院确立了建设"一流省级社科院"的总体战略目标。今后，我们将坚持"贴近实际、贴近决策、贴近学术前沿"的科研理念，继续坚持智库建设与学科建设"双轮驱动"，加快实施"科研立院、人才兴院、创新强院、开放办院"的发展战略，努力在2020年年底总体上进入国内一流省级社会科学院的行列。

根据新形势、新任务，《浙江系列》要在牢牢把握高标准的学术品质不放松的前提下，进一步优化评审程序，突出学术水准第一的评价标准；进一步把好编校质量关，提高出版印刷质量；进一步改革配套激励措施，鼓励科研人员将最好的代表作放在《浙江系列》出版。希望通过上述努力，能够涌现一批在全国学术界有较大影响力的学术精品力作，把《浙江系列》打造成荟萃精品力作的传世丛书。

是为序。

张伟斌

2013年10月

内容提要

参加制度是国际法院诉讼程序中的一个附带程序。《国际法院规约》在第 62 条和第 63 条分别规定了两种参加制度，本书研究以第 62 条的规定为视角。根据该条规定，在国际法院的诉讼程序中，第三国在认为其法律性质的利益可能会受到法院对案件所作判决的影响时，可以向法院提出参加请求并由法院决定是否予以许可。该制度早在常设国际法院时期就已设立，但是一直鲜有司法实践。直到 20 世纪 70 年代以后，才有国家相继在有关案件中以第三国身份向国际法院提出参加请求。国际法院在前期案例中数次拒绝了该请求，而 1990 年参加制度的发展出现了实质性转折，尼加拉瓜的参加请求首次被许可，法院由此敞开了第三国参加诉讼的大门。

在尼加拉瓜成功参加之后，法院又在随后的案件中作出或许可或拒绝的裁判。参加制度在近 40 年的发展中逐步完善，有关第三国参加的标准开始确立起来，但法院在一些具体问题上的做法仍然有讨论的空间。第三国请求参加的根本条件是其法律性质的利益可能会受到法院判决的影响。此外，该国还需要具有明确的参加目的。法院通过尼加拉瓜参加案明确承认了以非当事国身份参加和以当事国身份参加的两种情形。而在以当事国身份参加的情况下，该第三国还应当具有管辖根据，否则无法达到国际法院许可参加的要求。第62条参加制度的发展促使国际法院在平衡当事国自治和第三国利益、扩大法院影响力、实现公正的司法价值以及推动国际法治方面发挥了积极的作用。

中国与国际法院有深厚的历史渊源，目前法院的法官构成中也一直有中国籍法官，再加上中国在有关科索沃独立的咨询案件中迈开了参与国际法院程序的一大步，这些背景和前提使中国今后在适当时机利用参加制度不失为一种可能。在案件种类和参加身份的选取上，中国应当限于不涉及与国家政治、安全利益密切相关的案件，并以非当事国的身份请求参加。这样一方面有助于保护中国在国际事务上的法律利益，另一方面通过国际法院这一平台发表法律意见和主张，有助于维护中国的话语权和大国形象。

本研究从五个部分展开。第一章宏观地介绍了参加的概念、参加制度的历史发展和法律依据。由于《国际法院规约》第62条和第63条的参加在这些方面具有共同点，并且前者的设立与后者具有一定的联系，所以本章的讨论虽然以第62条参加为中心，但是在制度缘起、历史发展的部分避免不了涉及对第63条的分析。为了更加明确地认识第62条参加，本章也专门对二者进行了简要的比较研究。

第二章是本书的重点。本章根据《国际法院规约》和《国际法院规则》的规定并结合国际法院的司法实践，认为法律利益和参加目的是第三国参加的一般构成要件，它们也是以非当事国身份参加的构成要件。在以当事国身份参加的情况下，第三国还应当具有管辖根据，即与原诉讼当事国间存在管辖联系，从而与国际法院管辖权原则中最基本的国家同意原则相一致。国际法院虽然承认了以当事国身份参加这一参加形式，但是目前它还只停留在理论上。

第三章讨论了与参加有关的程序性问题，例如参加请求提出的时间和决定主体。本章还就参加请求国的阅卷权、口述程序参与权以及指派专案法官的权利区别不同情形进行了分析。这三个权利并非为所有参加请求国绝对享有，参加请求是否被许可以及请求国的身份是当事国还是非当事国将对这类权利产生影响。

第四章选取了2008年希腊参加国家管辖豁免案，进一步分析了国际法院近期在参加制度上关注的焦点以及希腊参加所带来的实际效果。该案本身因为其实体所涉的国际法问题引起广泛关注，而希腊的成功参加也进一步让国际法院将关注点集中在对法律利益的细节判断上。

第五章从价值方面评价了参加制度。该制度对参加国个体和整个国际法院都具有积极的意义。同时本章还基于中国与国际法院的各方面联系和参与背景，讨论了中国利用参加制度的可能性，以引发对该制度更深层次的思考。

通过上述研究，本书结论认为，《国际法院规约》第62条的参加制度向第三国敞开了大门，它具有相对明确的构成要件。但是，参加制度也是一个正在发展中的制度，在有关第三国法律利益构成要件的判断等问题上还有待今后的司法实践予以明确和巩固。对于中国来说，参加制度作为国际法院诉讼程序一部分，也是可予以考虑参与国际司法的一种方式。

关键词： 国际法院 附带程序 参加 法律利益 管辖根据

Abstract

Intervention is an incidental proceeding as one judicial procedure in the International Court of Justice (ICJ). Two types of intervention are provided in the Article 62 and 63 of the Statute of the Court, the former of which is being discussed in this research. According to the Statute, a third party may request to intervene to proceedings when it considers the legal interest of which may be affected by decisions and then the Court may decide on that request. The institution is established during the period of the Permanent Court of International Justice while judicial practice is rare. There was no request of intervention as a third party until the 1970s. The Court rejected some intervention requests in the early stage, however, a substantial change has been made in 1990, which Nicaragua was permitted to intervene for the first time and since then, the Court has opened the door of the intervention.

After the success of Nicaragua, the Court permitted or rejected requests in different cases. The institution has been improved gradually in recent 40 years; standards related to third party intervention are created, nonetheless practice on some specific issues is still open to discuss in the Court. The essential condition for a third state to intervene is that the decision made by the Court may affect the legal interest of the third state besides precise objects of intervention offered by that state. The Court, through the intervention case of Nicaragua, definitely recognized both non-party intervention and party-intervention. Under the circumstance of party-intervention, jurisdictional basis of the third state is necessary otherwise it doesn't meet the criteria of the Court on permission of intervention. The development of the Intervention ruled by Article 62 propels the Court to play a positive role in balancing the contradicts between party autonomy and interests of third parties, expanding its influence, realizing the judicial value of justice and promoting the international rule of law.

China has deep historical relation with the ICJ. Presently the Chinese judge is also on the bench of the Court, and by participation in the advisory case concerning on Kosovo's issue China has made a big progress. All these backgrounds and preconditions make it possible for China to use intervention when proper. As far as the choosing of case type and intervention identity, it should be confined to cases without any relation to China's political and security interests and it may intervene as a non-party. For one thing, it will contribute to protecting China's legal interests in international affairs, for another China's discourse power and its great image may be maintained by means of holding legal opinions and claims on the forum of the ICJ.

This research is composed of five chapters. Chapter I introduces the concept, historical development and legal resources of intervention in a general way. As Article 62 and 63 of the Statute share some common characters in these areas and there're specific connections between the two, the analysis in this chapter has to be related to the institution origin and historical development of Article 63 although the focus of which is still on Article 62.

As the key part, Chapter Ⅱ, on the basis of the Statute and the Rules of the ICJ and judicial practice in the Court, points out that the legal interests and the purposes are general conditions for third party intervention as well as non-party intervention. In the case of party-intervention, the third state should have jurisdictional basis, i. e. jurisdictional link with the original party states in order to be consistent with the principle of state consent which is the fundamental principle of the Court's jurisdiction. Party intervention is recognized by the Court but presently it is only a theory.

Chapter Ⅲ discuses some procedure issues such as the timing of the intervention claim and the subject of making decisions. In addition, some rights of the third state to be accessible to case documents, participating in oral proceedings and assigning *ad hoc* judges are also under discussion in different situations. All the three rights are not defenitly enjoyed by intervening states. Whether the application of intervention is permitted by the Court and whether the third state applies as a non-party or party may affect the above rights.

Chapter Ⅳ takes *Jurisdictional Immunities of the State* intervened by Greece as a case study with deeper analysis on the concentration of the Court towards intervention recently and the real effects brought by Greece's intervention. The case has drawn much attention because of the international law issues of the merits itself and the successful intervention of Greece has caught more focus on details of the judgment on the legal interest.

Chapter V narrates from the perspective of value. The system of intervention has made positive contributes to both individual intervening states and the whole Court. Meanwhile, based on the relationship between China and the ICJ in many aspects and background of China's participation in the Court, this part does some research on the possibility of China to intervene so as to provoke deeper thoughts on the institution.

Above all, it concludes that the intervention provided in Article 62 of the Statute of the ICJ has opened the door to third states with relatively precise criterias. Nevertheless, it is developing at the moment and some issues like the judgment of the requirement of legal interest of the third state still need to be clarified and strengthened by further judicial practice. As to China, intervention is one part of judicial proceedings of the Court and it is another way to participate in international judicial process that China may take some consideration.

Keywords: the International Court of Justice; incidental proceeding; intervention; legal interest; jurisdictional basis

目　录

绪　论

一　选题说明

（一）选题目的

参加制度（Intervention）是国际法院司法程序中为保护第三国利益而设置的一个制度。在国际司法诉讼中，案件常常会涉及多边争端。当两国将争端提交到国际法院进行司法裁判时，利益相关的第三国虽然并非该案件的直接当事国，但为使第三国利益不受法院最终实体裁判的影响，法院在一定条件下许可第三国参加到诉讼程序中并享有部分权利。《国际法院规约》（以下简称《规约》）第 62 条和第 63 条分别对基于法院许可的参加和基于规约解释的参加进行了规定。《国际法院规则》（以下简称《规则》）也对相应程序进行了细化。本书研究的参加制度主要是《规约》第 62 条下基于法院许可的参加。

参加制度设置的初衷是实现公平、平等、法治等司法程序上的价值，使国际法院在对争端当事国间进行定纷止争的同时，将裁判所产生的影响尽可能地限于诉讼当事国。然而，由于国家间争端本身的性质所致，第三国的利益往往会牵涉其中。在利益相关的第三国缺失的情况下，国际法院的裁判并不一定能保证该裁判不影响第三国的利益。而这时第三国在法庭上的出现就能在一定程度上减小这种不公平的影响。不甚理想的是，参加制度的历史并不短暂，但在司法实践上却长期处于沉寂的状态。直到近 30 年，参加制度才出现了实质性的发展。国际法院在早期的案件中基本上都拒绝了第三国的参加请求，但在 1990 年对陆地、岛屿和海域边界争端案（萨尔瓦多与洪都拉斯）的参加程序进行裁决时，法院的分庭第一次许可了尼加拉瓜的参加请求。随后，国际法院相继许可了赤道几内亚和希腊参加有关的诉讼程序。国际法院在 1990 年的转变并不是一个偶然，这其中最重要的是涉及国际法院法官对参加制度所涉法理的重新解释。虽然参加是国际法院的一个附带程序，但是这一重大发展对国际司法程序的完善、国际争端的和平解决与国际法治的影响仍然具有推动力。

本书的研究目的在于通过对国际法院诉讼参加的近十个案例（包括参加程序和参加程序所依附的案件实体程序）进行综合考察，明确法院目前对诉讼参加所持的立场和态度，探究国际法院对《规约》第 62 条及其相关程序规则的法理，特别是国际法院对许可第三国参加所确立的标准。在此基础上，通过参加制度在近年来的重大发展分析其价值和影响。最后，在对参加制度的程序、法理有所把握后，思考该制度对中国未来参与国际司法程序所具有的启示意义。

（二）选题意义

1. 理论意义

在 1990 年国际法院（分庭）第一次许可尼加拉瓜参加之后，参加制度经历了一次实质性的发展。在随后的案件中，国际法院针对不同的情况作出了或拒绝或许可的裁判。但自 1990 年以后，即使是国际法院拒绝第三国参加，其理由也不同于尼加拉瓜参加案之前。这就说明国际法院在参加的法理上有所发展，法官对参加制度的解释进入一个新的背景和体系。

首先，本选题对参加制度的整个法理及其发展变化进行理论上的梳理与分析。由于法学学科和国际法院本身的司法性质所致，一个制度的法理并非直接可以从法律条文或者某一单个案件的判决中推断出来。这需要该制度在长期司法实践中通过一系列案件及其判决进行论证和完善，而其间的理论体系也可能会出现矛盾或反复的情况。因此，本选题意在结合参加制度史上近十个完整的案例，对该制度最初的沉寂到后来获得法院实质性适用的发展进行理论分析。对包括法官个别意见在内的法院判决进行系统研究，从中理解并抽象出法院目前在这一制度上所持的态度和立场。

其次，参加制度近来的实质性发展毕竟只有 20 余年。这个时间长度无论对国际法院的整个历史跨度来说还是对一个制度本身的发展时长来说都还远远不够。之所以在近十余年来法院有拒绝和许可的不同情况，其中原因之一也是国际法院在许可参加的标准设定上还有不统一、不一致的情形。法官们虽然在根本问题①上达成了共识，但在具体标准和细节上还难于统一。本选题的另一个理论意义在于从后期的案例中分析参加制度目前的不完善之处，以此对该制度有一个更全面和客观的认识。

最后，国内外对参加制度进行过专门研究的学者不多。自 1990 年尼加拉瓜参加案之后，对参加制度的新发展有过专门讨论的也只寥寥数人。本书对该制度的研究较为系统，一方面不局限于单个案

---

① 即承认第三国以非当事国身份请求参加的话，则有可能获得国际法院许可。而在过去，国际法院未考虑到非当事国身份参加的情形，一直陷入第三国以当事国身份请求参加时的地位与法院判决对该第三国效力二者之间关系的矛盾中。因此，国际法院在 1990 年以前一直是拒绝第三国参加的。国际法院在早期实质上是以消极的态度回避了对参加制度的深入讨论。

例，另一方面也融入了目前的最新发展，这也具有一定的理论研究意义。

2. 现实意义

随着国际社会国际法治趋势的不断增强以及国际司法机构数量的增加，国际法院作为联合国下设的全球性司法机构，必将在其已有基础上继续担当起和平解决国际争端的重要角色。中国积极参与国际法治建设，与国际法院也有长久的历史渊源。虽然中国尚不接受国际法院的强制诉讼管辖权，但是这并不代表中国不能以积极的身份和心态参与到国际司法制度中。在厘清国际法院参加制度法理的同时，该制度对中国的启示是研究过程中必然要思考的主题和内容。

参加制度中的以非当事国身份参加恰好为不接受国际法院诉讼管辖权的国家提供了一个间接参与国际法院诉讼程序以保护本国利益的可能途径。而本选题的实践意义就在于结合中国的实际国情考虑中国是否可以在适当时候理性、灵活地利用以非当事国身份参加介入有关的国际诉讼中，以此声明中国在有关事项上的立场和态度，主张我国应有的权利。这一方面表明中国利用国际法院扩大在国际社会的话语权，另一方面也向世界展示中国积极融入国际司法制度、参与国际法治建设的大国形象。尽管参加制度仍然处于发展中且目前我国未有此类实践，但这方面的思考不失为今后可能出现的情形提供一个有益的探索。

二 国内外研究现状

（一）国内研究现状

1. 国内有关参加制度的研究

国内对参加制度尚无系统研究。最新的研究是宋杰在其博士论文的基础上修改并出版的《国际法院司法实践中的解释问题研究》。① 作者主要从法律解释的角度对国际法院的这一程序性事项进行研究。其中涉及对《规约》和《规则》的有关理解、《规约》第 62 条的参加与法院的管辖权问题、参加的法律利益证明和普遍性法律利益的参加问题等。另外作者还就《规约》第 63 条的参加和临时法官问题进行了探讨。可以说作者在对参加制度中最为关键的问题即管辖权问题的研究是深入而细致的。作者不仅结合了具体案例,而且对各个法官的判决意见进行了透彻的分析,而这正是运用法律解释方法的体现。作者在所涉其他问题上也具有缜密的思考,这能够看出作者对国际法院有关判决的熟练掌握情况。作为一篇单独的学术论文,或者作为博士论文的一部分,作者对参加制度的研究已经比较到位。但是鉴于 2008 年以后,特别是在 2011 年,国际法院对涉及参加制度的三个案件进行了判决,其中还许可了希腊在国家管辖豁免案中的参加请求,所以对参加的总体研究还有待更新。特别是对发展中的参加制度来说,案例数量的多少与更新决定了认识、理解和研究的角度及其广度与深度。另外,作者的关注点在"解释"二字上,所以对参加制度的其他问题并未涉及,在体系化上给其他研究者提供了可挖掘的空间。

台湾国际法学会副秘书长李明峻专门对《规约》第 62 条的参加有过研究。作者除了分析参加的几个基本问题之外,还对第 62 条参加与第 63 条参加的关系进行了讨论。在涉及这两个条文是否会有重复的问题上,作者的基本观点是,第 62 条是指与"事件的裁判"有利害关系的国家,而第 63 条是指与"条约的解释"有利害关系的国家。

---

① 宋杰:《国际法院司法实践中的解释问题研究》,武汉大学出版,2008,第 130 ~ 153 页。其中涉及国际法院参加制度的部分曾经发表在 2006 年的《中国国际法年刊》上,参见宋杰《国际法院司法中的非当事国形式参加》,载《中国国际法年刊》(2006),世界知识出版社,2007,第 132 ~ 157 页。

作者认为这是最基本的区分，而参加的适用不能对此有所偏离。① 作者的这个观点在某种意义上采取了体系解释的角度，同时也尊重了《规约》的立法目的。作者还认为"法律性质的利益"是参加诉讼的绝对要件，因为这是由《规约》规定的，而"参加目的"和"管辖基础"是由《规则》规定的，不作为绝对要件。作者对要件理论讨论并不多，但是可以从这一点上看出作者将法律渊源作为参加要件的分类依据。不同于作者观点的是，本书对要件的分类是以一般与特别的情形为依据。第三国以非当事国身份请求参加的时候，"管辖基础"并不是参加的要件，反之以当事国身份请求参加时，"管辖基础"则成为参加的构成要件。这样一来除了"管辖基础"外的其他要件都是参加国的必备要件，而"管辖基础"则成为特别要件。

台湾的国际法学家陈治世在其专著《国际法院》中也对参加制度进行了简短的讨论。② 作者对有关参加的问题进行了逐一分析，如第三国的法律利益是否会受判决的影响、法律利益是主诉标的的情形、非联合国会员国可否参加程序、第三国请求参加是否属于从管辖的行为等。其中特别是"非联合国会员国可否参加程序"和"第三国请求参加是否属于从管辖的行为"在其他学者的研究中鲜有提出，这应该归结于作者敏锐的洞察力。相对来说，这两个问题使作者对参加制度的思考更加全面和深入，也给本书的研究设计提供了很多启发。但是同样由于作者的研究年限较为久远，对参加制度发展的了解情况自然无法和目前情况相比，所以有些观点也相对滞后。如作者认为不论是依据《规约》第62条的参加还是第63条的参加，参加国都视为接受

① 李明峻：《国际法院规约第 62 条的适用问题——以诉讼参加申请国的举证责任为中心》，载《台湾国际法季刊》2007 年第 4 期，第 111 页。
② 陈治世：《国际法院》，台北商务印书馆，1991，第 146～149 页。

了国际法院的管辖。① 而事实上国际法院目前已经接受了以非当事国身份参加不视为该国接受法院管辖权这一观点。另外，文章限于篇幅，对参加制度也只是进行了简要分析，所以仍有待于其他学者的完善和补充。

王林彬在其出版的博士论文《国际司法程序价值论》中也简要提到了参加制度。② 作者认为参加制度是国际司法程序公正的体现，是一种程序参与原则的实际运用。虽然作者并未详细论述，只是将第三方参加作为表现程序参与的形式之一，但是作者从价值论的角度赋予了参加更深一层的内涵，这有助于从其他视角把握对参加制度的认识。

其他涉及参加制度的国内文献散见于一些比较研究中，如将国际法院的参加与国际海洋法、国际仲裁中的第三方参与以及法庭之友等制度进行比较。③

2. 国内有关中国与国际法治、国际法与国际关系的研究

除上述论述具体的参加制度之外，目前国内对中国参与国际法治建设、中国与国际司法制度尤其是国际法院的探讨为本书的研究提供了背景和基础。而国际法与国际关系、国际政治之间的关系研究也为国际司法制度的研究开辟了更广阔的空间。

在中国参与国际法治建设以及中国与国际司法的关系方面，近几年来国际法学者所研究的广度和深度都较以往有所扩展。中国在大国崛起的过程中将不可避免地遇到各种新的国际问题和挑战，而中国所处的国际环境也在不断发展和变化，各类复杂因素交织，这一客观背景推动和促进了国际法学者对中国与世界的更进一步探索，也使得中

①　陈治世：《国际法院》，台北商务印书馆，1991，第148页。
②　王林彬：《国际司法程序价值论》，法律出版社，2009，第136~137页。
③　如金永明《国际海洋法法庭与国际法院比较研究——以法庭在组成、管辖权、程序即判决方面的特征为中心》，《中国海洋法学评论》2005年第1期。

国学者重新审视国际司法制度。何志鹏在 2016 年《法商研究》上的《国际司法的中国立场》[①] 一文中列举了对国际司法选择的考量因素，其分别是国家的国际地位、国家的利益、国家的话语权和形象。而基于中国对国际法律体制的历史态度、中国在司法解决国际争端方面的能力与技术以及中国参与国际法的风险和收益三个方面，作者认为国际司法的中国立场和对策为：理论与实践并行以掌握国际司法体制、平战结合深入研究国际实体法和程序法、利用和创造机会力图发展和完善国际法。

宋杰 2015 年在《比较法研究》上发表了《从英美实践来看我国参与国际法律事务的有效性问题》一文。[②] 该文对近年来中国参与国际法律事务提出了新的问题，即"有效参与"问题。"有效参与"是指一国在参与国际事务的过程中，能够通过参与来有效地影响规则的制定、形成与发展，从而能够确保自身利益在参与过程中得到有效维护。参与该国际事务谈判的代表应对谈判事务所涉及的规则非常熟悉和精通。不精通相应规则，任何时候的参与都不可能"有效"。[③] 文章将英美参与国际法委员会活动的实践和英美参与国际法院活动的实践与中国参与上述两个机构的活动做对比，认为"与英美相比，我国的参与均有相应不足，参与效果不理想，离'有效参与'的标准差距还很远"。[④] 文章作者的担忧不无道理，中国在积极参与国际法实践和国际法治的进程中，应当适时审视和回顾其参与的影响和效果，进而不断完善参与方式和策略，这也是本书作者在最后一章所思考的内容。

---

① 何志鹏：《国际司法的中国立场》，《法商研究》2016 年第 2 期。
② 宋杰：《从英美实践来看我国参与国际法律事务的有效性问题》，《比较法研究》2015 年第 2 期。
③ 同上。
④ 同上。

　　武汉大学的崔悦在其 2015 年的博士论文《国家对国际司法程序的态度研究——以 ICJ 和 WTO 争端解决机制的比较为视角》中，从更宏观的视角对国家参与国际法院和世贸组织争端解决机制的态度进行比较，并多角度分析态度差异的影响因素。[①] 文章首先从发达国家和发展中国家对 ICJ 和 WTO 争端解决机制的态度比较入手，进而从影响国家态度的历史分析和制度分析展开。在制度分析中，作者分别就 ICJ 和 WTO 争端解决机制的管辖权、裁判机构组成、ICJ 法官和 WTO 专家组／上诉机构进行的法律解释、两种机制的证据规则，以及判决执行五个层面分析二者的差异。除此之外，文章还以专章形式从国际关系理论的现实主义、自由主义和建构主义三大视角，对影响国家态度的国际关系因素深入分析。基于此，作者认为，"影响国家对 ICJ 和 WTO 争端解决机制态度的各种因素和国际社会的现实表明，对两大争端解决机制进行根本性改革的时机还远未成熟，当前的国际社会只能接受对两大争端解决机制进行细节上的完善"。[②] 但是，作者对两大争端解决机制的改革前景持乐观态度，认为从细节完善到根本性改革的实现是一个"水滴石穿"的过程。[③]

　　在国际法与国际关系、国际政治方面，武汉大学的余敏友和刘衡在 2010 年的《武汉大学学报（哲学社会科学版）》上发表了《论国际法在中国的发展走向》一文。[④] 文章从历史发展的角度对中国国际法在不同时期的主要特点进行了阐释。以 1979 年为界，国际法理论与实践在中国经历了两个大的发展时期。文章对新中国成立 60 多年来国际

① 崔悦：《国家对国际司法程序的态度研究——以 ICJ 和 WTO 争端解决机制的比较为视角》，吉林大学博士学位论文，2015。
② 同上书，第 190 页。
③ 同上书，第 190 页。
④ 余敏友、刘衡：《论国际法在中国的发展走向》，载《武汉大学学报（哲学社会科学版）》2010 年第 5 期。

法的主要成就与问题以及历史教训和成功经验进行了梳理和分析。同时，作者着重指出，在国际法理论与实践的发展过程中要处理好三大关系：即国际法与国际关系（政治）的关系、国际法研究与国家外交实践的关系、革命者与改革者的关系。[①] 这也即说明，国际法学领域的研究不可避免地会涉及国际关系、国际政治和外交等领域。而这一观点，对研究国际法院而言尤为重要，国际法院的司法属性决定了本书研究的出发点和立足点，但是应当注意到，在讨论国际法问题时，国际关系和国际政治因素的适当考量有助于更全面地认识和把握问题本身。

就这一论点而言，华东政法大学的苏晓宏在 2005 年就曾对国际司法和国际关系二者间的相互影响问题有所论述。[②] 苏晓宏认为，国际司法制度的发展经历了发生期、稳定期和扩散期三个阶段。冷战结束后，国际司法的规则和原则、法官组成、处理范围、机构设置等都发生了相应变化。就国际关系而言，国际司法在对国际关系中所依据遵循的基本行为准则的塑造，平衡国家间关系，消解大国权力在国际关系中的支配作用，通过机制作用和平解决国际争端，以及建立国际人权法机制，消除国际和地区不安定因素等方面产生了积极的影响。同时，国际司法是在现行国际体系中得到发展的，因而国际关系中的各种因素和力量消长，都对国际司法制度和机制的形成、发展和完善产生相关影响。作者揭示了现代国际司法的本质，即国际司法是国际政治中的理性主义者将司法的国内模式扩展到国际范围的结果。国际司法的运行环境不可避免的是现实主义的，但仍具有生命力，国际关系

---

① 余敏友、刘衡：《论国际法在中国的发展走向》，载《武汉大学学报（哲学社会科学版）》2010 年第 5 期，第 718～719 页。

② 苏晓宏：《国际司法对国际关系转型的影响》，载《法学》2005 年第 4 期。

中权力因素越来越为规则理性所取代。①

上述研究也正集中反映了英国著名国际法学者马尔科姆·肖 (Malcolm Shaw) 的观点，国际法既重要，但又不是万能的②，而这也是在国际法研究中不可回避的事实。在提出对策建议时，本书赞同上述观点，包括国际司法在内的国际法研究不可脱离于国际社会的现实背景，国家利益的维护需要从法律、政治以及外交等多层面进行协调，而加强这方面的研究，也是国际法研究人员不可推卸的责任。

（二）国外研究现状

对国际法院参加制度曾做过专门研究的国外学者主要有以色列籍学者罗森 (Shabtai Rosenne)、国际法院的琴肯 (Christine Chinkin)、美国乔治·华盛顿大学的墨菲 (Sean Murphy)、澳大利亚国立大学的格里格 (D. W. Greig) 等。国外研究较为集中的时期是 20 世纪 80~90 年代。在期刊文献上，比较典型的有 1985 年麦金利 (Mcginley) 发表在《国际法与比较法季刊》上的《国际性法庭的参加：利比亚与马耳他大陆架案》 (Intervention in the International Court: the Libya/Malta Continental Shelf Case)③，1986 年琴肯发表在《美国国际法杂志》上的《国际法院的第三方参加》 (Third-Party Intervention before the International Court of Justice)④，1987 年罗森发表在《荷兰国际法评论》上的《关

---

① 苏晓宏：《国际司法对国际关系转型的影响》，载《法学》2005 年第 4 期，第 41~44 页。

② Malcolm Shaw, *International Law*, 6th ed., Cambridge: Cambridge University Press, 2008, p. 7. 在该书中，作者认为 "That (here refered to 'International law') is something. It is not everything…"。

③ G. Mcginley, "Intervention in the International Court: the Libya/Malta Continental Shelf Case", *International and Comparative Law Quarterly*, Vol. 34, 1985, pp. 671–694.

④ C. Chinkin, "Third-Party Intervention before the International Court of Justice", 80 *Am. J. Int1 L.* 495 (1986).

于国际法院参加的几点思考》（Some Reflections on Intervention in the International Court of Justice）①，1991 年科利尔（Collier）发表在《剑桥法律杂志》上的《国际性法庭的参加：一个小小的突破》（Intervention in the International Court：A Slight Breakthrough）②，1992 年格里格发表在《弗吉尼亚国际法杂志》上的《国际性法庭上的第三方权利与参加》（Third Party Rights and Intervention before the International Court）③，1993 年德霍赫（Hoogh，De）发表在《莱顿国际法杂志》上的《〈国际法院规约〉第 62 条参加和无当事国同意的附带管辖权问题探讨》（Intervention under Article 62 of the Statute and the Quest for Incidental Jurisdiction without the Consent of the Principle Parties）④ 等。学者之所以在该时期对参加制度进行较为密集的研究，主要原因在于 1986 年陆地、岛屿和海域边界争端案（萨尔瓦多与洪都拉斯）参加程序的审理和裁决出现了与之前大陆架案中不同的探索。也正是以该案为开端，国际法院第一次许可了作为第三国的尼加拉瓜的参加请求，因而学者和国际法院法官就法院这一变化进行了热烈的讨论，并对参加制度今后的发展给予了希望。

21 世纪前后，国际法院又分别在 1999 年和 2001 年对赤道几内亚和菲律宾的参加请求作出了相应的裁决。因而在这一时期，学者的研究也较为集中。比较典型的有墨菲在 2001 年发表在《乔治·华盛顿国

---

① Shabtai Rosenne, "Some Reflections on Intervention in the International Court of Justice", *NILR*, Vol. 34, 1987.

② J. Collier, "Intervention in the International Court：A Slight Breakthrough", *The Cambridge Law Journal*, Vol. 50, No. 2, 1991, pp. 216 – 218.

③ D. Greig, "Third Party Rights and Intervention before the International Court", 32 *Va. J. Int1 L.* 285 (1991 – 1992).

④ A. J. J. De Hoogh, "Intervention under Article 62 of the Statute and the Quest for Incidental Jurisdiction without the Consent of the Principle Parties", Vol. 6, No. 1, *Leiden Journal of International Law*, 1993, pp. 17 – 46.

际法评论》上的《通过反诉和第三方参加扩大世界法庭的管辖权》
（Amplifying the World Court's Jurisdiction through Counter-Claims and
Third-Party Intervention）[1]，帕拉克贝蒂（Palcbetti）2002 年发表在
《马克思·普朗克国际法年刊》上的《打开国际法院对第三国之门：
参加及其超越》（Opening the International Court of Justice to Third States：
Intervention and Beyond）[2] 以及卡赫塔尼（Qahtani）2003 年发表在
《国际法院与法庭的法律与实践》上的《国际法院准参加国的地位及
对既判力的适用》（The Status of Would-Be Intervening States before the
International Court of Justice and the Application of Res Judicata）。[3] 在国
际法院 2011 年对国家管辖豁免案的参加程序作出裁决后，较为近期的
期刊文献有博纳菲（Bonafé）于 2012 年发表在《莱顿国际法杂志》上
的《法律性质的利益对国际法院参加之证明》（Interests of a Legal
Nature Justifying Intervention before the ICJ）[4] 和拉朱（Raju）与亚沙里
（Jasari）于 2013 年发表在印度的《国立大学司法科学法律评论》上的
《国际法院的参加——对国际法院近期德国诉意大利案裁判的批判性
分析》（Intervention before the International Court of Justice-A Critical
Examination of the Court's Recent Decision in Germany v. Italy）。[5]

---

[1]　Sean Murphy, "Amplifying the World Court's Jurisdiction through Counter-Claims and Third-Party
　　Intervention", 33 *Geo. Wash. Int1 L. Rev.* 5（2000 – 2001）.

[2]　Paolo Palcbetti, "Opening the International Court of Justice to Third States：Intervention and
　　Beyond", *Max Planck Yearbook of United Nations Law*, Vol. 6, 2002, pp. 139 – 181.

[3]　Mutlaq Al- Qahtani, "The Status of Would-Be Intervening States before the International Court of
　　Justice and the Application of *Res Judicata*", *The Law and Practice of International Courts and
　　Tribunals* 2：269 – 294, 2003.

[4]　Beatrice I. Bonafé, （2012）. "Interests of a Legal Nature Justifying Intervention before the ICJ".
　　Leiden Journal of International Law, 25, pp. 739 – 757, doi：10. 1017/S0922156512000362.

[5]　Raju, Deepak & Jasari, Blerina, "Intervention before the International Court of Justice-A Critical
　　Examination of the Court's Recent Decision in Germany v. Italy", 6 NUJS Law Review 63
　　（2013）.

从上述的研究成果可以看出，包括国际法院法官在内的学者的研究与法院对参加制度的裁判情况密切相关。国际法院案例为参加理论的抽象化、标准化与制度化提供了最权威和最直接的来源，以此为支撑的研究是各个学术成果的共性所在。同国内研究现状相比，国外学者对参加制度的分析相对广泛和深入，而且个人见解也更为突出。例如，格里格认为《规约》第 62 条虽然看似列明了参加的标准，但还需要面对一系列可能的解释。他认为第 62 条并不能作为一个唯一的决定因素，而是可以看做国际法院受理第三国请求的门槛。① 考虑到当时法院刚刚许可了尼加拉瓜参加的研究背景，作者对国际法院的转变还是接受的，甚至相对于法院来说，作者对第 62 条的解释依然持开放态度。另外，作者细致地分析了意大利参加案②与尼加拉瓜参加案③的差异，认为两个案件的实质情形相同，由于法院考虑不同才导致了不同结果。作者的这种分析抓住了案例的本质，有助于理解和判断法院对参加许可所进行的考量。

又如，德霍赫在积极评价国际法院分庭在尼加拉瓜参加案作出判决的同时，也特别关注到分庭法官的构成情况。④ 的确，国际法院的第一次参加许可是由国际法院分庭作出的，而这也有可能成为意见相异的一个因素。作者忧虑的是虽然分庭判决的效力等同于法院判决，但是分庭在 1984 年大陆架案参加程序的判决中出现了三份反对意见。而在该案中，分庭的各个法官如何协调是作者较为关心的问题。如果法官间未有充分协调，参加的形式和结果的可接受性则是存有疑问的。

---

① Greig, "Third Party Rights and Intervention before the International Court," pp. 293 – 294.
② 1982 年大陆架案（利比亚与马耳他），意大利请求参加。
③ 1989 年陆地岛屿和海域边界争端案（萨尔瓦多与洪都拉斯），尼加拉瓜请求参加。
④ De Hoogh, "Intervention under Article 62 of the Statute and the Quest for Incidental Jurisdiction without the Consent of the Principle Parties," p. 46.

在国际法院 2001 年拒绝了菲律宾的参加请求后，墨菲在文章中对参加进行了一个综合性评价。作者结合国际法院之前的司法实践，认为法院对参加程序的适用与发展在一定意义上扩大了法院的司法管辖权。作者还从法治的角度讨论了参加制度的价值。他形象地描述了法院判决的波纹效应（ripple effect of its decisions），对参加所导致的国际司法体系内的各种影响和变化给予了积极的评价。① 作者将参加制度发展的意义上升到整个国际司法体系层面，这有助于对参加进行更整体和全面的认识。

罗马智慧大学国际法副教授博纳菲在 2012 年的文章里采用了更为专一的视角。国际法院在 2011 年的三个判例中对第 62 条的参加的阐述又有所发展，这主要集中在对"法律性质的利益"的理解上。其中有两个判决都直接涉及其概念，另外法院还为定义法律性质的利益提供了更多的考虑因素，比如是否存在其他的替代性救济等。② 作者不再像前述学者那样在分析参加制度时求全求广，而是抓住"法律性质的利益"一个要点求专求新，这是本领域研究逐步细分的一个表现。

在专著方面，最具有代表意义的学者分别是菲茨莫里斯、瑟威（Hugh Thirlway）、罗森、琴肯和杉原高嶺。他们都曾对国际法院的整个法律与实践进行过系统研究，而参加制度只是上述庞大研究中的一个部分。此外，罗森和琴肯又对国际法院的参加制度有过专门著述。

在 1986 年版的《国际法院的法律与程序》第二卷中，菲茨莫里斯对《规约》第 62 条和第 63 条"参加"进行了简要分析。当时国际法院尚未许可过任何国家的参加请求，所以作者着重于理论角度。菲

---

① Murphy, "Amplifying the World Court's Jurisdiction through Counter-Claims and Third-Party Intervention," pp. 28 – 29.

② 3 Bonafé, "Interests of a Legal Nature Justifying Intervention before the ICJ," pp. 740, 748 – 749.

茨莫里斯将第 62 条和第 63 条的"参加"分别称为"由法院决定的参加"（Intervention leave of the Court）和"作为权利的参加"（Intervention as of right）。① 作者对前者的分析也常常会结合后者。

莱顿大学的瑟威 2013 年出版的专著《国际法院的法律与程序：五十年法理》对国际法院的法理与实践的讨论非常系统和完善。② 该书是对菲茨莫里斯前述同名文集的延续，书中也有对参加制度的考察。作者在最后提出的八个结论非常具有权威性和借鉴性。例如，在认定《规约》第 62 条与第 59 条的关系上，作者认为由于第 59 条的存在，法院判决可能不会影响第三国权利，但是会侵犯该国对权利的承认或执行，而这时第 59 条的保护就不够充分，尤其是在海域划界问题上。③ 又如，作者总结到，以非当事国身份参加时，当事国的同意不能代替第 62 条的条件（存在可能被影响的法益），但法院很可能在面对当事国默认这种利益存在时不太会拒绝这种参加。④ 作者的这些结论结合了最新的制度发展，从更高更宏观的角度把握了参加的未来趋势和法院立场的倾向，该专著是该领域中极具参考性的学术文献。

在《国际法院的法律与实践——1920——1996》（第三版）第三卷以及 1993 年版的《国际法院的参加》一书中，罗森教授也对"参加"进行了讨论。作者在后者的序言中所强调的思考角度非常具有指导意义。就参加制度的研究而言，作者认为立法历史非常重要。作者的这个论断在一定程度上反映了参加制度发展曲折的历史，并且说明

---

① Sir Gerald Fitzmaurice, *The Law and Procedure of the International Court of Justice*, Grotius Publications, 1986, p. 550.

② Hugh Thirlway, *The Law and Procedure of the International Court of Justice: Fifty Years of Jurisprudence*, Vol. I, II, Oxford University Press, 2013, pp. 813 – 1073, 1837 – 1859.

③ Thirlway, *The Law and Procedure of the International Court of Justice: Fifty Years of Jurisprudence*, Vol. II, p. 1856.

④ *Ibid.*, p. 1858.

了它备受讨论的原因。正是由于《规约》和《规则》有关条文的立法史较为复杂，才导致了参加制度后来标准不明确、国际法院不能准确适用的结果。作者还认为要将整个诉讼程序视为一个整体。尽管参加是一个附带程序，但不能将其割裂于整个实体程序。国际法院对参加的立场只有在这个程序中才能得到充分评价，而参加的效果和实际影响也只有在法院最终的实体判决中才能得到体现。① 作者的这个观点启发了本书对案件实体判决的关注和研究。

琴肯的《国际法的第三方》也属于较为早期的专著。② 作者在该书中不仅着眼于第62、63条的参加，而且还对第三方的参加制度进行了比较研究，其中包括欧洲法院、国际仲裁法庭等。作者的研究视角也较为开放，包括参加的司法程序、第三方参加与国际犯罪等。但是在个别具体问题上，作者的观点同参加后期实践存在差异。例如作者认为《规约》第62条中"判决"一词可能要排除法律推理。③ 当然，严格从文义解释的角度来看，在理解"判决"时必然要排除口述程序、书状等，但是在2001年菲律宾参加案的判决中，法院对"判决"一词进行了专门的分析。以第62条的表述为前提，法院认为这里的"判决"应当包括"构成主文的必要步骤"，即推理部分。

杉原高嶺是日本的国际法学者，在《国际司法裁判制度》中也有对参加制度较为深入的讨论。④ 在该书中，作者特别注重结合各个案例，从不同的法官意见中梳理出国际法院的立场及其存在的问题。作者对"扩大参加说"和"限制参加说"的分类讨论非常直观，高度地

---

① Shabtai Rosenne, *The Law and Practice of the International Court*, 1920 – 1996, Vol. Ⅲ, M. Nijhoff Publishers, 1997, pp. vii-viii.

② Christine. Chinkin, *Third Parties in International Law*, Oxford University Press, 1993.

③ Christine. Chinkin, *Third Parties in International Law*, p. 152.

④ 〔日〕杉原高嶺：《国际司法裁判制度》，王志安、易平译，中国政法大学出版社，2007。

概括了法官意见中的两大派别。杉原高嶺主张限制参加说，不认同扩大参加说。他认为如果参加国有自己的权利主张，就应当依据《规约》第36条另提起诉讼。即使第三国在参加请求中提出了自己的权利主张，法院在判决时也可不予理会。这样就不会出现管辖权关联、指定专案法官以及判决拘束力等问题。作者强调裁判的一体性，弱化诉讼经济观念。因为参加程序也不至于适用频繁到必须要考虑诉讼经济的时候。总的来说，作者的观点较为实用，考虑比较全面。但是，作者对参加制度进行了严格限制，直接关上了第三国以当事国身份请求参加的大门，将未来可能出现的当事国参加予以否定，所以在灵活性上还有待商榷。①

从上述研究成果来看，除个别文献外，目前的专著大多是较为早期的文献。作者的分析受限于案例数量，大多停留在理论阶段。对参加后期发展有直接促进作用的几个案例②都无法成为支撑作者观点的论据。当然，这也就为本书留下了探索和创新的空间。

三　研究方法

（一）案例研究方法

案例研究方法是法学领域最为典型和常用的研究方法。法律制度的建构和运行不仅是法律条文的规范性实践，而且还要依赖一个个鲜活的案例予以反映和体现。国际法院尤其不同于国内法院的是法院规则对国家不具有绝对的强制性。只有建立在国家同意基础上的司法程序才能获得该国的承认和遵守。这就导致常设国际法院、国际法院等

---

① 〔日〕杉原高嶺：《国际司法裁判制度》，王志安、易平译，中国政法大学出版社，2007，第270~271页。
② 尤其是国际法院在2011年作出了拒绝哥斯达黎加和洪都拉斯参加的两个判决以及许可希腊参加的命令。

国际性司法机构在制定程序规则时无法从法律条文上做到像国内法一样的精准。实际情况往往是对某一条或者某一个措辞的解释都饱受学者、法官以及各当事国的争议。在这种情况下，国际法院长期的司法实践则构成了对抽象法律条文的一种解释。这种实践不仅是对法律规定的适用，而且在一定程度和限度上也会有创新和发展的作用，这对制度的充实与完善极具价值。因此，研究国际法院的有关案例对全面认识参加制度、理解该制度背后所反映出的法律价值和问题是不可或缺的。

（二）法解释学研究方法

法解释学研究方法既是法官裁判案件时采用的方法，也是法学研究的方法。在制度型选题中，法解释学的方法是必须采用的最基本的研究方法。① 对制度的分析必然少不了对其法律依据的讨论，对法律条文的解释则构成了对法律依据的全面认识。法律解释有多种分类，本书采用的解释方法有文义解释、目的解释、历史解释、体系解释等。

（三）比较研究方法

比较研究方法见之于多个学术研究领域。参加制度并不唯国际法院所独有，而且参加制度的起源也并非在国际法院。国际上对参加制度的第一次尝试规制可以追溯到 1875 年由国际法研究会（the Institute of International Law）采用的《国际仲裁规则》（*the Règlement for International Arbitration*）第 16 条的规定上。② 此外，在国内民事和行政诉讼程序上，与参加制度相近似的第三人制度也早有历史。而就《规约》第 62 条参加制度本身而言，它与《规约》第 63 条也存在密切联系。通过适当的比较，可以从更多的角度考察《规约》第 62 条

---

① 梁慧星：《法学学位论文写作方法》（第二版），法律出版社，2012，第 84 页。
② Rosenne, *The Law and Practice of the International Court*, 1920 – 1996, Vol. Ⅲ, p. 1481.

的参加制度在国际法院如此适用的原因，同时也对"参加"有更实质的理解。

（四）历史研究方法

参加制度的发展历史、《规约》和《规则》的制定历史都是研究参加的重要资料。国际法院在 1990 年作出的重大转变尽管对该制度赋予了很大的生命力，但是这种转变及其随后的发展脱离不了该制度在早前包括常设国际法院时期在内的相关案例。参加制度的整个演变过程是一体的，所以有必要对制度史和立法史进行分析和评价。

四　研究思路

本书的研究重点集中于以下几个问题。

第一，参加制度整体的发展状况。参加制度的设立已经有一定的历史年限，这其中不论是沉寂还是兴起都是该制度发展中不可回避的过程。文章主要在第一章对该制度在宏观上进行讨论，并分析相关概念、性质及法律依据，属于本体论的部分。

第二，参加制度在程序上的运行方式。第三国请求参加的前提条件或者构成要件是什么、参加的请求由何种主体来决定、参加获许后参加国有何种程序性权利等问题是第二、三章集中讨论的内容。这两章将围绕程序规则上的要件、程序运行等进行重点分析，这属于程序论的部分。

第三，参加制度的典型案例分析。第四章选取希腊参加 2008 年的国家管辖豁免案（德国诉意大利）为案例分析的对象。一方面该案是国际法院参加制度（《规约》第 62 条下的参加制度）最新的案例之一，希腊的参加请求也获得了法院许可，另一方面这是少见的不涉及海洋权益争端的案例。它讨论的是国际法的一般问题，因而更能够引发参加制度对中国的思考。

第四，参加制度的价值和对中国的启示。第五章以整个国际司法体系和国际法治、政治环境为背景，讨论参加制度对第三国、国际法院、国际法治以及中国所产生或可能产生的启示。这一章属于价值论的部分。

五　创新点和难点

（一）创新点

本书的创新点主要有以下几点。

第一，国内研究领域新。国外虽然早有学者对参加制度进行过系统研究，但是国内研究的学者屈指可数。参加制度在国际法院并不如国际法实体问题和程序上的管辖权等问题受关注度高，它仅仅是一个法院司法裁判程序中的附带程序，但是这一附带程序也有其自身的价值。本书的系统研究将为该领域的中文文献提供更多的材料和思考，为中国未来在处理与国际法院的关系问题上提供更广阔的视角。

第二，案例研究新。由于国际法院案件本身性质所致，不论是国内还是国外学者，对参加制度的研究大多较为陈旧。国际法院在2011年作出的三个司法裁判（拒绝哥斯达黎加、洪都拉斯的参加请求，许可希腊的参加请求）对参加制度的发展具有重要意义。法院在这三个案例中着重讨论了判断第三国法律利益的标准问题，并且对"法律"进行了初步的定义。这三个案件对法院今后法理走向具有暗示，但是目前对此进行分析的学术成果并不多。本书则将最近的案例纳入研究范围，以求对参加的程序和法官的立场态度作出更明确的认识。

第三，观点新。在国内，即使讨论参加制度也很少会考虑到该制度与中国是否存在联系。本书探讨了该制度对中国的启示，结合中国目前在国际司法领域尤其是在国际法院中各种活动的参与情况，认为中国以非当事国身份在特定情况下请求参加到国际法院的诉讼程序中去并非不可能。在不涉及重大政治利益的案件中选取合适的参加时机，这也可以成为中国利用参加制度的一个潜在路径。同时，这不违背中国目前对国际法院管辖权的立场，反而同时还有助于提高我国参与国际法治的大国形象。

第四，思考角度新。很多学者对"参加"的分析限于对该程序本身的分析，但是参加作为附带程序，它与案件的实体审判程序也是密不可分的。很多研究文献集中于参加制度本身，例如第三国是否符合了第62条的要求等。再深入一些的研究则会讨论第三国被许可参加后的程序及该国所享有的权利。但是鲜有研究对实体判决作出后再讨论之前的参加请求是否发挥了作用或产生了影响，以及这些作用和影响的程度如何。参加国的参加目的就是为使其利益不受法院最终实体判决的影响，所以对参加制度的研究要联系案件的实体判决，也只有这样才能全面评估第三国参加的实际效果。本书从积极和消极两个方面结合实体判决进行探讨。希腊成功参加是积极的一面，希腊的参加将有助于该国国内司法制度的澄清，同时也为法院审查国家管辖豁免的各国实践提供参考。意大利参加是消极的一面，因为法院并未许可其参加请求。但是法院在实体审判中却特别注意到意大利曾被否定的参加请求，刻意在裁判中避免了对意大利法律利益的影响。

（二）研究难点

本书的研究难点主要有以下两点。

第一，"参加"的标准仍不够明确。尽管法院已经敞开了参加的大门，但是由于该制度还处于发展中，包括法官在内的各个学者对参加的要件、标准仍在热烈讨论，参加规则尚有不稳定的状态，尤其是在对第三国法律利益的判断上。所以文章在把握该制度的细处时对于最终定论存在一定难度。

第二，与中国联系的紧密度问题。中国参与国际司法程序的实践经验还远远不足，可讨论的资料有限。本书所提出的启示的理论意义在目前看来更大于实践意义。中国在未来利用参加制度也只是一个可能，所以本书的最后部分在思考参加制度与中国的联系程度上仍具有建议性质。

第一章
参加制度概述

第一节　国际法院的第三国诉讼参加

一　参加的概念

（一）第三国参加的法理缘起

在国际司法裁判中，双边主义是一个最基本的假定。一般而言，诉讼程序只约束诉讼当事方，并不对第三国发生拘束力（*res inter alios acta*）。《国际法院规约》（以下简称《规约》）和《国际法院规则》（以下简称《规则》）即是秉承这样的原则。[1] 然而，诉讼当事国间的争端在实际上并不一定仅仅局限于两方相互对抗的国家。这时，不论是在诉讼程序内还是程序外，争端中还可能存在一个或者数个第三国。第三国的地位比较特殊，这种特殊性来源于国际法律体系的结构和作用。国际法以公法的形式规制各国际法主体的行为，国际社会的所有成员则共享这些行为结果所产生的利益。[2] 而国家在国际事务中

---

① Rosenne, *The Law and Practice of the International Court*, 1920–1996, Vol. Ⅲ, p. 1481.

② Chinkin, *Third Parties in International Law*, pp. 147–148.

的行为和反应是有可能会危及他方利益的，问题由此产生——国际争端在法庭或仲裁庭上以双边的形式呈现，但争端往往会涉及第三方。当然，国际性法庭的任务是尽可能减小裁判对当事国以外国家的影响，但这却无法完全避免。多边争端与双边裁判形成了一个潜在的矛盾，于是第三国为保护其利益而出现在双边的司法裁判中也就不足为奇。

国际社会作为不同于国内的平权社会，国际法的实施与遵守很大程度上是建立在国家同意和自愿的基础之上，所以在国际司法程序中，当事国对整个诉讼程序的选择具有很大程度的自主性。这种当事人自治（party autonomy）的行为主要体现在对法院管辖权的接受和对诉讼请求的决定上。处于诉讼中的当事国对第三国的出现并不具有普遍预期。而国际性法庭，特别是国际法院作为联合国的主要司法机关，它们在解决国际争端中必须要从两个角度考虑：一是自己的管辖权；二是国际社会的利益。国际社会的利益具体到某个特定诉讼中时可体现为第三国的利益，所以在程序设置上，如果第三国的利益并未被充分考虑，那么对第三国实质权力和利益的讨论则变得毫无意义。在这种意义上，国际法的双边性质就可能会受到破坏。[①] 然而，如果对第三国的主张过分关注，这又会破坏当事国意思自治这一基本的司法裁判原则，从而迫使其打消诉诸法院解决争端的念头。法院在解决这种困境中的选择只能是尽量平衡当事人自治和第三国利益的保护两个方面，既不能将第三国彻底地排除在诉讼程序和法院裁判时考量的范围外，也不能允许第三国肆意地介入他国间的诉讼中去。

第三国与诉讼程序的关系是复杂和微妙的。这也取决于第三国自身的意愿和法院司法程序的具体规定。比如第三国是否希望参加关系

---

① Chinkin, *Third Parties in International Law*, p. 149.

到其利益的诉讼中、参加的难度如何以及法院对参加所持的立场倾向等。一旦第三国选择参与到已经开始的诉讼中，那么第三国的这种行为可以说是启动了法院的诉讼参加的一部分程序。

（二）第三国诉讼参加的概念

参加对应的英文是"intervention"。① 仅从英文来看，"intervention"的含义非常丰富，本身有"介入、参加、干涉、干预"的意思，但本书讨论的背景主要限于国际法院的诉讼程序，所以应当将本书的"intervention"同武力或非武力干涉以及和平解决国际争端下的第三方调停、调解等第三方干预行为相区别。

《布莱克法律词典》对参加的解释之一是"诉讼中的非当事方因与诉讼结果存在个人的利害关系而参加到诉讼中"，"该第三方可能会加入原告或被告中的一方，有可能作为独立一方同时对抗原告和被告"。② 《韦伯斯特新世界法律词典》对参加的定义是，"对诉讼结果存在重大利益的非诉讼当事方参加诉讼并成为诉讼当事方的程序"。③ 由于参加本身与来源于国内法的第三人制度密不可分，它们都是通过请求参加以影响法律的考虑和判决从而借以保护其自身利益。④ 所以，有必要对国内法诉讼参加的具体规定进行简要考察。法国民事诉讼程序规定，"诉讼参加仅在其与诸当事人的诉讼请求有充分联系时始能受理"。⑤ 而在美国民事诉讼规则中，诉讼参加是指"原来并非诉讼中人，为了保护自己的利益，而参加他人之间的诉讼，成为诉讼中的当

---

① "Intervention"一词来自于《国际法院规约》第62条的规定。
② Bryan A. Garner, ed., *Black's Law Dictionary* (Eighth Edition), West Group Publishing, 2004, pp. 2406 - 2407.
③ Susan Ellis Wild, ed., *Webster New Worlds Law Dictionary*, Wiley Publishing, Inc. , 2006, p. 160.
④ 陈治世：《国际法院》，第147页。
⑤ 《法国新民事诉讼法典》，罗结珍译，法律出版社，2008，第357页。

事人的诉讼行为和诉讼现象"。① 总的来说，上述解释都是国内法或诉
讼法下的诉讼参加，而且这种背景下的参加还有更详细的分类，如
"有独立请求权的第三人"和"无独立请求权的第三人"等。但是，
由国内法引出的概念过于宽泛，在国际海洋法、国际仲裁等程序性领
域都可以找到相类似的概念或规定，这样将导致不易专门对国际法院
的第三方诉讼参加进行定位和解读。

对于国际法院司法程序中的参加，虽然在概念上与上述解释具有
一定程度的相似性，但是鉴于国际法具有不同于国内法的特殊性质，
对于国际法院的诉讼参加还应当有更准确的解释。由日本国际法学会
主编的《国际法辞典》对参加的解释具有专属性。它直接结合了《国
际法院规约》第62条和第63条的规定，并将前者视为一般参加的情
形，后者视为国际诉讼中特有的所谓解释性参加的情况。针对《规
约》第62条的参加，它理解为，"作为申请参加根据的、具有法律性
质的利害关系与案件判决所带来的影响之间，如果仅仅存在间接的或
假设的关系是不够的。这个问题要由法院来判断和作出裁决。在法院
充分证明并承认确实存在利害关系时，应准许参加，但第62条只是给
予第三国以申请许可参加的权利"。② 虽然这并不是一个标准的定义，
但是对于国际法院的诉讼参加来说却是一个比较全面的说明。

由于国际法院的第三国诉讼参加包括了第62条和第63条两个类
型，所以将第62条和第63条绑定在一起讨论的情形是比较常见的。
但是，为了突出第62条参加的特点，不仅将其区别于国内法上的概
念，而且区别于第63条参加，本书有必要对第62条参加进行专门的

① 汤维建主编《美国民事诉讼规则》，中国检察出版社，2003，第105页。
② 日本国际法学会编《国际法辞典》，外交学院国际法教研室中文版总校订，世纪知识出版
社，1985，第612~613页。

解释。结合《国际法院规约》的规定和国际法院的司法实践，本书认为，《国际法院规约》第 62 条的参加是指第三国为保护其法律性质的利益免受国际法院作出判决的可能的影响，而请求以当事国或非当事国的身份参加已经开始的诉讼程序，并由国际法院裁判是否许可的程序。

此概念的界定以第三国为讨论主体。从"第三国"的称谓可以看出，参加程序是以存在诉讼程序为前提的。从潜层面上说，与"第三国"相对的应当是原诉讼当事国。广义上的"the third party"可以译为第三方，但是只有国家才能成为国际法院诉讼主体，所以这里将其译为"第三国"更为明确。这一概念还直接点明了本书所讨论的参加的语境限于国际法院的诉讼程序而非咨询程序。从该概念上看，参加的根本目的是保护其法律性质的利益免受法院未来判决的影响。虽然这一目的在实践中并不为所有参加请求国所列明，但毋庸置疑的是，这是所有请求国在理论上最符合《规约》规定的目的。[①] 从参加国向国际法院提出参加请求到国际法院对该请求作出裁判，这是参加程序的一般进程。另外，参加国的身份虽然在《规约》第 62 条中并没有直接规定，但是国际法院在 1990 年的判决中已经认可了以当事国身份参加和以非当事国身份参加的两种形式。[②] 这一说明也点出了第 62 条与第 63 条诉讼参加的区别。因为对于后者，第三国必然是以当事国身份参加到诉讼程序中。而对于前者，虽然以当事国身份参加目前只停留在理论上而并无实践，但国际法院的确是向第三国开放了两种参加形式。最后，参加请求是否许可的决定权在于国际法院。考虑到原诉

---

① 当然并不排除第三国出于策略原因希望达到其他目的而利用参加程序。

② See Land, *Island and Maritime Frontier Dispute (El Salvador/ Honduras), Application by Nicaragua for Permission to Intervene, Judgment, ICJ Reports*, 1990.

讼当事国很可能对第三国提出的参加请求表示反对，所以在这一概念界定中需要明确国际法院最终的决定权。

二 参加的性质

（一）参加的诉讼性质

参加具有诉讼的性质。参加程序是国际法院整个诉讼程序中的一个可适用的部分。这里的"诉讼"并不局限于案件的实体审理部分，而是作为一个包括附带程序在内的整体相对于"咨询"程序而言。从《规约》的规定看，其第 62 条参加规定在"第三章程序"的标题下，紧接着第四章的规定则是有关国际法院咨询意见的部分。因此从程序上说，第 62 条参加至少是以一种诉讼程序的性质出现。第三国请求参加的程序是以其他国家接受国际法院管辖权为基础的诉讼程序。参加程序中与第三国的概念相对应的是该诉讼程序的当事国。[①] 当事国双方在诉讼中对抗的同时，第三国以其自己的身份独立出现。第三国的主张可能同当事国双方或一方的观点相反或一致。国际法院并没有像国内法院一样，将参加国分为有独立请求权的参加国和无独立请求权的参加国。这种差异由国内法和国际法不同的性质所决定。第三国并不一定是以当事国的身份请求参加，而事实上到目前为止几乎大多数国家都主张以非当事国的身份参加。这样，第三国对诉讼标的无法提出新的主张，否则就超出了参加本身的意义和限制。同时，这样的参加国尽管无法"独立请求"，但是它也无须一定要和诉讼当事国中的某一国站在一方，它只是在诉讼程序的实体审理阶段发表有关本国的意见而已。所以国际法院无须进行上述分类。

此外，在国际法院中，与诉讼程序相对应的是咨询程序。这两大

---

① 二者在概念上相对应并不是说二者必然持相反的意见或主张。

程序共同构成了国际法院解决国际争端和发展国际法的主要方式。但是参加程序并不具有国际法院下的咨询性质，第三国不能请求参加到咨询程序中。不过，根据《规约》第66条第2项的规定，在国际法院所管辖的咨询程序中，对于那些法院认为能对咨询问题提供情报的国家或国际组织，法院书记官长应当特别且直接地告知它们法院准备在特定期限内接受关于该问题的书面陈述或在公开审理时听取其口头陈述。从此项规定看，对于那些能够为咨询问题提供情报的国家和国际组织来说，它们向国际法院提供信息的行为和参加行为有近似之处。因为参加国在诉讼程序中向国际法院提供有关信息也可以作为参加的目的之一，但是这二者之间存在更多的差异。首先，参加的主体只能是国家，而在咨询程序中，提供信息的主体可以是国家也可以是国际组织。其次，参加国的意见和主张必须与本国的法律利益有关，否则不构成参加。但是就这里的咨询程序而言，国家和国际组织提供的信息则并无上述要求。再次，国际法院对参加国所在的诉讼程序的裁判主要以判决或命令的形式对诉讼当事国作出。而在咨询案中，国际法院的咨询意见是对特定的国际组织而非国家作出的。最后，由于诉讼程序和咨询程序在本质上就存在区别，所以分属于上述程序的"诉讼参加"和"在咨询案中向国际法院提供信息"两个行为也存在根本的不同。

(二) 参加的附带性质

参加具有附带的性质。尽管《规约》中并没有专门章节特别规定附带程序（incidental proceeding），但是诉讼参加在《规则》中却位于"第三章诉讼程序"——"第四节附带程序"中的"第四小节参加"的标题下。显而易见，参加是国际法院的附带程序之一。在《规则》中与参加部分并列的是其他几个附带程序，如临时保全、初步反对、反诉、向法院特别提交等。①

附带程序是用以处理主程序（principle proceeding）也就是诉讼的实体（merits）审理程序之外的问题，是不普遍适用的附加程序。② 早在哈雅·德·拉·托雷案中，法院就认为所有的参加都附随于诉讼程序。如果参加请求与待决诉讼（pending proceedings）的主要事项（subject matter）有实际关系，那么该请求才在法律上具有附带的特性。③

参加程序的附带性主要体现在以下四个方面。第一，附带程序受限于实体程序中经当事国双方同意设立起的法院管辖权。在尼加拉瓜参加案中，国际法院分庭就认为，根据附带程序的定义来看，其必须是附于法院或分庭待决的案件。附带程序不能将原诉讼程序转化为新的案件，请求国不能在参加中提出新的主张。参加与在原诉讼程序中加入新的当事国之间不仅是程度上的区别而且是种类上的区别。参加不能作为上述程序的替代品，它仍然要受到以同意原则为基础的管辖权的限制。④ 第二，国际法院对实体程序的管辖权和可接受性（admissibility）是其处理参加程序的先决问题。在斐济请求参加的核试验案中，国际法院认为斐济的请求就其性质而言，是以法院对争端有管辖权且主要诉讼是可接受为前提的。在其指示临时措施的命令中，法院认为首先要解决书面程序中有关争端的管辖权和可接

---

① 《规约》中虽然没有专章专节规定附带程序，但是也分别在第21条、第63条规定了临时保全，即指示临时措施和有关条约解释的参加等另外两个附带程序。

② 王林彬：《国际司法程序价值论》，第55页。

③ *Haya de la Torre Case*, *Judgment*, *ICJ Reports*, 1951, p. 76. 本案虽然是关于《规约》第63条的参加问题，但这并不影响对第62条参加某些特性的理解。下文出现的类似情形不再赘以说明。

④ *Land*, *Island and Maritime Frontier Dispute* (*El Salvador/ Honduras*), *Application by Nicaragua for Permission to Intervene*, *Judgment*, *ICJ Reports*, 1990, pp. 133 – 134, paras. 97 – 99.

受性问题。① 鉴于此，法院推迟考虑斐济的参加请求，直到其认为对主要事项具有管辖权并可接受为止。② 第三，实体程序终止时，附带程序也随之失效。斐济请求参加核试验案的结果就是一个恰当的诠释。核试验案后来的情况发生了变化，国际法院认为法国已经承诺了不再在南太平洋地区进行大气层核试验的义务，澳大利亚和新西兰的目的已经达到，争端不复存在，所以法院无须再对澳大利亚和新西兰的要求进行裁判。这样导致的结果是，国际法院宣布斐济的两项参加请求失效。③ 由此可见，当附带程序所附属的实体诉讼程序消失时，附带程序也就没有存在的必要。第三国没有可以请求参加的诉讼，其法律利益可能受到的影响也就更无从谈起。第四，参加请求应当与实体争端的主要事项相关联。这是第 62 条逻辑演化的必然结果。如果第三国的参加请求与主要事项不相关，那么该国就无从受到国际法院判决的影响，也就不存在该国法律利益保护的问题。在以当事国身份参加的情况下，这一特性还可以区分参加与法院单纯为诉讼经济而合并诉讼的情形。这种关联不仅仅是第三国与诉讼当事国的某一方具有一致的立场，它还要求符合《规约》第 62 条的根本条件，即该国法律利益可能会受到判决影响。

三 请求参加的主体

对于请求参加的主体问题，学者讨论的并不多。这主要是因为参

---

① *Nuclear Tests Case* (*Australia v. France*), *Interim Protection*, *Order*, *ICJ Reports*, 1973, p. 106; *Nuclear Tests Case* (*New Zealand v. France*), *Interim Protection*, *Order*, *ICJ Reports*, 1973, p. 142.

② *Nuclear Tests Case* (*Australia v. France*), *Application by Fiji for Permission to Intervene*, *Order*, *ICJ Reports*, 1973, p. 321; *Nuclear Tests Case* (*New Zealand v. France*), *Application by Fiji for Permission to Intervene*, *Order*, *ICJ Reports*, 1973, p. 325.

③ *Nuclear Tests Case* (*Australia v. France*), *Application by Fiji for Permission to Intervene*, *Order*, *ICJ Reports*, 1974, p. 531; *Nuclear Tests Case* (*New Zealand v. France*), *Application by Fiji for Permission to Intervene*, *Order*, *ICJ Reports*, 1974, p. 536.

加作为附带于国际法院诉讼程序的一部分，毫无疑问能够提出参加请求的主体只能是国家而非咨询程序中的国际组织。需要将参加制度与《规约》第 34 条第 2 项相区别。该项规定法院可以请求国际组织提供有关诉讼的情报。而此处国际组织提供情报的行为与参加制度的本质是不同的。①

对于《规约》第 62 条参加来说，它无须像第 63 条那样还要请求国必须是某条约的当事国。但是，既然参加程序是由《规约》直接规定的，那么是否只有作为《规约》当事国的国家才能提出参加请求？可以肯定的是，规约当事国当然具有适格的请求身份，而对于非规约当事国请求参加，国际法院也提供了一个可实施的路径。根据《规约》第 35 条第 2 项的规定，"法院受理其他各国诉讼之条件，除现行条约另有特别规定外，由安全理事会定之，但无论如何，此项条件不得使当事国在法院处于不平等地位"。② 虽然这里未直接提及"参加"，但是却包括了参加，只要是与诉讼有关的条件都在该规定的范围内。也就是说，非规约当事国如果要请求参加诉讼程序，可以通过安理会决议决定。该项的但书则强调了要保证原诉讼当事国地位的平等，这可以视为许可非规约当事国参加的一个条件。

《规则》第 41 条对《规约》上述规定进行了细化。根据该规定，对于非规约当事国启动诉讼，在安理会决议通过后，该国依该决议作出声明表示接受法院管辖时，不仅应当向书记官长交存该声明，还应当在提出诉讼时同时交存该声明。国际法院负责对此类声明的合法性或效力问题进行裁决。这是非规约当事国启动诉讼（institution of

---

① Shabtai Rosenne, *Procedure in the International Court：A Commentary on the* 1978 *Rules of the International Court of Justice*, M. Nijhoff Publishers, 1983, p. 173.
② 这里的"其他各国"结合该条第 1 项的规定理解，即指非规约当事国。

proceedings）的一般规定。而《规约》和《规则》都未指出“启动诉讼”的含义。但是它可以广泛地包括启动附带程序，所以启动参加则当然被包含其中。[1]

国际法院连非规约当事国启动诉讼都没有阻止，所以其启动参加程序也应当是合理的。当然，非规约当事国应当严格遵守《规约》第35条第2项和《规则》第41条的规定。《规约》第36条第6项赋予法院充足的权限来裁决任何涉及法院管辖权的争端，这当然也就包括在启动参加程序时出现的此类情况。[2]

事实上，联合国目前的会员国数量已达193个[3]，而联合国会员国是当然的规约当事国，所以非规约当事国只有极少的一部分。非规约当事国请求参加尚无实践。所以，对于请求参加的主体问题目前不会有过多的争议。

第二节　参加制度的历史发展

一　常设国际法院时期

（一）有限的仲裁起源

参加制度最早在国内裁判中发展起来，在国际裁判中并未作为一般性习惯而广泛应用。在仲裁裁判中，人们认为仲裁事项对于其他国家来说属于不相关的事项（*res inter alios acta*），这种观念一直根深蒂固。直到1875年国际法研究会（Institute of International Law）通过的

---

[1]　Rosenne, *The Law and Practice of the International Court*, 1920 – 1996, Vol. III, p. 1518.

[2]　*Ibid.*

[3]　联合国网站：http://www.un.org/en/members/growth.shtml#2000，2014年1月15日访问。

《国际仲裁裁判程序规则草案》才打破了裁判双边主义的惯例，在极其有限的程度上承认了参加制度。该草案第 16 条规定第三国只能在当事国同意后才可主动参加。① 历史上在仲裁实践上的参加实例极少，如常设仲裁法院的委内瑞拉优先债权案件（1904）。②

在 1899 年和 1907 年的《和平解决国际争端海牙公约》中也不存在第 62 条的参加，倒是在涉及条约解释方面引入了目前第 63 条的参加机制。它们分别规定在 1899 年公约的第 56 条和 1907 年公约的第 84 条。即便在 1907 年仲裁法院的计划中也没有提到参加的概念。③

（二）法学家咨询委员会的讨论

在为准备建立常设国际法院所提交的提案中，涉及参加的提案有由三名委员准备的关于国际司法机构的公约草案第 31 条④、中立五国计划（Plan of the Five Neutral Powers）的第 48 条⑤、瑞典政府委员会的公约草案第 21 条⑥等。为起草《常设国际法院规约》，国际联盟在 1920 年成立了法学家咨询委员会（Advisory Committee of Jurists）。在有

① 杉原高嶺：《国际司法裁判制度》，第 251 页。
② See *Preferential Treatment of Claims of Blockading Powers Against Venezuela*（*Germany*, *Great Britain and Italy v. Venesuela*）.
③ Report of Mr de Lapradelle, Chairman of the Drafting Committee, *Procès-Verbaux of the Proceedings of the Committee*, 1920, pp. 693 – 749.
④ Draft Scheme of a Convention concerning an International Judicial Organisation, drawn up by three Committees nominated respectively by the Governments of Denmark, Norway and Sweden, Art. 31, *Documents Presented to the Committee Relating to Existing Plans for the Establishment of a Permanent Court of International Court of Justice*, p. 181.
⑤ Draft for the establishment of a Permanent Court of International Court of Justice provided in Article 14 of the Covenant of the League of Nations, Art. 48, *Documents Presented to the Committee Relating to Existing Plans for the Establishment of a Permanent Court of International Court of Justice*, p. 321.
⑥ Draft of a Convention respecting a Permanent International Court of Justice, drawn up by a Swedish Governmental Commission, 1919, Art. 21, *Documents Presented to the Committee Relating to Existing Plans for the Establishment of a Permanent Court of International Court of Justice*, p. 243.

关参加的问题上，委员会报告称："本次计划会明确处理作为'权利的参加'的问题。该问题在 1907 年仲裁法院的计划中并未提及，而在 1899 年《和平解决国际争端》的公约中也只是偶然地处理了。"

在追溯法学家咨询委员会的"立法史"时，有必要回忆一下建立常设国际法院当时的立法考虑。委员会提交的计划最初是建立在法院对法律争端具有强制管辖权的基础上。当时认为，一国一旦成为规约当事国，那么该国就应自动接受法院管辖。然而，该计划中关于强制管辖权的部分并未被国联理事会（Council of League of Nations）所接受。该计划如果当时被采纳，那么也就没有现在关于接受法院管辖权和参加制度中有关法院的职能范围的问题了。①

在委员会提交的最初草案中也并未包括"第 62 条参加"。草案"第三章程序"的第 23 条规定了关于条约解释的"第 63 条参加"。在委员会第 28 次闭门会议上，费利莫尔（Lord Phillimore）在讨论中对参加进行了解释。他表示当时的英国法中就存在参加的权利，并强调在英国，参加方只能同被告站在一方。罗德（M. Loder）也对荷兰法中同样的参加机制加以解释。但是这里的参加方既可以与原告一起，也可以与被告一起。会议主席认为作为权利的参加相当于是对既判力（*res judicata*）原则的一种扩展，必须要区分基于现有利益的参加和纯粹政治性的参加。罗德还认为五国计划中的第 48 条与此具有相同的联系。② 而费利莫尔则建议以下内容："第三国认为向法院提交的争端影响其利益时，该第三国得请求参加；法院认为适当时应当许可参加。"费尔南德斯（M. Fernandes）总体上赞同该表述，但希望对参加权利附

①　Rosenne, *The Law and Practice of the International Court*, 1920 - 1996, Vol. Ⅲ, p. 1485.

②　五国计划的第 48 条第 1 款规定："提交至法院的争端影响了第三国利益时，该第三国可参加诉讼。"

加一些条件，如其所称可能受影响的利益必须为法律利益。会议主席认为参加问题应当从普通法中寻求解决的方式。他建议作如下表述："一国如认为争端可能影响其权利时，得请求法院许可参加，法院应当许可……"阿黛希（M. Adatci）建议对罗德的措辞进行修正，把"权利"改为"利益"。德·拉普瑞戴尔（M. de Lapradelle）还希望明确一个问题，即在一般的法官构成下是否有权审理第三国的诉讼，因为第三国在法院的法官构成中并没有具有本国国籍的法官。对于该问题，大家一致认为暂不做结论。然后，会议主席提出了新的表述："一国如认为某案件的判决可能影响属于该国具有法律性质的利益时，得向法院请求参加。该请求将由法院裁决之。"① 该表述最后通过，并作为独立的一条置于草案第三章原第 23 条之前。② 经过统一排序后，该条在一读中以草案第 60 条出现。③ 但是在最终通过的草案文本中，第 60 条的条文又稍有变化，其在第一句句末增加了"as a third party"的英文表述。④ 另外，在《常设国际法院规约》最终生效的版本中，这一条又排到了第 62 条。

在巴伦·德康（Baron Descamps）对委员会的工作总结中，他特别提到对参加所给予的大量关注。⑤ 然而，尽管将第 62 条参加引入常设法院规约是一个创新，但是从上述记录来看，委员会的讨论还是既

---

① 英文为："Should a State consider that it has an interest of a legal nature, which may be affected by the decision in the case, it may submit a request to the Court to be permitted to intervene. It will be for the Court to decide upon this request." 同现行《规约》第 62 条相比，除了标点及"will"表述外，该措辞与其近乎一致。

② 28th Meeting (Private), held at the Peace Palace, the Hague, on July 20th, 1920, *Procès-Verbaux of the Proceedings of the Committee*, 1920, pp. 592 – 594.

③ *Procès-Verbaux of the Proceedings of the Committee*, pp. 669 – 670.

④ 英文为："Should a State consider that it has an interest of a legal nature, which may be affected by the decision in the case, it may submit a request to the Court to be permitted to intervene as a third party", *Procès-Verbaux of the Proceedings of the Committee*, 1920, pp. 684 – 685.

⑤ *Procès-Verbaux of the Proceedings of the Committee*, p. 754.

不确定又混乱。罗森对报告记录中的英法语言的错乱也表示批评。①
大部分委员会成员使用法语发言而记录则翻译成英语,这也就在个别
措辞上出现了问题,尤其是最后"as a third party"的出现特别导致了
参加在后来发展中的一系列问题。从制定历史上无法得到真实的指
引,而这种情况所导致的结果之一就是法官在判决的个人意见、异议
意见以及专著中不断地表达自己的观点,而且各人观点不一,很难在
众多观点中找到明显的倾向。每个案件都要根据案件本身来判定,而
且没有哪个判决能形成明确的先例。法院即使有自己的自由裁量权,
但是这种裁量权也受限于法律规定的范围。然而,法律的限制本身就
不明确,甚至说还没有建立起来。②

二　国际法院时期

(一) 华盛顿法学家委员会的建议

不论是在 1945 年的华盛顿法学家委员会所做的报告中还是在旧金
山会议上,都没有政府正式提出对《常设国际法院规约》第 62 条进
行修改的建议。尽管如此,华盛顿法学家委员会的起草委员会还是建
议将英文版本中的"作为第三方"的表述移除,而法文文本不做改
变。③ 采取这一做法的原因是有人担心"作为第三方"这一措辞的存
在可能会导致误读。特别报告员也表示这个删除并不是意图对该条进

---

① Shabtai Rosenne, *Intervention in the International Court of Justice*, M. Nijhoff Publishers, 1993, p. 23.

② Rosenne, *The Law and Practice of the International Court*, 1920 – 1996, Vol. Ⅲ, pp. 1494 – 1495.

③ Report on Draft Statute of an International Court of Justice referred to in Chapter Ⅶ of the Dumbarton Oaks Proposals (Jules Basdevant, Rapporteur), Official Comments relating to the Statute of the Proposed International Court of Justice, *Documents of the United Nations Conference on International Organization*, 1945, p. 849.

行修改，这种语词的变更不会被视为是重大的问题。① 最终，英文版本中的"作为第三方"不再出现在《国际法院规约》第 62 条的规定中，法文和英文两个版本保持了一致。

（二）参加制度的司法实践

常设国际法院时期，并没有关于第 62 条参加的任何实践。唯一的温布尔顿号案也只是与第 63 条参加的条约解释问题有关。② 在该案中，波兰请求参加到英国、法国、意大利、日本诉德国的诉讼中。波兰在请求书中表示其参加根据的是《常设法院规约》第 62 条，但后来接受了英国建议，在口述程序中又变更为第 63 条。法院接受了这一变更并最终许可了波兰的参加请求。③

国际法院时期，参加制度一度沉寂。在国际法院成立的近 30 年间，一直没有国家向法院提出过参加请求。直到 20 世纪 70 年代的核试验案，斐济才成为第一例根据《规约》第 62 条提出参加请求的国家。④ 斐济分别请求参加新西兰诉法国和澳大利亚诉法国的诉讼程序。但是后来由于案件实体的争端消失，国际法院无须对其继续审理，于是斐济的初次请求也随之失效。1981 年，国际法院才首次在大陆架案（突尼斯与利比亚）中对马耳他的参加请求作出裁判。迄今为止，国际法院一共驳回了 5 例参加请求而许可了 3 例。驳回的案件分别是大陆架案（突尼斯与利比亚，马耳他请求参加）⑤、大陆架案（利比亚与

---

① *Continental Shelf（Tunisia/ Libyan Arab Jamahiriya），Application by Malta for Permission to Intervene，Judgment，ICJ Reports*，1981，p. 15，para. 25.

② *Case of the S. S. "Wimbledon"*，apply to intervene by Poland in 1923.

③ 关于国际法院时期第 63 条参加的司法实践主要有哈雅·德·拉·托雷案（哥伦比亚诉秘鲁，古巴请求参加），尼加拉瓜军事和准军事行动案（尼加拉瓜诉美国，萨尔瓦多请求参加）以及 2014 年 3 月 31 日实体程序刚刚审结的南极捕鲸案（澳大利亚诉日本，新西兰请求参加）。

④ *Nuclear Test（Australia v. France，New Zealand v. France）*，apply to intervene by Fiji in 1973.

⑤ *Continental Shelf（Tunisia/ Libyan Arab Jamahiriya）*，apply to intervene by Malta in 1981.

马耳他，意大利请求参加）①、利吉丹到和西巴丹岛主权案（印度尼西亚与马来西亚，菲律宾请求参加）②、领土和海洋争端案（尼加拉瓜诉哥伦比亚，哥斯达黎加、洪都拉斯请求参加）。③ 许可的案件分别是陆地、岛屿和海域边界争端案（萨尔瓦多与洪都拉斯，尼加拉瓜请求参加）④、陆地和海域边界争端案（喀麦隆诉尼日利亚，赤道几内亚请求参加）⑤ 和国家管辖豁免案（德国诉意大利，希腊请求参加）。⑥ 其中，国际法院分庭在 1990 年对陆地、岛屿和海域边界争端案中许可了尼加拉瓜的参加请求，这是历年来第三国根据《规约》第 62 条提出的参加请求第一次获得法院的认同。在该案中，国际法院（分庭）也首次对管辖根据问题展开了讨论，从而正式承认了第三国以非当事国身份参加时无须与原当事国间存在管辖联系的观点。⑦ 在上述所有案

---

① *Continental Shelf（Libyan Arab Jamahiriya/ Malta）*，apply to intervene by Italy in 1983.

② *Sovereignty over Pulau Ligitan and Pulau Sipadan（Indonesial/ Malaysia）*，apply to intervene by Philippines in 1998.

③ *Territorial and Maritime Dispute（Nicaragua v. Colombia）*，separately apply to intervene by Costa Rica and Honduras in 2010.

④ *Land, Island and Maritime Frontier Dispute（El Salvador/ Honduras）*，apply to intervene by Nicaragua in 1989.

⑤ *Land and Maritime Boundary between Cameroon and Nigeria*，apply to intervene by Equatorial Guinea in 1999.

⑥ *Jurisdictional Immunities of the State（Germany v. Italy）*，apply to intervene by the Hellenic Republic in 2011.

⑦ 此案判决后，学者对 ICJ 态度的变化及参加制度本身展开了热烈而深入的讨论。See J. Collier, "Intervention in the International Court: A Slight Breakthrough", *The Cambridge Law Journal*, Vol. 50, No. 2, 1991; J. Quintana," the Intervention by Nicaragua in the Case between El Salvador and Honduras before an *Ad Hoc* Chamber of the International Court of Justice", *Netherlands International Law Review*, Vol. 38, 1991; D. W. Greig, "Third Party Rights and Intervention before the International Court", 32 *Va. J. Int'l L.* 285（1991 – 1992）; A. Moore, "Ad hoc chambers of the international court and the question of intervention", *Case Western Reserve Journal of International Law*, Summer92, Vol. 24 Issue 3; J. Merrills and Malcolm D. Evans, "The Land and Maritime Boundary Case（Cameroon v. Nigeria）: The Intervention by Equatorial Guinea", *International and Comparative Law Quarterly*, Vol. 49, No. 3,（Jul., 2000）; Mariano Rubio, "Intervention before the International Court of Justice: the Nicaraguan Intervention in El Salvador/Honduras Case", *Anuario Mexicano de Derecho International*, Vol. I, 2001.

件中，只有尼加拉瓜参加案的判决是由国际法院分庭作出，其他案件的裁判主体都是国际法院。而在所有案件中，以命令形式作出裁判的有4例，分别是对斐济参加案作出的两个命令，以及对赤道几内亚参加案和希腊参加案作出的两个命令。其他案件则均以判决的形式作出。而从国际法院成立以后提出的参加请求情况可以看出，自从尼加拉瓜成功请求参加后，虽然法院许可参加的频率仍然近乎十年许可一次，但第三国选择参加诉讼的积极性相对之前要更高一些。

第三节　参加的法律依据

一　《国际法院规约》的规定

（一）《国际法院规约》第62条的规定

如前所述，就本书所讨论的参加制度而言，其最直接的法律依据来源于《国际法院规约》第62条。该条有两项内容，其中第一项规定："某一国家如认为某案件之判决可影响属于该国具有法律性质之利益时，得向法院声请参加。"① 第二项规定："此项声请应由法院裁决之。"②

从条文中可以看出，第一，第三国得以请求参加的原因是它认为该国所具有的法律性质的利益可能受到某案件判决的影响。这种"认为"是第三国主观、自主的认为，因而这也就决定了参加由第三国自

---

① 法律条文中一般依"章"、"节"、"条"、"款"、"项"进行立法编排，但由于在《国际法院规约》的官方中文译本中，其本身依据的是"条"、"项"的顺序，所以对于《规约》条文的援引将沿用规约惯例。关于"条"之后是"项"的依据可见于《国际法院规约》第四条第二项、第五条第一项、第七条等规定。

② 第62条的英文为："1. Should a state consider that it has an interest of a legal nature which may be affected by the decision in the case, it may submit a request to the Court to be permitted to intervene. 2. It shall be for the Court to decide upon this request."

发提起的特点。如果国际法院或者诉讼当事国甚至任何其他国家如果认为国际法院对某案件的判决可能影响第三国的法律利益，而第三国没有主动提出参加请求的话，参加的程序也是无法启动的。① 第二，第三国一旦请求，它就有义务证明其主观上所认为的可能受影响的法律利益是客观存在的。所以，证明这种法律利益的存在将在第三国请求参加的书面程序和口述程序中占很大篇幅。第三，从包括常设法院时期的规约制定历史来看，《规约》特别强调是法律性质的利益，这也就排除了其他性质的利益。如果说最初立法的模棱两可和混乱导致了后来制度发展的一系列问题的话，那么唯有一点是令人确信的，即第 62 条的参加并不会为纯粹政治性的参加敞开大门。第四，该条第二项赋予了国际法院决定权。诉讼当事国如果反对第三国参加诉讼的话，这是可以理解的，也是一国的正常反应。但是当事国反对的态度并不能直接导致法院驳回第三国的参加请求，法院当然可以不考虑当事国的态度而自主决定是否许可第三国参加。

（二）《国际法院规约》第 62 条参加与第 63 条参加之比较

在讨论第 62 条参加时，不可避免地会论及第 63 条参加。第 63 条参加发展一直比较稳定，所涉问题远没有第 62 条参加那么多，司法实践中的案例也较少。第 62 条参加旨在保护所涉程序中第三国的法律利益，而第 63 条则旨在保护涉及条约解释案中诉讼当事国以外的其他条约当事国的权利以及条约解释的统一。菲茨莫里斯将前者称为"基于法院许可的参加"，罗森则称其为"裁量性参加"；而对于后者，他们都称其为"作为权利的参加"。② 琴肯法官与罗森对两种参加的称谓相一致。③ 但

---

① 这一典型的例子是国际法院的从罗马移出黄金案。

② Fitzmaurice, *The Law and Procedure of the International Court of Justice*, Vol. Ⅱ, p. 550; Rosenne, *The Law and Practice of the International Court*, 1920 – 1996, Vol. Ⅲ, p. 1482.

③ Chinkin, *Third Parties in International Law*, p. 150.

是杉原高嶺则认为不应过分强调这一区分，尤其是将第 63 条下的权利方式的参加视为不需要国际法院作出许可判断的"自动的权利"是一种不正确的认识。①

第 63 条参加的概念植根于国际仲裁。最早是由国际法研究会在 1875 年《国际仲裁裁判程序规则草案》的第 16 条作出的规定。荷兰代表将此概念引入 1899 年海牙和平会议，从而使其纳入了 1899 年《和平解决国际争端海牙公约》的第 56 条。1907 年《和平解决国际争端海牙公约》第 84 条仅对其稍作修改。在建立常设国际法院时，荷兰政府在其提交的草案中将 1907 年《和平解决国际争端海牙公约》第 84 条的规定未作变更而设置为草案第 49 条，后来又被法学家咨询委员会采纳归为最初草案的第 23 条。②

在常设国际法院时期的温布尔顿号案中，法院对两种参加形式进行了比较。法院认为第 62 条参加是基于参加国所具有的法律性质的利益。如果法院认为请求国已经充分表明了该利益的存在，那么法院就应当许可这种参加。而对于第 63 条参加来说，当对国际条约的解释成为诉讼标的时，该条约的任何当事国都有权依据第 63 条参加，而法院的判决对参加国也具有同样的拘束力。③

就两种参加的区别具体而言，第一，从参加基础上看，第 63 条参加的前提是第三国与原诉讼当事国共同缔结过条约，成为条约的当事国之一这一事实；而第 62 条参加的基础则源于第三国所具有的法律利益可能受到法院未来裁判影响这一可能。第二，从权利属性上来说，

---

① 杉原高嶺：《国际司法裁判制度》，第 253 页。

② Andreas Zimmermann et al. eds., *The Statute of the International Court of Justice: A Commentary*, Second Edition, Oxford University Press, 2012, pp. 1575 – 1576.

③ *Case of the S. S. "Wimbledon"*, *Question of Intervention by Poland*, PCIJ, Series A, No. 1, p. 12.

第 63 条参加是条约当事国本身所享有的权利。只要其缔结了条约，那么就当然能依据第 63 条参加到有关该条约解释的诉讼中；而第 62 条参加是不具有这种属性的。第三，从第三国的请求形式上看，根据《规则》第 81、82 条的规定，对于第 63 条参加，第三国向法院提交的是声明（declaration），而对于第 62 条参加，第三国提交的则是请求书（application）。这种区别也是源于第 63 条所具有的权利属性。① 第四，从参加国在诉讼中的行为方式来看，第 63 条参加只允许参加国在诉讼中就与条约解释有关的问题陈述意见，而第 62 条参加的范围更广泛，只要是为保护其法律利益且与实体事项有关的意见和主张就都可以表达。第五，从国际法院在实体程序中的裁判效力看，法院依据第 63 条参加作出的裁判将拘束该参加国；而法院依据第 62 条作出的裁判结果除非在第三国以当事国身份请求参加的情况下会对其产生拘束力，否则该参加国不受该裁判拘束。

尽管这两种参加有不同的法律依据，但是参加制度的设立和发展都离不开第 63 条的贡献，而且在《国际法院规则》的有关规定中，这两种参加也在有些程序性问题上共享规则的规定，如《规则》第 83、84 条。另外，它们都属于国际法院诉讼程序中的附带程序部分。虽然国际法院对许可第 62 条的参加具有自由裁量权，但这并不意味着在第 63 条中第三国只要符合条约的缔约国这一条件就自动参加到条约解释的诉讼中。第三国的声明也需要经过法院判断。在这一点上，两种参加具有相似之处。哈雅·德·拉·托雷案就体现出法院对第 63 条参加的最终监督职能。② 国际法院在尼加拉瓜军事行动与准军事行动

---

① 当然，罗森认为在没有权威解释的情况下对其区分，就需要指出规则上这些区别是否会导致不同的实际后果。See Rosenne, *The Law and Practice of the International Court*, 1920 – 1996, Vol. Ⅲ, p. 1517.

② Greig, "Third Party Rights and Intervention before the International Court", p. 310.

案中对萨尔瓦多根据第 63 条作出的参加声明就并未局限于形式上的判断。法院在该案中最后拒绝了萨尔瓦多的申请，认为即便不提该案参加的特殊性，第 63 条的参加也绝不是自动的。①

《规约》对第 62 条和第 63 条的规定紧密相连。目前并没有证据显示这两种参加是否相斥或者第三国是否可以同时依据第 62 条和第 63 条提出主张。但是琴肯法官认为，由于两个条款适用于不同形式和目的的参加，所以从理论上看，二者仍然是不同的。第三国似乎也没有理由同时利用两个条款而参加诉讼。② 哈德森（Hudson）认为，可以将第 63 条视为第 62 条的特别情形。对于一国成为待解释的条约当事国这一事实，可以视为该国已经具有法律利益，这样一般就无须法院对法律利益存在与否作出判断了。③ 这就比第 62 条省略了法院裁判法律利益这一步骤。对于哈德森的观点可以做这样的理解：这里所说的第 63 条的"法律利益"只是为了使其与第 62 条相统一而根据理论和逻辑作出的一种虚拟的分析。这种分析是细致的且对两种参加都持有开放的视角。但是《规约》已经将两种参加分为两个独立的条款予以规定，所以在实践中，很少有将二者联系起来的机会。

（三）《国际法院规约》第 62 条与第 59 条的关系

《规约》第 59 条是关于国际法院判决拘束力的规定。第 59 条规定，"法院之裁判除对于当事国及本案外，无拘束力。"判决所产生的拘束力是判决既判力（res judicata）的表现之一。④ 第 59 条限制了判

---

① 杉原高嶺：《国际司法裁判制度》，第 254 页。

② Chinkin, *Third Parties in International Law*, p. 154.

③ Manley O. Hudson, *The Permanent Court of International Justice*, 1934, p. 422, cited in Zimmermann et al. eds., *The Statute of the International Court of Justice: A Commentary*, p. 1577.

④ 罗森认为将第 59 条的拘束力规定和第 60 条的终局性规定结合起来理解，就产生了判决的既判力。See Rosenne, *The Law and Practice of the International Court*, Vol. Ⅱ, 1965, p. 623, 转引自杉原高嶺《国际司法裁判制度》，第 289～291 页。

决对人、对事的拘束力范围，也就排除了遵循先例（*Stare decisis*）的原则。① 也就是说，国际法院在诉讼程序中，对不同当事国间同样的诉讼既可以作出相同的裁判也可以作出不同的裁判。法院对一个案件的裁判效力仅仅及于该案及该案中的当事国，一旦脱离这两个条件中的任意一项，法院之前的裁判便不发生对任一案件的拘束力。第59条在宏观上保障了案外国家不受该案裁判的拘束。这为法院解决往往涉及多方冲突的国际争端提供了一个保险。在潜在的多边争端中，只有其中的某两个国家选择诉诸国际法院解决争端，那么争端中的其他国家不应当受到国际法院裁判效力的影响。

问题由此产生——既然有了第59条的保护，第三国的法律利益是否无须第62条再保护？事实证明，第59条对非诉讼当事国的保护程度并不充分。

在意大利参加案中，大多数法官接受第59条规定所保护的内容，但是大陆架案的实体判决却暗示出国际法院的大多数意见对意大利的利益将受到第59条的充分保护并没有那么自信。边界线有意识地划到了第三方没有主张的区域。② 而在该案的异议意见中，少数法官则更是准备面对其保护第三方利益不充分的现实。詹宁斯（Jennings）法官认为第59条只是"防止在特别案件中法院所接受的法律原则对别国或在他案中产生拘束力"。③ 他强调第59条无法改变法院的说服效果，并认为比如在设定权利义务的判决主文中，它只是规定了纯粹的保护技术。然而，在复杂的国际谈判和争端中，技术性保护不是决定

---

① 杉原高嶺：《国际司法裁判制度》，第286页。

② 法院在实体判决中增加了对意大利的保护。See *Continental Shelf* (*Tunisia/ Libyan Arab Jamahiriya*)，*Judgment*，*ICJ Reports*，1985，pp. 24 – 28，paras. 20 – 23.

③ *Continental Shelf* (*Tunisia/ Libyan Arab Jamahiriya*)，*Application by Italy for Permission to Intervene*，*Judgment*，*Dissenting Opinion of Sir Robert Jennings*，*ICJ Reports*，1984，p. 157.

性的。詹宁斯法官将大多数态度看作揭示了"令人萎靡不振的双边主义"。他并不认为第 59 条可以代替第 62 条。小田兹法官对此持类似观点。他强调在对一切义务（erga omnes）的案件中，第 59 条并不能保证法院判决不影响具有同样权利的第三国的主张。① 在尼加拉瓜参加案的实体判决中，国际法院分庭也承认在由两方当事国构成的诉讼中，不论既判力原则是否存在，它都无助于那些涉及三个沿岸国联合主权问题的案子。②

产生上述问题的原因在于，第 59 条只限于判决拘束力，而对第三国利益的保护不仅是不受拘束（binding）的问题，而是使其不受更大范围的影响（affecting）的问题。"拘束力"只针对诉讼当事国两方，但是"影响"却并不限于这两方。所以在"拘束"和"影响"产生的差距内，除了参加制度外，尚无机制可以为诉讼当事国以外的国家提供保护。而在第 59 条保护的范围内，也并不排除第 62 条的保护，因为后者所保护的范围要大于前者，二者不应当是非此即彼的关系。

还需要注意到的是，尽管第 59 条否定了遵循先例原则，但是国际法院具有说服力的判决的效力和法院在国际宪政进程中的角色却是不容忽视的。③ 例如在有关边界的判决上，法院对划界问题非常谨慎，以使其仅涉及诉讼当事国的权利义务，但它仍可能对任何未来同样领域的谈判或裁判有影响。在尼加拉瓜参加案中，尽管 1917 年中美洲法院对丰塞卡湾地位的判决并不直接是该案分庭考虑的问题，因为洪都拉斯并不是 1917 年案件的当事国，但萨尔瓦多认为此判决在其与参加

---

① Continental Shelf（Tunisia/ Libyan Arab Jamahiriya），Application by Italy for Permission to Intervene，Judgment，Dissenting Opinion of Oda，ICJ Reports，1984，p. 102.

② Land，Island and Maritime Frontier Dispute（El Salvador/ Honduras：Nicaragua intervening），Judgment，ICJ Reports，1992，p. 601，para. 403.

③ C. Wilfred Jenks，The Prospects of International Adjudication，Stevens & Sons，1964，p. 614.

请求国尼加拉瓜间具有拘束力。另外，该判决与考虑尼加拉瓜是否具有适当的法律利益来参加直接有关。同时，任何反对洪都拉斯的判决也将影响尼加拉瓜的法律利益。① 而国际法院分庭在裁判中也认识到了关于丰塞卡湾法律地位的判决并不仅限于诉讼当事方。尽管判决只拘束本案当事国，但是实践中它却会对世界共同体中的其他成员创设一个预期，而这将影响其他国家将来的行为。②

罗森从体系解释和法院裁判的连贯性两个角度也说明了国际法院裁判的潜在效力。他强调，联合国宪章规定了成员国应当支持法院判决的义务，不能把对第 59 条的解释从规约其他条款和宪章上割裂开来。国际法院的法理表明了一种愿望，即宣告国际习惯法以及解释和适用条约。认为这些宣告只适用于当事国的观点是毫无意义的，而且这种观点并未考虑法院判决的规范效力。即使当事国只受本案判决拘束，但在任何后续的程序中出现了不同的事实，当事国和非当事国就第 59 条来说处于一致的立场——他们都不受法定拘束，但又都期待法院连贯一致的判决。③

即使是当事国，在后续的案件中也希望法院裁判的法理具有连贯性，这就暗含了其对先例效力的期待。这对于非当事国来说更是如此。他国诉讼对第三国更像是一场预演。任何国家在面对未来可能出现的诉讼时大都处于未知状态，但是法院对他国所做的裁判可以使其对诉讼有所预期。这当然不排除法院对同一类型的案件作出相反的裁判，但是总体而言，法院法理和制度发展的稳定性不论是对诉讼当事国还是法院自身来说都非常重要。在这种情况下，诉讼当事国以外的国家

---

① *Land*，*Island and Maritime Frontier Dispute*（*El Salvador/ Honduras*），*Application by Nicaragua for Permission to Intervene*，*Judgment*，*ICJ Reports*，1990，p. 121.

② Chinkin，*Third Parties in International Law*，p. 156.

③ *Ibid.*，pp. 156 - 157.

对诉讼持与己无关的态度而寄希望于第59条的保护是不明智的。参加制度设立的原因之一也正是为了填补第59条保护不到的空白部分，从而为最大限度地保障非诉讼当事国的利益提供诉诸渠道。

二　《国际法院规则》的规定

（一）《国际法院规则》的有关规定

《规则》中有关第62条参加的规定集中在"第三章诉讼程序"下的"第四节附带程序"。参加作为国际法院的附带程序之一，规定在该节的第四小节中。第62条参加和第63条参加有各自单独规定的部分，但是涉及二者相似的程序问题时，规则也会合并规定。从内容上看，《规则》主要规定的是国际法院的程序性事项，它比《规约》的规定更为具体。《规则》对第62条参加的相关规定有4条，其中第81条和第85条是专属于第62条参加的规定。

《规则》第81条规定了第三国提出参加请求的形式、时间以及请求中应列明的内容等。这是诸规定中最重要的一条，它在一定程度上成为第三国是否能获得国际法院许可的门槛。第三国应当向国际法院提交参加请求书。《规则》规定请求书至迟于书面程序终结前提交。另外，请求书应当尽速提交。法院对提交期限还设置了例外情形，在特殊情况下，法院也可以接受在稍后阶段提交的请求书。这个但书是必要的。如果在有些情况下，第三国关于请求参加的政治决策只能根据之前的书面程序作出，那么就可以允许请求书的延迟提交。① 该条第2款规定了请求书中应载明的事项，这主要包括请求国认为可能受该案裁决影响的具有法律性质的利益、参加的明确目的以及请求国与

---

① Rosenne, *Procedure in the International Court: A Commentary on the* 1978 *Rules of the International Court of Justice*, p. 175.

该案各当事国间的管辖根据。该款（c）项关于管辖根据的要求并不在最初制定规则的草案中，而是在 1978 年修订时新加入的一项要求。《规则》增加的这一要求使参加制度的适用出现了很多争论和困惑，本书将在第二章中具体讨论。该条第 3 款规定请求书应当包括有关佐证的文件目录，并应随文送致。

第 83 条有两款内容。第三国提交参加的请求书后，其请求书副本经核证，应立即送交案件的各当事国。各当事国在国际法院（或院长）确定的期限内可以就第三国的请求书提出书面意见。国际法院的书记官长还负责将请求书副本送交给联合国秘书长、联合国各会员国以及其他有权在法院出庭的国家。"送交联合国秘书长"部分是新增的内容，其目的是与联合国的结构相协调。根据上述规定，原诉讼当事国有权获得第三国副本，这是对各当事国权利的保障。国际法院赋予其充分的权利来就第三国的参加请求发表意见。至于请求书副本送交其他有权主体，在《规则》第 42 条中也有一致的规定。① 这一款虽然是新内容，但实践中也一直在遵守。②

《规则》第 84 条第 1 款要求国际法院应当将是否许可依据第 62 条提出的参加请求作为优先事项予以同意。例外情形是法院根据案件情况将另作裁判。第 2 款则规定，如果诉讼当事国在获得请求书副本后对第三国的参加请求在第 83 条规定的期限内提出了反对意见，那么国际法院在决定是否许可第三国请求前应当听取请求国和各当事国的意见。该条"优先事项"的概念是法院对《规则》的一个主要创新。第 2 款中对法院对当事国反对意见的听取并非暗示在没有当事国反对意

---

① 《规则》第 42 条规定："书记官长应将向法庭提出诉讼的请求书或特别协定通知书的副本送交：1. 联合国秘书长；2. 联合国各会员国；3. 其他有权在法院出庭的国家。"

② Rosenne, *Procedure in the International Court: A Commentary on the 1978 Rules of the International Court of Justice*, p. 179.

见时参加请求就自动通过，这仍然需要法院最终裁决。在马耳他参加案中，国际法院在同当事国和请求国商议后发布了有关口述程序的命令。在口述程序中，马耳他首先发言并回应了当事国突尼斯和利比亚对其参加请求提出的反对意见。①

《规则》第85条规定了请求国已获国际法院许可后所享有的权利。参加国有权获得诉讼的书状及所附文件的副本，有权在法定期间提出书面陈述，亦有权在口述程序中就有关参加标的提出意见。另外在口述程序前，诉讼当事国在适当情况下也有机会对前述的参加国书面陈述提出书面意见。该条还规定国际法院或院长对各期限的设定应尽可能与已确定的期限一致。就该条而言，参加国有权在口述程序中发表意见是一个经修订的新规定。

（二）《国际法院规则》有关规定的制定与修订

《常设国际法院规则》作为现行《国际法院规则》的前身，自1922年制定以来历经几次修订，但是这并没有解决它同《规约》一样存在的模棱两可的问题。②

在1922年的草案中，关于参加的部分始于草案第48条。③该草案还规定常设国际法院院长在没开庭时有权决定第三国的参加请求。关于参加的部分最终规定在1922年《规则》的第58条和第59条。④ 在马耳他参加案中，国际法院在判决中回顾了1922年《规则》的起草

---

① See *Continental Shelf*, （*Tunisia/Libyan Arab Jamahiriya*）, *Pleadings*, *Oral Arguments*, *Documents*, Vol. IV, p. 281.

② 关于常设国际法院时期和1945年以后《规则》的修订情况，可分别参见国际法院网站：http：//www. icj-cij. org/pcij/series-d. php? p1 = 9&p2 = 5, http：//www. icj-cij. org/documents/index. php? p1 =4&p2 = 3&p3 =0, 2014年1月17日访问。

③ Rules of Court, Preparation of the Rules of Court, Draft prepared by the secretariat, PCIJ, Series D, No. 2, p. 266.

④ Rules of Court, Series D, No. 1, 1926, p. 27.

过程。法学家咨询委员会当时关注的很多问题最后都没有讨论结果，对于参加的目的和形式问题以及是否需要管辖基础的问题存在很多不同观点。一些常设国际法院的法官认为，只有法律利益成为实际的争端主体才符合第 62 条的规定；而另一部分人认为请求国表明其法律利益可能受法院在特定案件的影响就已经足够。同样，有些人认为同当事国管辖联系的存在是参加的另一个条件，而另一些人却认为只要表明法律利益即可。这种讨论的结果是，常设国际法院不试图在规则中解决各种问题，而是将其留到将来实践中出现的时候再视情况解决。①

1926 年《规则》在参加的请求中增加了口述程序，并在原《规则》第 59 条基础上新增了一款。② 1931 年《规则》没有变化。1936 年《规则》第 59 条变成第 64 条，原有条款的措辞发生变化，原条款也有所细分。1936 年《规则》第 64 条第 3 款重复了 1922 年《规则》第 59 条的内容。它要求请求书应转给原当事国，原当事国在常设国际法院规定的时限内或者在法院闭庭时由院长决定的时限内应当将其书面意见交给书记官长。该条第 4 款规定了口述程序。它还规定如果原当事国未在书面意见中反对参加请求的话，法院可以决定无须口述程序。该条第 5 款重复规定了法院以判决形式裁决请求。③ 国际法院在马耳他参加案的判决中对 1936 年修订的《规则》评价认为，常设国际法院在修订规则时并没有对第 62 条参加在司法实践上有真实经历。所以，它在规则上的讨论并没有新的亮点。在各种争论中，关于明确的参加目的、管辖联系的必要性等问题还是没有解决。同时，看似法院假定请求国将成为诉讼当事国，但是这只能看成对第 62 条英文版本

---

① *Continental Shelf（Tunisia/ Libyan Arab Jamahiriya），Application by Malta for Permission to Intervene，Judgment，ICJ Reports*，1981，p. 14，para. 23.

② Revised Rules of Court, PCIJ, Series D, No. 1, 1st edn., pp. 33, 57.

③ PCIJ, Series D, No. 1, 3rd edn., p. 50.

的解读，而且特指的是"作为第三方"（as a third party）参加。①

国际法院成立初期的规则与之前相比并无大的变动。1945 年《规则》第 64 条大部分都重复了之前的程序规定，并增加了新的一项。它规定书记官长应当将参加请求书的副本转给联合国成员国和其他有权出庭的国家。总的来说，1978 年以前的《规则》的历史意义并不大，因为常设国际法院在参加问题上只遇到过一次，即温布尔顿号案。1972 年《规则》修订前，国际法院也只是在哈雅·德·拉·托雷案中遇到此问题，但是到了 1978 年修订时，规则发生了较大变化。

1978 年《规则》进行了彻底修订并重新编号。同样，国际法院对导致规则进行修订的意见并未公开。但是，有些参与修订的法院成员以正式司法声明的形式作出了一些解释说明。拉克斯（Lachs）法官在一份修订准备的解释中提道："法院对第 62 条和第 63 条两个参加的讨论是从它们最初的缘起开始的。这两个参加在 1922 年和 1936 年的规则中作出了区分，并限于起草一些一般性规则。1931 年的规则并没有新进展。1936 年则有另一个重要的观点变化……关于该制度的条款是很少的，但在最近的修订中，法院有所扩展，并要求请求国应当指明可能受影响的法律利益。"② 1978 年《规则》的一个重大变化是关于管辖根据的问题。《规则》在第 81 条第 2 款关于请求国应当在请求书中载明的内容上增加了一项，即要求请求国说明"所称存在于该请求参加的国家和该案各当事国之间的管辖根据"。从当时的解释看，管

---

① 这里可见《常设国际法院规约》中的"as a third party"也给国际法院对《规则》的理解带来困惑。*Continental Shelf*（*Tunisia/ Libyan Arab Jamahiriya*），*Application by Malta for Permission to Intervene*，*Judgment*，*ICJ Reports*，1981，p. 15，para. 24.

② M. Lachs，loc. 'The Revised Procedure of the International Court of Justice'，*Essays on the Development of the International Legal Order in memory of Haro F. van Panhuys* 39，F. Kalshoven et al.，eds. 1980，cited in Shabtai Rosenne，*The Law and Practice of the International Court*，1920 – 1996，Vol. Ⅲ，M. Nijhoff Publishers，1997，p. 1502.

辖根据是一个重要的因素。从事实上看，国家在启动诉讼程序时必须确保没有别的国家在与案件毫无管辖联系的时候能够参加到诉讼中来，否则该第三国不仅参加了诉讼而且还能免于对等行为（reciprocal action），这是诉讼当事国不愿发生的事情。① 但是这一项内容的增加不仅给国际法院对参加的适用和裁判带来了难度，也给参加制度在后期的发展增添了不少阻碍。管辖根据问题在后来的数个案件中一度成为当事国、第三国争执的焦点，同时也成为法院内部以及学者们热切关注和讨论的主题。除上述变化以外，有关"优先事项"的概念也为法院新增。这为诉讼国提供了重要的保护以防止诉讼进程被不确定地拖延。国际法院还将1936年《规则》中规定法院以判决形式作出裁判的内容删去。因为在该试验案中，斐济的参加请求最后是以法院命令的形式进行裁判的。

国际法院后来在2001年又对《规则》进行修订，但是主要涉及初步反对和反诉等方面，关于参加的部分并无变化。最近一次修订是在2005年，参加部分亦无变化。

---

① M. Lachs, loc. 'The Revised Procedure of the International Court of Justice', *Essays on the Development of the International Legal Order in memory of Haro F. van Panhuys* 39, F. Kalshoven et al., eds. 1980, cited in Shabtai Rosenne, *The Law and Practice of the International Court*, 1920 – 1996, Vol. Ⅲ, M. Nijhoff Publishers, 1997, p. 1502.

第二章
参加的构成要件

第一节　参加的构成要件概述

一　概述

不论是在实体法还是程序法领域，法律要件理论常常被作为基本手段分析法律关系发生、变更以及消灭的过程和效果。[①] 在国际法尤其是程序法领域，也可以借助构成要件加以分析。《国际法院规约》和《国际法院规则》的有关规定中并没有直接、明确地规定法院在判断是否许可参加时，参加请求国应当符合哪些构成要件。但是从《规约》和《规则》本身的规定以及法院在裁判时的说理中并不难分析出诉讼参加的构成要件。

尽管在《规约》和《规则》中并未出现"要件"（prerequisite）一词，但是在法院判决以及学者的讨论中却能找到类似的替代词。琴肯法官在对《规约》的诠释中将第 62 条规定的"法律性质的利益"

---

① 参见孟涛《民事诉讼要件理论研究》，重庆大学博士学位论文，2009，第 1 页。

视为诉讼参加的"条件"(condition),将《规则》第81条第2款的三项内容称为法院对诉讼参加的"要求"(requirement)。① 另外,在尼加拉瓜参加案的判决中,分庭认为"有效的管辖联系并不能视作参加的必要条件(*sine qua non*)"。② 虽然分庭否定了管辖联系的必要性,但是却从侧面表明分庭在这里讨论的主题是参加的"必要条件"即"*sine qua non*",所以这也说明法院在对待请求国时也在分析它是否符合诉讼参加的要件。由此可见,立法文本是否直接列明诉讼参加的要件并不影响对参加本身构成要件的分析。

二 参加的构成要件之法律依据

参加构成要件的法律依据来源于参加制度的法律依据,即《规约》第62条和《规则》第81~85条的有关规定,尤其是第81条第2款规定请求书应当载明的三项内容。虽然《规则》规定主要偏重于程序,表面上看并不涉及实体内容,但是至少从该款第1项与《规约》第62条的规定看,二者是相一致的,甚至可以说该款第1项与《规约》的规定在法律利益的要求上是重复的。本款另外两项规定虽然也只是要求在请求书中载明,但是不可否认这两项规定也与实体紧密相关。所以,《规则》的第81条第2款其实也涉及诉讼参加的构成要件。

三 参加的构成要件

参加的构成要件,是指参加请求国能够获得国际法院参加许可所

① Zimmermann et al. eds., *The Statute of the International Court of Justice: A Commentary*, pp. 1533, 1546. See also De Hoogh, "Intervention under Article 62 of the Statute and the Quest for Incidental Jurisdiction without the Consent of the Principle Parties", p. 18.
② *Land, Island and Maritime Frontier Dispute (El Salvador/ Honduras), Application by Nicaragua for Permission to Intervene*, Judgment, *ICJ Reports*, 1990, p. 135, para. 100.

应具备的条件。对于构成要件的内容，根据《规约》和《规则》的规定，可以组合出三种观点。第一种是单独要件说，即只有可能被影响的法律性质的利益才是诉讼参加的构成要件。至于参加目的和管辖根据，它们只是规定在《规则》中并且需要在请求书中列明而已。《规约》才是规定诉讼参加最直接的来源。詹宁斯法官就在意大利参加案的异议意见中指出，因为《规则》不能增加或修改《规约》的效力，所以应当假定《规则》第81条第2款第2、3项的这些附加的信息条款只是让法院更有效地评价《规约》规定的参加要求是否满足。① 针对第一种观点，即排除了参加目的和管辖根据的两个要件，杉原高嶺认为这两项并不总是只能提供信息。因为这两个问题关系到参加制度的基本结构。因参加目的的不同，参加国的请求有时会超出参加制度的范围，而且第三国请求内容的不同有时候也需要管辖权的关联。② 第二种是二要件说，即排除了管辖根据这一要素，认为只有可能被影响的法律性质的利益和参加目的是诉讼参加的构成要件。该观点与前述观点的差异在于它并未刻意区分《规约》与《规则》的地位和效力，而是从管辖根据本身的性质切入。施威贝尔（Schwebel）法官就否认管辖根据是构成要件。他认为《规则》第81条第2款第3项规定并不是要引入而且也没有引入新的管辖要求。他将该项规定视为提供信息的性质而非要件的性质，这当然也并不意味着管辖根据就没有存在的意义。③ 第三种是三要件说，即认为可能受影响的法律利益、参加目的和管辖根据都是构成要件。该观点对《规则》第81条第2款不

---

① *Continental Shelf （Libyan Arab Jamahiriya/ Malta）, Application by Italy for Permission to Intervene, Judgment, Dissenting Opinion of Sir Robert Jennings, ICJ Reports*, 1984, p. 152, para. 12.

② 杉原高嶺：《国际司法裁判制度》，第261页。

③ *Continental Shelf （Libyan Arab Jamahiriya/ Malta）, Application by Italy for Permission to Intervene, Judgment, Dissenting Opinion of Schwebel, ICJ Reports*, 1984, p. 146, para. 36.

仅仅止于提供信息的作用予以肯定。

综合来看，三种观点各有理由，但是结合国际法院的审判实践，三要件说应当更合理，但是这里的三要件不是绝对的三要件，针对管辖根据要件需要分情况加以讨论，故可以认为是有限的三要件。

首先，可能被影响的法律性质的利益作为诉讼参加的构成要件是毫无疑问的。该要件不仅在《规约》中有规定，而且《规则》中也对其予以重申。

其次，具有明确的参加目的也应被视为诉讼参加的构成要件。《规则》中仅要求请求书应载明参加目的。由此可见，参加目的是请求书的形式要求，至少可以作为形式要件而存在。不过，是不是请求国为了满足这一形式要求就可以任意说明其参加目的呢？国际法院在审查参加目的时是不是见其在请求书中列明了就不再进行实质审查？答案是否定的。在菲律宾参加案中，菲律宾的参加目的有三个：第一是保护其对国际法院裁判可能影响到的北婆罗洲（North Borneo）主张的历史性与法律性权利；第二是告知国际法院它所享有的法律权利的性质；第三是更全面地评价国际法院除了解决法律争端之外，在避免复杂的冲突中所起到的不可或缺的作用。对于目的一和目的二，国际法院都予以认可，认为这些目的都是适当的。但对于第三个目的，菲律宾在口述程序中并未展开阐述。法院认为该目的如果单独提出来作为《规则》规定中的参加目的并不充分，所以法院拒绝了菲律宾的第三个参加目的。① 由此可见，国际法院对于请求国列出的参加目的也会进行实质审查。又因为参加目的本身也与请求国法律利益密切相关，所以将明确的参加目的也作为诉讼参加的构成要件是适当且必要的。

① *Sovereignty over Pulau Ligitan and Pulau Sipadan*（*Indonesia/ Malaysia*），*Application by Philippines for Permission to Intervene*，*Judgment*，*ICJ Reports*，2001，p. 606，paras. 87 – 90.

最后，管辖根据作为构成要件的情况只限于第三国以当事国身份请求参加。虽然目前尚无当事国参加的先例，但是1990年国际法院分庭在许可尼加拉瓜的判决中已经承认了第三国以当事国身份参加和以非当事国身份参加的两种形式。在以当事国身份参加时，请求国与当事国间的管辖联系才是必要的。而在以非当事国身份参加时，管辖联系的缺失并不妨碍法院对其参加的许可。①

另外，根据《规约》第62条第2项的规定，第三国是否构成参加应当由国际法院决定。当事国的反对意见无法影响法院的自由裁量权，所以这也从侧面说明诉讼参加的构成要件只有上述三个要件而不包含其他内容。② 故而，如果要对这三个要件进行分类的话，根据第三国的请求身份和请求主张，可以将构成要件分为一般构成要件和特别构成要件。法律利益和参加目的是诉讼参加的一般构成要件，而管辖根据则是特别构成要件。第三国请求以当事国身份参加时，适用纯粹的三要件，而其以非当事国身份参加时，则只满足前两个构成要件即可。此外，这三个要件都会经过国际法院的实质审查，而《规则》又要求三者均得列明，所以这三个要件均既为实质要件又为形式要件。只不过以非当事国身份请求参加的情况下，请求国没有管辖根据就无须列明而已。

四 研究参加的构成要件之意义

构成要件的研究只是诉讼参加制度研究中的一个部分，但是它却

---

① *Land, Island and Maritime Frontier Dispute（El Salvador/ Honduras），Application by Nicaragua for Permission to Intervene，Judgment，ICJ Reports*，1990，p. 135，para. 100.
② 特林多德法官在希腊参加案中强调当事国同意在法院决定是否许可参加时不起作用。*Jurisdictional Immunities of the State（Germany v. Italy），Application by the Hellenic Republic for Permission to Intervene，Order，Separate Opinion of Judge* Cançado Trindade，*ICJ Reports*，2011，pp. 3 – 4，paras. 6 – 8.

是国际法院和学者们关注与讨论的重点。

第一,诉讼参加的构成要件是诉讼参加整个制度的核心。虽然诉讼参加制度的研究内容还包括其历史发展、法律依据、请求程序、参加成功后参加国所享有的权利及其对实体判决的影响以及诉讼参加的价值意义等方面,但是构成要件部分却是国际法院每次面对第三国请求时都需要审慎分析和解决的问题。请求国是否满足诉讼参加的构成要件决定了国际法院是否会许可其参加请求。从司法实践上看,法律利益要件主导了诉讼参加的发展,参加目的要件反映了第三国对诉讼的态度,而管辖根据要件则丰富了诉讼参加的类型。

第二,只有明确了诉讼参加的构成要件,才能明确第三国的请求或许可或拒绝的原因。不论是对国际法院、诉讼当事国、参加请求国还是其他案外国家甚至是关注于参加制度的研究人员,仅仅知道某参加案的审理结果是不够的。请求国获得法院许可必然是因为法律利益和参加目的要件已经满足[①],而请求被拒则必然是有一个或数个要件未能满足。只有明确了构成要件才能分析各要件情况和国际法院审判结果的原因。

第三,国际法院在构成要件上的判断与分析直接或间接地反映了法院对诉讼参加的立场与态度。从国际法院在不同案件中对法律利益的把握可以看出法院对该构成要件设立的宽严标准。国际法院及其分庭在尼加拉瓜参加案和赤道几内亚参加案中对法律利益采取了较为宽松的态度,而在这两个案件之前和之后,法院又始终徘徊于严格主义。如果国际法院连续表现出某种态度,那么案件数量上的充足则会有助于法院的态度趋向稳定。各国也因此能从国际法院的"判例法"中把握诉讼参加的法理所在。

---

① 以当事国形式的参加,则是三要件必然均已满足。

第四，国际法院诉讼参加的构成要件能够将国际法院的诉讼参加制度区别于其他近似的法律制度。国际法院的诉讼参加制度在本质上也来源于国内法的第三人制度。同时，参加制度又并非为国际法院所独有，其他国际司法裁判程序如国际海洋法法庭、WTO 争端解决机制、国际仲裁和国内法中的第三人制度以及法庭之友等，都与该制度存在相似之处。甚至在国际法院内部，《规约》第 63 条的诉讼参加和《规约》第 66 条咨询程序中向国际法院提供信息的第三国参与也与之具有共同点。明确《规约》第 62 条诉讼参加的构成要件有助于在比较研究的时候得出异同，从而对该制度进行更准确的认识与理解。

第二节　参加的一般构成要件

一　可能受法院判决影响的法律性质的利益

法律利益这一构成要件是第三国获得国际法院许可进而参加诉讼的最重要的一个构成要件。参加制度在设立之初就将此要件规定在《规约》中，随后《规则》中又对其再一次强调。这是参加的三个要件中唯一在《规约》和《规则》中重复规定的要件。对第三国有关法律利益的密切关注一直贯串于参加制度的发展中。国际法院时期，从核试验案中斐济根据第 62 条第一次正式提出参加请求开始，请求国、原诉讼当事国以及国际法院围绕可能受影响的法律性质的利益展开了热烈的讨论。随后在国际法院对每一次参加请求的审理中，该要件都无疑是法院考察的关键问题。关于该要件的分析往往占据了法院裁判文书中的很大一部分篇幅。国际法院拒绝参加请求一般也是基于请求国未满足该要件规定的要求。①

（一）有关"利益"的概念

尽管法律利益要件具有如此重要的地位，但是究竟何为"可能受法院判决影响的法律性质的利益"（an interest of a legal nature which may be affected by the decision）却仍需进一步考察。《规约》本身对"利益"除了要求必须具有法律性质以外，并无其他具体定义。第 62 条也未特别规定利益到底是直接的、潜在的还是具有个体（personal）性质。②而在法律性质的具体认定上，到底是"legal"还是"lawful"也不得而知。③直到 2011 年，国际法院才在领土与海域争端案（尼加拉瓜诉哥伦比亚）的两个参加诉讼中进行了简单的界定。国际法院认为，第 62 条所要求的利益具有法律性质，该利益应当是该国根据法律所提出真实而具体（real and concrete）的主张的对象，而不同于纯粹政治、经济或策略的性质。但这也不是指任何类型的法律性质的利益，它还应当有可能在其内容和范围上受到法院将来在实体诉讼中所做判决的影响。④

有关"利益"的讨论还集中在其与"权利"是否应当区分的问题

---

① Zimmermann et al. eds., *The Statute of the International Court of Justice：A Commentary*, p. 1547.

② See submissions of P. Lalive, counsel for Malta, *Continental Shelf*（Tunisia/Libyan Arab Jamahiriya）, ICJ Pleadings, pp. iii., 319 – 54.

③ *Sovereignty over Pulau Ligitan and Pulau Sipadan*（Indonesial/ Malaysia）, *Application by Philippines for Permission to Intervene*, *Judgment*, *ICJ Reports*, 2001, p. 590, para. 40.

④ *Territorial and Maritime Dispute*（Nicaragua v. Colombia）, *Application by Costa Rica for Permission to Intervene* and *Application by Honduras for Permission to Intervene*, *Judgments*, *ICJ Reports*, 2011, pp. 358, 434 paras. 26, 37. 博纳菲还专门对法律利益做了研究，他将法律利益分为四个类型，分别是主体事项中的利益、直接受影响的利益、隐含影响的利益和普遍性利益。他认为对法律利益的定义是非常重大的问题，扩大或缩小参加的范围很大程度上都取决于法益的种类，但是这个概念在很大程度上还不确定。See Beatrice I. Bonafé, "Interests of a Legal Nature Justifying Intervention before the ICJ", *Leiden Journal of International Law*, vol. 25, 2012, pp. 739 – 757.

上。在 1922 年法学家咨询委员会起草《常设国际法院规约》的过程中，这一问题就已经有人提出①，但是最终采用的是"法律性质的利益"这种"折中"的表述。一方面直接规定为权利可能会将第三国的参加请求限制得过于狭隘；另一方面又怕"利益"这一措辞的适用引起参加的泛滥，所以只能将"权利"所具有的性质移植到"利益"上，使其受到一定程度的限制。②

不主张对二者进行区分的法官比如哈苏奈（Al-Khasawneh）法官，而阿戈（Ago）法官、基斯（Keith）法官等也对这种区分有所质疑。③哈苏奈法官在洪都拉斯参加案中的声明中表达了他的观点。他认为，法律利益就是权利。"法律性质的利益"的表述是由 1920 法学家咨询委员会创设出来的。它是一种妥协，但是与"权利"一直交换使用。这个既不是权利又不是利益的混合概念并未在法律的推理部分得到承认。他还认为，根据证据要求和法律所能保护的程度，从这种所谓的区分中得出标准的结果是不正当的。另外，就算"法律性质的利益"可能有时不同于"权利"，但这也不构成通常的情况。当二者存在不同时，比如正像第三国在请求书中所说的那样——其法律利益是其行使主权的权利——这导致证明标准和可保护的程度问题出现。这就表明，对二者进行区分在逻辑上是没有理由的，而国际法院在实践中并

---

① Report of Mr de Lapradelle, Chairman of the Drafting Committee, *Procès-Verbaux of the Proceedings of the Committee*, 1920, pp. 593 – 594.

② 这一措辞被抨击为"向表述进行挑战的怪物"。W. Farag, *L' intervention devant la Cour Permanente de Justice Internationale*（*Articles 62 et 63 du Statut de la Cour*）（1927）, p. 59, cited in Zimmermann et al. eds., *The Statute of the International Court of Justice: A Commentary*, pp. 1546 – 1547.

③ See *Continental Shelf*（*Libyan Arab Jamahiriya/ Malta*）, *Application by Italy for Permission to Intervene*, Judgment, Dissenting Opinion of Judge Ago, *ICJ Reports*, 1984, pp. 115 – 130; *Territorial and Maritime Dispute*（*Nicaragua v. Colombia*）, Application by Costa Rica for Permission to Intervene and Application by Honduras for Permission to Intervene, Judgments, Declarations of Judge Keith, *ICJ Reports*, 2011, pp. 394, 459, para. 6.

未采纳此观点。所以，试图对法律利益的概念进行定义和澄清对于理解此概念并没有多大帮助，反而使其更加模糊。①

主张对二者进行区分的法官比如特林多德（Cançado Trindade）法官、优素福（Yusuf）法官以及亚伯拉罕（Abraham）法官，② 尤其在特林多德和优素福二位法官看来，这在追求参加制度的基础性根基的准确度上是一个积极的发展。③ 其实国际法院在巴塞罗那电车公司案中曾对二者有所区分。国际法院在该案中认为，人们会在各种情况下受到损害或伤害。这本身并不涉及赔偿义务。并不是只有利益受到影响，而是唯有权利受到损害时才涉及责任，所以直接指向并损害公司利益的行为并不牵涉股东的责任，尽管他们的利益受到了影响。④ 而在西南非洲案中，国际法院的大多数意见也支持对利益进行狭义解释的观点，"为了产生法律权利和义务，它应当具有司法性表述并以法定形式表示出来"。⑤ 格里格也通过对西南非洲案的分析持此观点。⑥ 另有支持的观点认为，参加处于裁判的初级阶段，这只要求请求国表明实体判决可能影响的利益，亦即在国际法下，它是用一种不确定来定性此阶段，这一点是合理的。但是，在诉讼后期也就是诉讼的实体阶段，只有权利受影响了诉讼主张才是合理的。相比较而言，权利表

---

① *Territorial and Maritime Dispute（Nicaragua v. Colombia）*，*Application by Honduras for Permission to Intervene*，*Judgments*，*Declaration of Judge Al-Khasawneh*，*ICJ Reports*，2011，p. 446.

② See *Territorial and Maritime Dispute（Nicaragua v. Colombia）*，*Application by Costa Rica for Permission to Intervene*，*Judgments*，*Dissenting Opinion of Judge Abraham*.

③ *Territorial and Maritime Dispute（Nicaragua v. Colombia）*，*Application by Honduras for Permission to Intervene*，*Judgments*，*Joint Declaration of Judge Cançado Trindade and Yusuf*，*ICJ Reports*，2011，p. 467，para. 7.

④ *Barcelona Traction*，*Light and Power Company*，*Limited（Belgium v. Spain）*，*Judgment*，*ICJ Reports*，1970，p. 36，para. 46.

⑤ *South West Africa*，Second Phase，ICJ Reports，1966，p. 34，para. 51.

⑥ Greig，"Third Party Rights and Intervention before the International Court"，pp. 296 – 298.

示的则是一种法律上明确的资格。① 如果从条约法的角度分析，我们从 1969 年《维也纳条约法公约》中关于条约为第三国创设权利的规定也可以看出，国家只能主张有关由作为非当事国的条约为其创设的权利，却不能仅仅主张利益。②

在哥斯达黎加和洪都拉斯的参加案中，国际法院认为以非当事国身份请求参加并不需要该国权利可能受影响，证明利益可能受影响即可。对于国际法院的这种明确区分，博纳菲认为这并不妨碍请求国说明其实质上享有的可能受裁判影响的权利。《规约》第 62 条并未如此要求，它规定的证明标准要更弱一些。但是他又紧接着提出了另一个问题，国际法院在此的表述指称的是以非当事国身份参加，而对于以当事国身份参加，是否要表明其权利可能受影响？他认为，尽管国际法院还从未许可过以当事国身份参加，但是在该案中如果讨论这一点的话，法院会要求第三国对与实体争端紧密联系的明确的法律主张进行证明。这样，第三国必须提供比法律利益更多的证明。③

可以看到，学者已经将"利益"和"权利"的讨论渗透到以非当事国身份参加和以当事国身份参加区别的问题上。尽管目前尚无当事国参加的实践，也无从得知国际法院对当事国参加可能引出的问题的法理，但是学者这一具有前瞻性的思考具有积极的意义。当然，博纳菲的这一假设性结论还有待商榷。毕竟不论是以当事国身份参加还是以非当事国身份参加都由《规约》第 62 条引申而来，对两种参加类型的解释都不能脱离《规约》本身。根据以非当事国身份参加对应的"利益影响"而类比推断出以当事国身份参加的"权利影响"虽然看

---

① Bonafé, "Interests of a Legal Nature Justifying Intervention before the ICJ," pp. 741 – 742.

② Chinkin, *Third Parties in International Law*, p. 152.

③ Bonafé, "Interests of a Legal Nature Justifying Intervention before the ICJ," p. 741.

似符合逻辑，但是却有对《规约》规定进行扩大解释的嫌疑。但是有一点可以肯定的是，"权利"比"利益"在形式要求上更正式，"利益"比"权利"可以包含的范围更广，当然"利益"本身可以包含"权利"。所以参加要求的是"利益"而非"权利"，但是如果"权利"受影响的同时能证明"利益"也受到影响的话，这两者则并不相斥。① 或者也可以说，"权利"是"利益"的充分非必要条件。重要的是，不论是从国际法院判决还是从理论分析上应当认为，尽管"利益"和"权利"很难区分，但是这种区分现在一般也得到了接受，二者的区别依然是存在的。

(二) 第三国可能受影响的利益的性质

这里的"利益"应当具有法律性质是毋庸置疑的。法律性质的利益必须基于法律。加亚（Gaja）法官在希腊参加案中表示它"必须依据国际法而存在"。② 国际法院将其同纯粹政治、经济或其他策略性的利益区分开来。很明显，如果利益只具有前述性质而不具有法律性质，那么参加将面临被各种第三国肆意滥用的危险。同时这也违背了国际法院解决法律争端的本质功能。当然需要承认的是，在提交到国际法院的法律争端中，大部分争端都与政治争端有关，很少有不具有政治内涵的争端。在美国驻德黑兰外交和领事人员案中，国际法院绝不会认为因为提交至法院的法律争端只是政治争端的一个方面，国际法院就不应该解决当事国间争执的法律问题。③ 所以，"政治性"不能作为

① 从权利受影响推断出利益受影响的这一因果关系并不难证明。事实上，在实践中的确有请求国以主权权利可能受法院判决影响为理由提出参加请求，如意大利请求参加大陆架案和菲律宾请求参加关于利济丹岛和西巴丹岛主权归属争端案。

② *Jurisdictional Immunities of the State（Germany v. Italy），Order，Declaration of Judge ad hoc Gaja，ICJ Reports，2011，p. 531，para. 2.*

③ *United States Diplomatic and Consular Staff in Tehran（United States of America v. Iran），Judgment，ICJ Reports，1980，p. 20.*

判断法律利益的消极标准。① 也就是说，国际法院不能因为利益具有政治性而否定它，但却只能因为利益具有法律性而肯定它。

在哥斯达黎加和洪都拉斯的两个参加案中，国际法院都表明法律利益应当是"真实而具体的"。早在 30 年前的马耳他参加案中，国际法院就认为马耳他提出的利益过于宏观，而且并未对其进行具体解释。② 而在尼加拉瓜参加案中，国际法院认为以一般法律原则和规则作为请求书中的利益并不是判断是否许可参加的那种利益。③ 在五年以后的菲律宾参加案中，菲律宾辩解称其完全认同法院在突尼斯与利比亚案（即马耳他参加案）和尼加拉瓜准军事行动案中，有关法律的规则和一般原则并不能充分构成第 62 条下的利益的观点。但是菲律宾认为，该案中的问题并不是一般法原则的问题，而是与领土有关的特别条约的问题，它会对菲律宾产生效力。④ 这说明，不论是国际法院还是参加请求国，都已经明确了一般法律原则或规则上的利益无法构成参加所要求的法律利益。

此外，由于参加是附带程序，它附随于诉讼实体程序，所以第三国的法律利益与实体争端的主要事项紧密相连。在菲律宾案中，国际法院认为菲律宾主张的法律利益不在争端主要事项的范围内，但它如果能特别清楚（with particular clarity）地说明此利益的存在也是可行的，不过菲律宾最终未能向法院说明该利益是如何受到影响的，仍未达到法院对该要件的要求，所以法院未许可其参加诉讼。这说明，第

---

① De Hoogh, "Intervention under Article 62 of the Statute and the Quest for Incidental Jurisdiction without the Consent of the Principle Parties", pp. 23 – 24.

② *Continental Shelf (Tunisia/ Libyan Arab Jamahiriya), Application by Malta for Permission to Intervene, Judgment, ICJ Reports*, 1981, pp. 17 – 19, paras. 29 – 33.

③ *Land, Island and Maritime Frontier Dispute (El Salvador/ Honduras), Application by Nicaragua for Permission to Intervene, Judgment, ICJ Reports*, 1990, p. 126, para. 82.

④ *Sovereignty over Pulau Ligitan and Pulau Sipadan (Indonesial/ Malaysia), Application by Philippines for Permission to Intervene, Judgment, ICJ Reports*, 2001, p. 591, para. 40.

三国的法律利益如果处于实体争端的主要事项范围外，那么它可能会比处于范围内的情况要难证明得多。

（三）第三国可能受影响的利益的程度

《规约》要求第三国只要"可能"（may）受到国际法院判决的影响即可，而无须"将要"（will）受到影响或者"很可能"（likely to be）受到影响。因为诉讼参加本身作为国际法院的附带程序，处于整个诉讼程序的初步阶段。这时不论是当事国还是第三国甚至法院都不可能对案件的事实和审判结果有所确定，所以第三国对其法律利益受影响的程度的判断是具有推测性质的。[①] 虽然第三国无法对法院最后的实体判决进行预判，但是为了证明其可能受到的影响，有时第三国不得不考虑法院判决所有可能的结果而以此寻找任何证据。[②] 这对第三国来说需要一定的证明策略。国际法院判决对第三国所产生的"可能的影响"并不是任意的，其影响程度必须限于国际法院实体判决所影响的内容和范围。[③] 超出判决的内容和范围则无法获得法院对法律利益的认同，正如哥斯达黎加最终的请求结果一样。

《规约》并没有对"可能受法院判决影响的法律性质的利益"中"判决"（decision）一词进行定义，但是在制度设立之初就已经排除了完全的口述程序（hearings）。[④] 在马耳他参加案中，马耳他认为，不论是两个当事国之间还是马耳他自身分别与两个当事国间，存在的

---

① Zimmermann et al. eds., *The Statute of the International Court of Justice: A Commentary*, p. 1546.

② 在马耳他参加案中，马耳他的律师就指出了马耳他各种可能受影响的方式并列举了法院划线的可能性影响的各种例子。See *Continental Shelf (Tunisia/ Libyan Arab Jamahiriya)*, *Application by Malta for Permission to Intervene*, Judgment, *ICJ Reports*, 1981, p. 9, para. 13.

③ *Territorial and Maritime Dispute (Nicaragua v. Colombia)*, *Application by Costa Rica for Permission to Intervene*, Judgment, *ICJ Reports*, 2011, p. 12, para. 26.

④ Chinkin, *Third Parties in International Law*, p. 152.

问题所产生的法律利益与马耳他可能受影响的法律利益并无直接关联。它所担心的是国际法院在未来对突尼斯和利比亚间，有关大陆架划界所做实体判决的推理部分所包含的潜在含义（potential implications of reasons）。马耳他认为它不仅受判决执行条款（operative clause）的影响，也会受推理部分影响①，但是国际法院最后认为，它不会从推理部分合理地得出有关非该案当事国的权利或主张的结论。② 在菲律宾参加案中，菲律宾在这方面的论证则得到了法院的认可。国际法院认为在马耳他案中，马耳他所担心的推理是对一般国际法原则的推理，而该案中则不会具有如此普遍的利益。③ 在该案中，国际法院通过对"判决"一词的分析得出了最终的结论：《规约》的"判决"一词并不限于判决主文（dispositif），而是还包括构成主文的必要步骤。国际法院结合《规约》的立法解释分析认为，在英语中，"判决"一词既可以指狭义又可以指广义。而在法语中，"判决"一词仅指广义。由此可以得出二者的共同点，即在两种语境下，"判决"都可以指广义上的判决。同时，《规约》起草时的初始文本是法文文本，所以国际法院决定采用广义"判决"的概念。④ 也就是说，第三国的法律利益尽管不会受到判决主文影响，只是可能受到构成判决主文必要步骤——推理部分的影响，那么这也符合第 62 条的要求。

（四）第三国可能受影响的利益的证明

1. 第三国的证明责任

对于可能受影响的法律利益的证明问题，这里采取的是谁主张谁

---

① Continental Shelf (Tunisia/ Libyan Arab Jamahiriya), Application by Malta for Permission to Intervene, Judgment, ICJ Reports, 1981, pp. 9, 12, paras. 13, 19.
② Ibid., p. 20, para. 35.
③ Sovereignty over Pulau Ligitan and Pulau Sipadan (Indonesial/ Malaysia), Application by Philippines for Permission to Intervene, Judgment, ICJ Reports, 2001, p. 597, paras. 51 – 52.
④ Ibid., p. 596, para. 47.

举证的原则。参加请求国承担其法律性质的利益可能受判决影响的证明责任，并要证明利益是如何受到影响的。①

对于这一问题，小田滋（Oda）法官在菲律宾参加案中表达了他不同的看法。由于菲律宾未能在关于利吉丹岛和西巴丹岛主权归属争端案（印度尼西亚与马来西亚）中具体说明其法律利益可能如何受到判决影响，法院最终拒绝了其参加请求。但是小田滋法官认为，参加请求国在以非当事国身份请求参加时，如果无法获得诉讼当事国的书状（written pleading），不了解当事国的观点立场，那么该请求国就不应当承担举证责任。这时如果诉讼当事国拒绝第三国的请求，那么该举证责任就应当由诉讼当事国来承担。当事国应当证明第三国的利益不会受到法院实体判决的影响。② 如果诉讼当事国印尼和马来西亚隐瞒支持其诉讼主张的理由，这时还要求菲律宾说明其法律利益如何可能受影响的话，小田滋法官其实对这种说法的合理性和可接受性是质疑的。③ 菲律宾从 1997 年特别协定第 2 条中得知印尼与马来西亚间争端的主要事项，但菲律宾并不知道，而且也一直不知道两个当事国将如何就可能影响菲律宾利益的两个岛屿的主权和位置问题表明立场。菲律宾至多能根据印尼与马来西亚在实体程序中就两个岛屿问题的意见推测出其在北婆罗洲的利益可能会受影响，但却无法确定哪个"条约、协定或其他当事国提交的证据"，会让法院裁决利吉丹岛和西巴丹岛的主权是属于印尼还是马来西亚的。④ 事实上，除了印尼和马来

---

① *Land，Island and Maritime Frontier Dispute（El Salvador/ Honduras），Application by Nicaragua for Permission to Intervene，Judgment，ICJ Reports，1990，p. 118，para. 61.*

② *Sovereignty over Pulau Ligitan and Pulau Sipadan（Indonesial/ Malaysia），Application by Philippines for Permission to Intervene，Judgment，Dissenting Opinion of Judge Oda，ICJ Reports，2001，p. 617，para. 11.*

③ *Ibid.，* p. 618，para. 14.

④ *Ibid.，* para. 13.

西亚间的 1997 年特别协定，菲律宾就没有其他根据可以推测出当事国的立场或其主张的实质了。①

其实小田滋法官在这里主张的是举证责任倒置。因为在菲律宾参加案中，菲律宾请求获取当事国书状未获法院许可，也就无法知晓当事国主张的理由，所以未能明确说明其法律利益受影响的可能性情况。小田滋法官从公平的角度出发②，主张这样的情况下应当适用举证责任倒置，这种观点是合理的。一般情况下，谁主张谁举证能够平衡双方的权利义务关系，但是当双方地位③悬殊时，谁主张谁举证将使结果显失公平。第三国获得当事国书状的情况在参加历史上时有时无，第三国本身不是实体程序的诉讼当事国，无法获取书状将使其参加的主张和理由缺乏针对性，这使本来就不容易获得法院许可的参加更是难上加难。在什么情况下能够适用这种举证责任倒置是不明确的，因为法院在什么情况下会许可参加请求国获取诉讼当事国书状本身尚无明确标准，而获取当事国书状究竟在多大意义上能够有助于第三国证明其可能受判决影响的法律利益，在实践中必然情况各异，这将很难确定统一标准。有时这也可能成为第三国以其他目的获取相关信息的便捷方式。一旦放开，那么每个参加请求国都会在形式上依此请求公开当事国书状。通常情况下，当事国反对也毋庸置疑，因为这将加重当事国正常诉讼的负担，而且也违背参加制度设立的初衷。所以在参加制度尚未发展完善的时候，国际法院不可能仅以此理由就简

---

① *Sovereignty over Pulau Ligitan and Pulau Sipadan* (Indonesia/ Malaysia), *Application by Philippines for Permission to Intervene*, *Judgment*, *Dissenting Opinion of Judge Oda*, *ICJ Reports*, 2001, p. 619, para. 15.

② 小田滋法官认为这样的举证责任对菲律宾来说不公平。See *Sovereignty over Pulau Ligitan and Pulau Sipadan* (Indonesia/ Malaysia), *Application by Philippines for Permission to Intervene*, *Judgment*, *Dissenting Opinion of Judge Oda*, *ICJ Reports*, 2001, pp. 619 – 620, para. 16.

③ 这里指实体诉讼的当事国和第三国之间，当然它们间的关系并不一定像实体程序中所具有的那种对抗关系。

单地将证明责任直接置于当事国之上。

2. 第三国的证明标准

参加的证明标准在长时间内都未确定下来，而总体来说相对较高的证明标准也给第三国请求参加带来了困难。尽管第62条的措辞显然是宽泛的（plainly liberal）①，但关于这些要求的法理却表明，至少在传统的双边争端如涉及陆地和海域边界的诉讼上，国际法院对这些条件的解释适用的是严格解释。② 下文将结合参加的具体案例对这个总体上仍然严格的标准进行分析。

在马耳他参加案中，当事国在特别协定中赋予法院管辖权。特别协定中规定，这个有限的管辖权可以表明国际法院可能适用的国际法原则和规则。当事国也可以让国际法院澄清这些规则和原则在特定情况下的实践方法以使两国专家能对那些区域无困难地进行划界。③ 马耳他根据该特别协定的内容提出自己的参加请求。马耳他认为在其大陆架划界的法律原则和规则上，它具有法律利益。④ 而国际法院认为仅仅是对法院判决中有关国际法原则进行的预先关注并不能充分支持参加请求，因为这是其他国家的共同利益。马耳他其实是让法院对其主张进行裁判，并在多边关系中产生预判力，而法院则不允许马耳他这样做。⑤ 它将法律利益限制在诉讼参加所依附的实体程序这个特定

---

① Territorial and Maritime Dispute（Nicaragua v. Colombia），Application by Costa Rica for Permission to Intervene，Judgment，Dissenting Opinion of Judge Al-Khasawneh，ICJ Reports，2011，p. 375，para. 5.

② Zimmermann et al. eds.，The Statute of the International Court of Justice：A Commentary，p. 1546.

③ Continental Shelf（Tunisia/ Libyan Arab Jamahiriya），Judgment，ICJ Reports，1982，p. 23，para. 4.

④ Continental Shelf（Tunisia/ Libyan Arab Jamahiriya），Application by Malta for Permission to Intervene，Judgment，ICJ Reports，1981，p. 8，para. 13.

⑤ Ibid.，p. 18，para. 31.

的背景下，而认为马耳他所主张的法律利益具有一般性。

在意大利参加案中，意大利表示其法律利益是想要保护其大陆架的主权权利。国际法院驳回了意大利的主张。因为国际法院认为如果许可了意大利参加，那么它就需要对意大利的权利进行宣告。琴肯法官认为根据法院对意大利的拒绝反映出一种第三国未解决的困境。如果第三国认为其专有的权利可能被法院判决所影响，那么它将请求参加。但是，如果参加请求涉及可能会受质疑的权利主张的话，请求则有可能被拒绝。因为它已经不仅仅是单纯地参加，而是提出了新的争端，而这个争端又不在当事国特别协定所赋予法院管辖的范围内。同样，如果第三国的利益具有一般性，则请求也会同马耳他一样被拒绝。琴肯法官认为法院的这种立场其实是毫无根据的。① 而在阿戈法官看来，法院对意大利的拒绝标志着《规约》第 62 条的终结。② 不论是从国际法院的判决结果还是异议法官所持的观点都可以看出，在第三国提出与实体争端存在重叠情形的主权主张时，国际法院采取了谨慎的态度。因为诉讼参加中不允许出现"新的争端"，而只能在原当事国争端间进行讨论。

在尼加拉瓜参加案中，尼加拉瓜承认它在萨尔瓦多和洪都拉斯之间关于陆地边界的判决上没有法律利益。它将其参加主张限制在"岛屿和海域空间的法律情势"上，并且没有在丰塞卡湾内主张特别权利，而只是宽泛地阐明这些区域的法律利益。③ 又因为中美洲法院在1917 年的判决中曾承认萨尔瓦多、尼加拉瓜和洪都拉斯是丰塞卡湾内

---

① Chinkin, *Third Parties in International Law*, p. 161.
② *Continental Shelf（Libyan Arab Jamahiriya/ Malta）, Application by Italy for Permission to Intervene, Judgment, ICJ Reports*, 1984, pp. 129 – 130, para. 22.
③ *Land, Island and Maritime Frontier Dispute（El Salvador/ Honduras）, Application by Nicaragua for Permission to Intervene, Judgment, ICJ Reports*, 1990, pp. 116 – 117, paras. 58, 60.

的共同所有人，所以尼加拉瓜的利益还是明显的。萨尔瓦多和洪都拉斯对丰塞卡湾水域的地位有不同的主张。前者主张该水域为沿岸（coastal）国家下的共同管理（condominium），而后者则主张沿岸（riparian）国家的共同体利益（community of interest）。而国际法院分庭则认为它并不在该阶段对这些实体问题进行预判。① 分庭认为萨尔瓦多和洪都拉斯的主张对尼加拉瓜都会产生影响。萨尔瓦多主张的共同管理是沿岸国法律制度的对象（an objective of legal regime），它可能在任何情况下作为习惯国际法而适用于该海湾，而洪都拉斯的共同体利益的主张则包含了作为三个沿岸国之一的尼加拉瓜。② 最后分庭支持了尼加拉瓜关于丰塞卡湾内水域法律地位问题的参加请求。

尽管如此，国际法院分庭的参加许可也是仅限于上述范围。分庭拒绝了尼加拉瓜对岛屿和海域划界问题上的参加请求。洪都拉斯向国际法院表明了具体的划界方案，为了避免影响尼加拉瓜，划界都没有涉及该第三国。洪都拉斯的方案需要尼加拉瓜做出回应以表明它怎么会影响其法律利益。而尼加拉瓜则回应得比较宽泛并且最终都未能成功回应。在划界问题上，分庭继续采用前两个案件中的严格方法。在丰塞卡湾外水域法律利益的问题上尼加拉瓜失败了。③

简言之，国际法院分庭许可尼加拉瓜参加是因为分庭认为尼加拉瓜具有所要求的法律利益。这种法律利益是关于丰塞卡湾水域是否属于三个沿岸国的共同体利益或者共同管理的问题。分庭在丰塞卡湾内水域的问题上考虑得其实并不那么严格，它考虑到了中美洲法院1917

---

① *Land, Island and Maritime Frontier Dispute（El Salvador/Honduras），Application by Nicaragua for Permission to Intervene，Judgment，ICJ Reports*，1990，p. 118，para. 62.

② *Ibid.*，p. 121，para. 72.

③ *Land, Island and Maritime Frontier Dispute（El Salvador/Honduras），Application by Nicaragua for Permission to Intervene，Judgment，ICJ Reports*，1990，pp. 127 – 128，paras. 83 – 84.

年判决中对尼加拉瓜地位的确定。然而，一旦涉及划界，法院就很明显地将划界问题视为具有内生的双边限制，并认为由一系列双边主张决定是最好的，但是这种限制的方法却无法感知共同体制下的各种主张。尤其重要的是，尼加拉瓜请求参加成功，而当事国在主张中并没有共同体利益，每个国家都对丰塞卡湾有不同的管理制度（regime）。但是，在每个案件中，这种制度又影响了第三方沿岸国，从而破坏了争端其他方面的双边主义。①

在赤道几内亚参加案中，国际法院认可了赤道几内亚享有与海域划界相重叠区域的法律利益。但是赤道几内亚的参加有些特别。不同于其他边界诉讼的是，这里的当事国并无特别协定，在诉讼的整体上也不存在像之前尼加拉瓜参加案那样的利益共同体。在当事国尼日利亚的初步反对意见中，尼日利亚基于不可缺少的第三方原则而主张案件不可接受。尼日利亚辩称海域划界必然会涉及第三国的权利和利益。② 几内亚湾的地理构造意味着对当事国海域边界延长最终会进入喀麦隆、尼日利亚的利益与权利同第三国重叠的海域，这一点是很明显的，国际法院对此表示接受。国际法院不能在初步反对阶段就裁决这是否会阻止作出对喀麦隆请求的全部判决。国际法院补充道，第三国是否会选择行使参加的权利仍是拭目以待的。③ 根据这个事实上的参加邀请，赤道几内亚选择了请求参加④，当事国都没有反对，也没进行听证程序。赤道几内亚主张的法律利益一方面在于其与尼日利亚间中间线的主权权利和管辖权；另一方面在于其与

① Chinkin, *Third Parties in International Law*, pp. 162 – 163.
② *Land and Maritime Boundary between Cameroon and Nigeria*, *Preliminary Objections*, *Judgment*, *ICJ Reports*, 1998, p. 322, para. 112.
③ *Ibid.*, p. 324, para. 116.
④ 而几内亚湾的其他国家圣多美与普林西比则没有向法院提出参加请求。

喀麦隆间中间线的主权权利和管辖权。它希望法院对尼、喀的划界不会越过此线。① 它强调不会参加有关陆地边界的问题，也并不要求法院对其海域边界进行裁判。国际法院并没有展开其说理就接受了赤道几内亚的法律利益可能受判决影响的观点，并且全体一致同意接受参加请求。赤道几内亚在请求参加的过程中比较顺利，由于具有"被参加"的性质，当事国和国际法院对请求国法律利益的证明都没有特别高的要求。

在菲律宾参加案中，菲律宾所主张的法律利益并不在争端主要事项的范围内。菲律宾主张的是对北婆罗洲的主权，而非该案诉讼当事国间的主要事项。菲律宾认为它在法院判决的推理部分具有法律性质的利益，这会影响菲律宾对北婆罗洲的主权主张。国际法院认为，菲律宾的请求首先使法院要考虑第 62 条是否排除参加请求国的法律利益，并不是都存在于判决的执行部分。② 如前所述，国际法院对"判决"一词采用广义的概念，故而认定受影响的法律利益的范围不仅限于判决主文，还可扩展到判决的推理部分。在此基础上，国际法院结合《规则》起草历史认定，如果请求国所主张的法律利益超过了争端主要事项的范围，那么该国应当特别清楚地（particular clarity）说明法律利益的存在及其被支持的有关文书证据。③ 然而，菲律宾未能向法院说明推理或对特定条约的解释是如何影响其法律利益的，国际法院最终拒绝了菲律宾的参加请求。在本案中，国际法院所要求的"特别清楚地说明"这一证明标准尤其高，但是本身也存在一定的矛盾。一方面，在客观形势上，由于菲律宾主张的法律利益并不涉及诉讼当

---

① *Land and Maritime Boundary between Cameroon and Nigeria*, *Application to by Equatorial Guinea for Permission Intervene*, *Order*, *ICJ Reports*, 1999, p. 1030, para. 3.

② *Sovereignty over Pulau Ligitan and Pulau Sipadan（Indonesial/ Malaysia）*, *Application by Philippines for Permission to Intervene*, *Judgment*, *ICJ Reports*, 2001, p. 596, para. 47.

③ *Ibid.*, p. 603, para. 81.

事国间争端的主要事项，而是只能通过法院的判决推理部分进行推断。所以这要求参加请求国必须比一般情况下还要更清楚地说明其可能受影响的法律利益。而如果是法院判决的执行条款（operative clause）并非判决的推理部分直接具有影响第三国法律利益的可能性的话，那么第三国这时应该无须达到如此高的证明标准。另一方面，在主观判断上，菲律宾认为判决推理可能影响其法律利益，而包括国际法院、当事国和第三国在内的任何主体都不可能在此阶段对实体判决进行预测，判决的推理本身就不是易于知悉和确定的内容，第三国列举出法院判决各种可能出现的结果还存在一定困难，更不用说要第三国推断法院是如何在判决中进行推理的。所以参加请求国无法说明该推理是如何影响其法律利益的也并不令人惊讶。其实，推理部分所可能影响的法律利益不论是第三国还是国际法院都不易判断。再加上小田滋法官在其异议意见中所指出的菲律宾未能获得当事国的书状的事实，可以发现，菲律宾在本案中被拒绝参加的结果是由主观和客观的共同因素所导致。

如果说国际法院在尼加拉瓜和赤道几内亚参加案中的态度略有松动，那么在哥斯达黎加参加案和洪都拉斯参加案中，国际法院又回归到了严格主义。在哥斯达黎加参加案中，哥斯达黎加请求以非当事国身份参加，以通过所有可能的法律方式保护其在加勒比海的权利和法律利益。[①] 哥斯达黎加称其在加勒比海海域行使主权权利和管辖权的法律利益可能会被法院判决影响，而哥斯达黎加是加勒比海的沿岸国，根据国际法它具有这种主权权利和管辖权。[②] 国际法院对于哥斯达黎加表明在特定海域具有法律利益这一点是接受的。然而，要符合

---

① Territorial and Maritime Dispute（Nicaragua v. Colombia）, Application by Costa Rica for Permission to Intervene, Judgment, ICJ Reports, 2011, p. 359, para. 30.

② Ibid., p. 364, para. 54.

法律利益的标准，不是任何种类的法律利益都可以，而是必须在其内容和范围上可能受到影响。① 哥斯达黎加还需要指出这一点。特别是为了满足参加的要求，哥斯达黎加必须指出仅靠《规约》第59条，并不足以提供对其在相邻于尼加拉瓜和哥伦比亚间争端海域的法律利益的充分保护。② 国际法院又认为在这种诉讼中，它在划定边界时能够在边界线到达第三国法律利益可能涉及的区域前就将其终结，已经达到了保护第三国利益的目的。③ 所以，哥斯达黎加的法律利益并不会因为在诉讼当事国间划定边界线而受到国际法院裁判影响的危险。

而在洪都拉斯参加案中，洪都拉斯认为当事国间的争端与其具有法理利益的区域相重叠。国际法院认为洪都拉斯的请求与两个问题有关：第一，国际法院在2007年的判决中是否解决了洪都拉斯与尼加拉瓜所有的边界问题④；第二，本案中的国际法院判决，可能对洪都拉斯根据1986年洪都拉斯与哥斯达黎加间的海域边界条约而享有的权利所产生的效力。⑤ 国际法院以类似于哥斯达黎加案中的理由拒绝了洪都拉斯的参加请求。因为，一方面，该区域北部并非当事国所争；另一方面，国际法院对南部区域的判决不会考虑洪都拉斯的法律地位（legal position）。特别是在2007年判决中，国际法院已经对尼加拉瓜和洪都拉斯海域边界进行了裁判，并且该裁判具有既判力。⑥ 另外，

---

① Territorial and Maritime Dispute（Nicaragua v. Colombia），Application by Costa Rica for Permission to Intervene，Judgment，ICJ Reports，2011，pp. 367 – 368，paras. 65 – 66.

② Ibid.，p. 372，para. 87.

③ Ibid.，para. 89.

④ See Territorial and Maritime Dispute between Nicaragua and Honduras in the Caribbean Sea（Nicaragua v. Honduras），Judgment，ICJ Reports，2007，p. 659 et seq.

⑤ Territorial and Maritime Dispute（Nicaragua v. Colombia），Application by Honduras for Permission to Intervene，Judgment，ICJ Reports，2011，p. 439，para. 59.

⑥ Territorial and Maritime Dispute（Nicaragua v. Colombia），Application by Honduras for Permission to Intervene，Judgment，ICJ Reports，2011，p. 443，paras. 66 – 70.

在对尼加拉瓜和哥伦比亚间海域边界进行裁判时，国际法院不会依赖洪都拉斯与哥斯达黎加之间签订的 1986 年条约。因为该条约仍然只对当事国有拘束力，对他国并无拘束力（res inter alios acta）。① 此外，国际法院也很难赞成洪都拉斯关于划界没有终点就是没有解决该问题的主张。国际法院已经不是第一次将海域边界线终点的确定留待第三国权利确定之后再定。② 所以，国际法院认为洪都拉斯的法律利益与争端主要事项没有联系，因此洪都拉斯也就不具有第 62 条所要求的法律利益。

在上述两个参加案中，国际法院提高了请求国的证明标准。尤其是在哥斯达黎加案中，国际法院认同请求国具有法律利益这一观点——由于涉及海域划界问题，所以第三国与诉讼当事国间的争端存在法律利益这个条件并不难满足。但是法律利益不能仅仅存在，而且还要受到判决影响。同时，这种可能受到的影响只有《规约》第 59 条不能保护时，国际法院才可能许可参加。由请求国再指明第 59 条无法为其提供充分的保护，实际上成为本案中国际法院对第三国所附加的额外条件。在前期类似的海域划界案如赤道几内亚参加案中，国际法院直接根据第三国主张存在其具有法律利益的区域而许可了参加。这种情势就足以表明第三国法律利益可能被实体判决影响的危险。国际法院至少应该说明将该案与赤道几内亚案区别对待的原因。③ 从国际法院在赤道几内亚参加案中的观点无法得出该案的结论，数名持异议法官对此额外要求表示质疑。他们认为同赤道几内亚参加案的法院

---

① *Territorial and Maritime Dispute*（*Nicaragua v. Colombia*），*Application by Honduras for Permission to Intervene*，*Judgment*，ICJ Reports，2011，pp. 443 - 444，paras. 71 - 74.

② 法院援引了尼加拉瓜和洪都拉斯在加勒比海的领土与海域争端案（尼加拉瓜诉洪都拉斯）、大陆架（利比亚与马耳他）案、海域划界与领土问题案（卡塔尔诉巴林）、陆地与海域边界案（喀麦隆诉尼日利亚：赤道几内亚参加）、黑海海域划界案（罗马尼亚诉乌克兰）。See *Territorial and Maritime Dispute*（*Nicaragua v. Colombia*），*Application by Honduras for Permission to Intervene*，*Judgment*，ICJ Reports，2011，p. 442，para. 64.

③ Bonafé，"Interests of a Legal Nature Justifying Intervention before the ICJ"，p. 747.

许可相比，拒绝哥斯达黎加的请求看起来是无法解释的。[①] 博纳菲认为从本案看，国际法院在许可参加时考虑了第三国可替代性救济的因素。国际法院将《规约》第 59 条的保护视为第三国的一种可替代性救济。只有既判力原则的保护不起作用时，参加才有可能。但是，这种说理可能与《规约》第 62 条和法院目前对该条的解释并不一致。存在可替代性救济的事实并不意味着没有可能受法院判决影响的法律利益。相反，这正确认了这种法律利益的存在。[②] 第 62 条并没有附加这样的要求。

在希腊参加案中，希腊首先称其法律利益来自德国对希腊在二战期间的国际责任。而在书面意见中，希腊不再集中于德国的国际责任问题，而是认为因为希腊法院判决是意大利执行判决的关键，国际法院就意大利与希腊判决是否会在意大利执行的这一问题所作判决是希腊的直接与基本利益，希腊的法律利益可能会受到该判决的影响。[③] 因为德国在其请求书中请求法院，对意大利因宣布希腊有关判决在意大利具有可执行性而违反了德国管辖豁免的行为进行裁判。[④] 所以，希腊认为，在关于国际法院对所谓的希腊判决和意大利对其可执行性的承认的裁判上具有法律性质的利益。[⑤] 在该案中，希腊所称的法律利益受到的影响实际上是一种间接的、因实体判决的"暗示"而产生

[①] *Territorial and Maritime Dispute* (*Nicaragua v. Colombia*), Application by Costa Rica for Permission to Intervene, *Judgment*, *Dissenting Opinions of Judge Abraham*, *Judge Donoghue and Judge Ad Hoc Gaja*, *ICJ Reports*, 2011, pp. 388 – 389, para. 14, p. 416, para. 10, p. 417, para. 2.

[②] Bonafé, "Interests of a Legal Nature Justifying Intervention before the ICJ", pp. 748 – 749.

[③] *Jurisdictional Immunities of the State* (*Germany v. Italy*), *Application by the Hellenic Republic for Permission to Intervene*, *Order*, *ICJ Reports*, 2011, p. 499, paras. 16 – 18.

[④] *Jurisdictional Immunities of the State* (*Germany v. Italy*), *Application*, p. 18, para. 14.

[⑤] *Jurisdictional Immunities of the State* (*Germany v. Italy*), *Application by the Hellenic Republic for Permission to Intervene*, *Order*, *ICJ Reports*, 2011, p. 501, para. 23.

的影响。国际法院并未像在哥斯达黎加参加案和洪都拉斯参加案中那样继续对参加进行进一步界定。① 口述程序中，德国就认为希腊的陈述并未集中在可能受影响的法律利益上，而希腊本身也是更集中于国际习惯法中国家管辖豁免规则的演进这种一般性问题，同时还集中在希腊拒绝豁免的判决在有国际罪行的情况下，承认该规则的例外所具有合理性问题上。② 希腊对其判决在意大利的执行问题是如何具体影响的解释并不具有针对性，而国际法院则认为其具有法律利益的主张已经很充分了。国际法院称，在其将来的实体判决中，根据国家豁免原则，为了对德国请求书中的第三项请求进行裁判，法院可能有必要考虑希腊法院在迪斯托莫案（*Distomo*）中的判决。③ 对于这一结果，法官们表现出不同的观点。特林多德法官认为，很难看出国际法院如何在实体程序中，绕开或避免作出不影响希腊法律利益的裁决。④ 然而加亚法官则认为国际法没有规定要求意大利执行或不执行希腊判决，这一点是有意义的。所以希腊在执行意大利判决问题上不具有利益；意大利这么做是否违反其对德国的国际责任都只是意大利与德国间的事情。⑤ 从该案中隐约可以看到国际法院似乎又接受了宽泛的法律利益。对意大利法院承认希腊判决的行为的评估将对希腊有"法律

---

① Thirlway, *The Law and Procedure of the International Court of Justice: Fifty Years of Jurisprudence*, Vol. I, p. 1848.

② *Public sitting in the case concerning Jurisdictional Immunities of the State* (*Germany v. Italy: Greece intervening*), CR 2011/20, p. 19.

③ *Jurisdictional Immunities of the State* (*Germany v. Italy*), *Application by the Hellenic Republic for Permission to Intervene*, Order, ICJ Reports, 2011, p. 502, para. 25.

④ *Jurisdictional Immunities of the State* (*Germany v. Italy*), *Application by the Hellenic Republic for Permission to Intervene*, Order, Separate Opinion of Judge Cançado Trindade, ICJ Reports, 2011, p. 509, para. 8.

⑤ *Jurisdictional Immunities of the State* (*Germany v. Italy*), *Application by the Hellenic Republic for Permission to Intervene*, Order, Declaration of Judge Ad Hoc Gaja, ICJ Reports, 2011, p. 531, para. 2.

上的暗示"（legal implication）。因为意大利和希腊对同样的事实情形
得出了相同的最终解决办法。① 如果说要坚持哥斯达黎加和洪都拉斯
案中的严格标准的话，那么该案中对法律利益的判断尚不具有普遍
性。只能说在关于国家管辖豁免的裁判所可能涉及的所有其他第三国
相比时，法院认为希腊在该案的情形显得足够"真实而具体"。

二　参加目的

参加目的是参加的第二个构成要件，具有一般性。较之于"法律
利益"构成要件，判断参加目的是否符合相应要求则较为容易。在早
期马耳他参加案和意大利参加案中，国际法院通常综合考察法律利益
和参加目的两个构成要件，而到了后期，从法院判决中明显可以看出
参加目的和其他构成要件一样已经单独在一部分专门讨论。

（一）参加目的明确

根据《规则》的规定，所有参加国请求都必须具备明确的参加目
的。在哥斯达黎加参加案中，当事国之一的尼加拉瓜就认为哥斯达黎
加所谓的"含糊的目的，即告知国际法院其主张的权利与利益以确保
其受保护"是不够明确的。国际法院在该案中也强调，参加目的不能
含糊，否则在提交意见时诉讼当事国很难知道它们应当回答的问题是
什么。② 琴肯法官还专门列举了一些不明确甚至不适当的参加目的，
如延迟原诉讼、闪烁其词、结合其他外交手段利用这些主张针对一方
或更多的当事方，或者为了获得咨询意见而利用参加等。国际法院会
以其不具有善意而拒绝这些主张。③

---

① Bonafé, "Interests of a Legal Nature Justifying Intervention before the ICJ", p. 752.

② *Territorial and Maritime Dispute（Nicaragua v. Colombia）*, Application by Costa Rica for Permission to Intervene, *Judgment*, *ICJ Reports*, 2011, p. 359, para. 31.

③ Chinkin, "Third-Party Intervention before the International Court of Justice", p. 507.

（二）参加目的不产生新的争端

明确的参加目的必须与实体争端主体相联系[1]，不能因为参加而产生新的争端，这是在以当事国行施参加尚未被确认时国际法院对参加目的所持的态度。直接或间接地以国际法院裁判新的争端为目的的参加一般被视为目的不适当。在马耳他参加案中，马耳他强调其并非要国际法院对马耳他大陆架的问题进行裁判。马耳他担心的是法院判决会影响其利益，而事实上马耳他参加请求被拒绝的原因，却是它企图让国际法院对其与突尼斯之间的实体主张进行预判，这也就在实际上形成了另一个争端，所以马耳他参加的目的并不适当。在意大利参加案中，意大利认为其与当事国间并无争端，而这个意见又反被当事国之一的利比亚所利用。利比亚认为当事国与第三国间不存在争端，所以意大利不能参加。国际法院认为应当由其决定是否有新的争端，并在考虑案件所有情况后分离出第三国主张的真实目的。[2] 这其中包括争端主要事项的性质、所称的法律利益性质及其判决的潜在影响。国际法院的多数观点认定，它会不可避免地被要求作出对意大利反对当事国所主张范围内的权利的判断。[3] 所以国际法院结论认为，允许第三国引入一个不相关的争端或利用此机会确认额外的单独权利并不是有效的参加目的。国际法院以这种方法阻止了在其他国家间，对争端主要事项具有所有权主张的第三国在参加程序中提出自己的请求。[4]

---

[1] *Territorial and Maritime Dispute* (*Nicaragua v. Colombia*)，Application by Costa Rica for Permission to Intervene，Judgment，*ICJ Reports*，2011，p. 435，para. 44.

[2] *Continental Shelf* (*Libyan Arab Jamahiriya/ Malta*)，Application by Italy for Permission to Intervene，Judgment，*ICJ Reports*，1984，p. 19，para. 29.

[3] *Ibid.*，p. 21，para. 33. 但是詹宁斯法官提出了反对意见，他认为如果两国在进行一项事实上一方认为所有权属于它自己的诉讼，那么为什么该方要旁观而不能正式向法院宣称其所确认的权利？See Dissenting Opinion of Sir Robert Jennings，*ICJ Reports*，1984，p. 149，para. 5.

[4] Zimmermann et al. eds.，*The Statute of the International Court of Justice: A Commentary*，p. 1555.

国际法院还认为意大利的参加要么至少需要得到诉讼当事国的同意，要么应该提起新的诉讼，而不是第 62 条规定的"真正的参加"。① 其实在该案中，意大利的身份类似于国内法中"有独立请求权的第三人"。意大利虽然认为它与当事国间不存在争端，而国际法院分析的结果是，如果许可它参加的话，国际法院就面临这种要对与案件无关的争端进行裁判的处境。所以，类似于"有独立请求权的第三人"的主张实际上引入了一个新的争端，国际法院不可能许可参加。

在国际法院承认了"以当事国身份"参加的情形后，可以认为，参加可能直接或间接地引起新的争端是可以接受的。第三国如果以当事国身份参加被国际法院许可的话，至少说明其建立了与本案相联系的管辖根据，亦即，国际法院有权对第三国独立的诉讼请求进行裁判，而这很可能在原争端基础上出现新的争端。但鉴于该情形目前尚无实践，所以不作过多讨论。

(三) 参加目的与法律利益相关

国际法院将对于目的适当性的分析同法律利益的要求相联系，并通过参加目的来分析法律利益。国际法院认为应当考察请求参加的目的和该目的与《规约》规定相契合的方法从而判断法律利益。② 在马耳他参加案中，国际法院参照其参加目的来判断法律利益。马耳他认为，由于地理、地形上的各种因素，它不可能不受判决影响，同时其参加请求并非要在与诉讼当事国的关系间提起关于自身权利的请求。③ 国际法院根据该参加目的认为马耳他在法律利益上不符合参加的要

---

① 杉原高嶺：《国际司法裁判制度》，第 259 页。
② *Continental Shelf (Libyan Arab Jamahiriya/ Malta), Application by Italy for Permission to Intervene, Judgment, ICJ Reports*, 1984, p. 18, para. 28.
③ *Continental Shelf (Tunisia/ Libyan Arab Jamahiriya), Application by Malta for Permission to Intervene, Judgment, ICJ Reports*, 1981, pp. 16 - 19, paras. 28 - 33. 参见杉原高嶺《国际司法裁判制度》，第 259 页。

求。在意大利参加案中，意大利的目的是"确保对其法律利益的防护"，意大利本身也承认其目的与法律利益是相关联的。① 而在赤道几内亚参加案中，赤道几内亚参加的目的之一正是向国际法院呈交和说明其法律权利与利益，目的之二则是告知国际法院其法律权利与利益的性质。② 其实，大多数国家不论是否直接说明其参加目的与法律利益相关，与法律利益具有关联性都是参加目的内在的要求。因为参加制度设立的目的就在于保护第三国的法律利益不受法院判决的影响，所以第三国请求参加在理论和逻辑上必然是以此为目的的。③

当然，即使如马耳他参加案和意大利参加案的两份判决所示，国际法院是将法律利益和参加目的综合考虑的，但是这两个构成要件仍然不同。法律利益的构成要件是由《规约》第62条规定的，而"明确的参加目的"是由《规则》在后来增加的，不能将二者相混淆。④ 在意大利参加案判决的异议意见中，詹宁斯和施威贝尔法官就认为，国际法院拒绝参加的理由看起来是马耳他的参加目的过于消极，而意大利则过于积极。⑤ 国际法院之所以有此结论，主要是因为它以参加目的为标准来判断请求国是否具有法律利益，但事实上二者本是不同的要素。卡马拉法官批评法院采取了使法律利益的判断服从于参加目的的方

---

① Continental Shelf (Libyan Arab Jamahiriya/ Malta), Application by Italy for Permission to Intervene, Judgment, ICJ Reports, 1984, p. 19, para. 28.

② Land and Maritime Boundary between Cameroon and Nigeria, Application to by Equatorial Guinea for Permission Intervene, Order, ICJ Reports, 1999, p. 1032, para. 4.

③ 当然，如果请求国没有将保护其可能受判决影响的法律利益这一参加目的列入请求书的话，法院也只能遵从请求国的书面主张而不可能对保护法律利益的目的进行推断。本书这里讨论的意义在于说明参加目的与法律利益的相关性。

④ Continental Shelf (Libyan Arab Jamahiriya/ Malta), Application by Italy for Permission to Intervene, Judgment, ICJ Reports, 1984, Dissenting Opinion of Vice-President Sette-Camara, ICJ Reports, 1984, p. 81, para. 52.

⑤ Continental Shelf (Libyan Arab Jamahiriya/ Malta), Application by Italy for Permission to Intervene, Judgment, Dissenting Opinion of Sir Robert Jennings, ICJ Reports, 1984, p. 150; Dissenting Opinion of Judge Schwebel, ICJ Reports, 1984, p. 139.

法。杉原高嶺也认为卡马拉法官的这一指责为今后判断参加请求提供了应予以考虑的重要视角。而在后来的尼加拉瓜参加案以及以后的案件中，包括国际法院在内都没有像之前一样将两个要件一体考虑了。①

（四）参加目的的类型

综合各案中请求国提出的参加目的，一般可以将其归为三类。②

第一类：保护法律利益或权利型。如前所述，第三国参加的目的不可能不与其法律利益有关。意大利的参加目的即为"确保对其利益的保护"③。尼加拉瓜称其参加的目的是"以所有可能的法律手段保护其在丰塞卡湾的法律权利"；赤道几内亚也和尼加拉瓜一样，主张其目的是"通过所有可能的法律手段保护赤道几内亚的法律权利"；菲律宾称其目的为"保护其对法院裁判可能影响到的北婆罗洲主张的历史性与法律性权利，以及告知法院有关该权利的性质和范围"；哥斯达黎加也利用了类似的措辞，称其目的是"利用所有可能的法律手段以保护其在加勒比海的法律性质的权利和利益"④。希腊直接说明其目的是"告知法院希腊可能受裁判影响的法律性质的权利和

---

① 参见杉原高嶺《国际司法裁判制度》，第259～260页。

② 琴肯法官也对目的进行了分类：第一种，与当事一方合并利益型，如核试验案、尼加拉瓜军事行动与准军事行动案；第二种，引出次要问题型，巴基斯坦战俘审判案；第三种，协助法院型，大陆架案（利比亚与马耳他）、巴塞罗那电车公司案、尼加拉瓜军事行动与准军事行动案。See Chinkin, *Third Parties in International Law*, pp. 170 – 171.

③ *Continental Shelf* (*Libyan Arab Jamahiriya/ Malta*), *Application by Italy for Permission to Intervene*, *Judgment*, *ICJ Reports*, 1984, p. 12, para. 17.

④ *Land*, *Island and Maritime Frontier Dispute* (*El Salvador/ Honduras*), *Application by Nicaragua for Permission to Intervene*, *Judgment*, *ICJ Reports*, 1990, p. 108, para. 38; *Land and Maritime Boundary between Cameroon and Nigeria*, *Application to by Equatorial Guinea for Permission Intervene*, *Order*, *ICJ Reports*, 1999, p. 1031, para. 3; *Sovereignty over Pulau Ligitan and Pulau Sipadan* (*Indonesial/ Malaysia*), *Application by Philippines for Permission to Intervene*, *Judgment*, *ICJ Reports*, 2001, p. 580, para. 7; *Territorial and Maritime Dispute* (*Nicaragua v. Colombia*), *Application by Honduras for Permission to Intervene*, *Judgment*, *ICJ Reports*, 2011, p. 14, para. 35.

利益"。国际法院引用了在哥斯达黎加参加案中的判决，表示赞同参加的这种功能。① 可以看到，自尼加拉瓜参加案后，赤道几内亚、哥斯达黎加、希腊等都是以一个模式主张其参加的目的，即以一切可能的法律手段保护其法律性质的权利和利益。所以这些请求国在参加目的上都得到了国际法院的认可。

第二类：提供信息型。例如意大利就主张如果被许可参加的话，它将"协助法院了解那些当事国无法单独向法院提供情势的全貌"。② 事实上，无论请求国是否表明其参加的目的之一是向法院提供信息，国际法院都能直接或间接地获取与当事国间争端的相关信息。虽然意大利的参加请求最终被国际法院拒绝，但是该请求的确在案件的实体审判中对国际法院产生了影响。③ 在尼加拉瓜参加案中，国际法院分庭认为在大多数参加的案件中，参加不是因为这个原因就是因为那个原因被拒绝，而这样第62条的设立目的就遭到了打击，对于这种立场分庭是无法接受的。所以分庭认为以告知法院信息为目的是第三国的权利，而且很明显这也是必要的。它与参加制度的功能设置相符合。④

第三类：说明观点型。这一类可见于马耳他和赤道几内亚的参加请求中。马耳他的目的之一是"在国际法院作出裁决前，向国际法院提出其在该案有关问题上的观点"。⑤ 虽然赤道几内亚未在请求书的参

---

① *Jurisdictional Immunities of the State* (*Germany v. Italy*), *Application by the Hellenic Republic for Permission to Intervene*, *Order*, *ICJ Reports*, 2011, p. 502, paras. 28 – 29.

② *Continental Shelf* (*Libyan Arab Jamahiriya/ Malta*), *Application by Italy for Permission to Intervene*, *Judgment*, *ICJ Reports*, 1984, p. 25, para. 40.

③ *Continental Shelf* (*Libyan Arab Jamahiriya/ Malta*), *Application by Italy for Permission to Intervene*, *Judgment*, *ICJ Reports*, 1984, pp. 15 – 28, paras. 20 – 23.

④ *Land, Island and Maritime Frontier Dispute* (*El Salvador/ Honduras*), *Application by Nicaragua for Permission to Intervene*, *Judgment*, *ICJ Reports*, 1990, p. 130, paras. 89 – 90.

⑤ *Continental Shelf* (*Tunisia/ Libyan Arab Jamahiriya*), *Application by Malta for Permission to Intervene*, *Judgment*, *ICJ Reports*, 1981, p. 14, para. 9.

加目的部分正式列明该目的，但是该第三国在请求书的别处指出，赤道几内亚的目的正是向国际法院呈交和说明其法律权利与利益，并就喀麦隆或尼日利亚的海域边界线是如何可能或不可能影响其法律权利和利益的问题进行适当说明。^① 一般以此为目的的主张具有一定的危险性，这要联系到请求国提出的观点内容。如果一国在参加请求中提出对实体争端的新主张，那么这可能就违背了国际法院的裁判原则而遭到拒绝。如果只是就有关问题表明其一般性看法而非提出自身的主张，那么这样的目的倒是可能值得考虑。

其他类型的参加目的，如菲律宾的参加目的之三是"更全面地评价法院在避免复杂的冲突中不可缺少的作用，而不仅仅是解决法律争端"。^② 但是菲律宾在后面的口述程序中对这一点并未扩充，国际法院也否定了它作为参加目的的相关性。专案法官维拉曼特（Weeramantry）认为这应该是国际法院的职能，但不是参加的职能。^③ 综上所述，这是主要的三种目的类型。当然，第三国的请求主张多数是结合了几种目的类型，而且以保护法律利益和保护权利为主，而这也正是由参加性质本身所决定的。

第三节 参加的特别构成要件

一 管辖根据

（一）概述

1978 年《规则》在第 81 条增加了管辖根据（jurisdictional basis）

---

① Land and Maritime Boundary between Cameroon and Nigeria, Application to by Equatorial Guinea for Permission Intervene, Order, ICJ Reports, 1999, p. 1032, para. 3.

② Sovereignty over Pulau Ligitan and Pulau Sipadan (Indonesial/ Malaysia), Application by Philippines for Permission to Intervene, Judgment, ICJ Reports, 2001, p. 580, para. 7.

③ Sovereignty over Pulau Ligitan and Pulau Sipadan (Indonesial/ Malaysia), Application by Philippines for Permission to Intervene, Judgment, Separate Opinion of Judge Weeramantry, ICJ Reports, 2001, p. 649, para. 40.

这一新的参加条件。① 该条件要求参加请求国必须具备管辖权根据，也就是说该第三国参加诉讼要经过原诉讼当事国的同意或者接受法院的强制管辖权②，从而获得与原诉讼当事国间的管辖联系（jurisdictional link），否则第三国参加诉讼就违背了国际法院管辖权原则中最基本的国家同意原则。虽然这是《规则》后期新增的要求，但是对于请求国与当事国之间，至少与其中一方是否必须存在一些与主要管辖权有关的相互联系这一问题，早在常设法院建立时期就存在激烈争论。③

　　管辖联系问题是与第 62 条参加的管辖权相关的主要问题。但到底所谓的"管辖联系"的准确含义是什么一直都不是很清楚。1922 年《常设国际法院规约》在起草时曾以法院具有强制管辖权为假设前提，所以参加国与当事国间建立管辖联系的问题不会发生，参加国和当事国一样会自动接受法院的管辖权。然而，当《规约》第 36 条管辖权条款中的强制管辖权后来被否决时，第 62 条的管辖权问题就产生争议了。参加是只适用于那些接受法院强制管辖权的国家还是任何国家都可以主张，这个问题在 1922 年法学家咨询委员会里产生了分化。④ 一些常设法院法官认为在判断参加时，只要其法律性质的利益可能被判决影响就已足够。而另一部分法官则认为第三国与诉讼当事国间存在

---

① 也可译为"管辖基础"。

② 在第三国表示接受国际法院强制管辖权时，如果国际法院对原诉讼当事国管辖权建立依据的是当事国间的特别协定，那么该当事国还要获得原诉讼当事国的同意才能建立起以当事国身份参加的管辖根据；而如果国际法院对原诉讼当事国管辖权的建立依据的是这两个国家的任意强制管辖，那么只要管辖事项具有重合，则该第三国无须原诉讼当事国的同意就能建立起以当事国身份参加的管辖根据。另一种情况是如果第三国没有以任何形式接受国际法院的管辖权，那么该第三国只要获得原当事国同意，就应当认为其建立起了以当事国身份参加的管辖根据。

③ Rosenne, *The Law and Practice of the International Court*, 1920 – 1996, Vol. Ⅲ, p. 1526.

④ *Continental Shelf（Tunisia/ Libyan Arab Jamahiriya）, Application by Malta for Permission to Intervene*, Judgment, *ICJ Reports*, 1981, p. 14, para. 23.

管辖联系是参加的另一个必要条件。

安奇洛蒂（Anzilotti）法官是第一个提出该问题的法官，他在常设国际法院 1922 年预备会议上提出了该问题。他参与了第一版法院规则的草拟，其所做的说明部分反映了 1875 年国际法研究会在《国际仲裁裁判程序规则草案》第 16 条所采取的立场。他认为根据《（常设法院）规约》第 62 条，参加的权利可以存在于两个原当事国的协定中或者存在于第三国对法院强制管辖权任择条款的接受上。他指出，在实践上的考虑加强了他所持观点的法律根据；如果各国有理由害怕第三国介入其中，它们就会对诉诸法院产生犹豫。① 罗森对于这一观点的看法是，如果安奇洛蒂法官的确如此认为的话，那么他可能还没适应国联理事会在规约起草时发生变化后所造成的全面影响，即该草案拒绝了法院对法律争端具有强制管辖权的计划。②

常设法院时期对其规约的讨论影响了当时规则的起草。这种争议一直延续到 1933 年的规则修订上。但是自 1933 年以后，法院规则就再也没有注意该问题。③ 1978 年《规则》第 81 条第 2 款 c 项将管辖根据引入参加，卡马拉法官对此评价为"彻底而惊人的改革"。他认为该条款并未把问题说清楚，"因为它用的是模糊的措辞，而且人们并不知道它到底只是一个向法院提供信息的要求，还是说对于参加的可接受性而言，它是不可缺少的真正的先决要件"。④

---

① Rules of Court, Preparation of the Rules of Court, Draft prepared by the secretariat, PCIJ, Series D, No. 2, p. 87.

② Rosenne, *The Law and Practice of the International Court*, 1920 – 1996, Vol. III, p. 1525.

③ *Ibid.*, p. 1559.

④ *Continental Shelf (Libyan Arab Jamahiriya/ Malta)*, *Application by Italy for Permission to Intervene*, *Judgment*, *Dissenting Opinion of Vice-President Sette-Camara*, *ICJ Reports*, 1984, p. 76, para. 32.

（二）尼加拉瓜参加案之前的实践与讨论

如果说在 20 世纪 70 年代之前，关于管辖根据、管辖联系的问题集中于常设国际法院建立时和建立初期的讨论的话，那么 1978 年的争议由于规则修订所引起，而该修订则更是源于核试验案中斐济 1973 年提出的两个参加请求。斐济参加案提出了参加制度的基本问题之一，即参加是否需要管辖联系。①

在该案中，斐济在请求书中没有提出任何条约根据。虽然斐济最终没有参加到实体程序中并不是因为斐济参加本身的原因，但是在围绕管辖联系的问题上，数名法官在法院命令后通过附加声明的形式发表了各自的意见。强调参加要具备管辖联系的法官主要有奥尼亚马（Onyeama）、迪拉德（Dillard）、瓦尔多克（Sir Humphrey Waldock）、阿拉查加（Jiménez De Aréchaga）以及巴威克专案法官（Judge *ad hoc* Garfield Barwick）。例如奥尼亚马法官认为斐济既不是 1928 年《和平解决国际争端日内瓦总议定书》的当事国，也没有接受《规约》的任择条款，而且它没有提出任何同法国的管辖根据。法院应当拒绝参加请求，因为在斐济和法国间不存在接受法院管辖权的义务所产生的对等条件。② 阿拉查加法官则从规约起草的历史出发，他考虑到了规约制定时对法院强制管辖权的基本假定，但是他认为虽然后来以任择条款代替了强制更新的计划，第 62 条却并未触及，所以对第 62 条的解释仍然应限于强制管辖的条件，否则将会产生不合理的结果。这种结果将与诸如当事国间平等以及国家间严格的权利义务对等原则相冲

---

① 斐济分别请求参加新西兰诉法国和澳大利亚诉法国的两个诉讼程序。*Continental Shelf* (*Tunisia/ Libyan Arab Jamahiriya*)，*Application by Malta for Permission to Intervene*，*Judgment*，*ICJ Reports*，1981，p. 16，para. 27.

② *Nuclear Test* (*New Zealand v. France*)，*Application by Fiji for Permission to Intervene*，*Order*，*Declaration of Judge Onyeama*，*ICJ Reports*，1974，pp. 536 – 537.

突。一国不能被起诉，那么它也就不能起诉别的国家或介入针对该国的诉讼，从而提出独立的主张以支持其自身利益。① 巴威克专案法官也对上述理由完全赞同。② 除此以外，迪拉德法官和瓦尔多克法官还认为法院在裁判前应当给斐济口头陈述的机会。③ 由于占上风法官的坚持，1978 年《规则》就增加了"管辖根据"的要求。国际法院在马耳他参加案中承认了此点。④

马耳他参加案是《规则》第 81 条第 2 款 c 项即管辖根据问题遇到的第一个参加案例。马耳他在其请求书中认为，c 项规定在以前规则的版本中并未以任何形式出现过，所以 c 项的增加是对参加加入了一个新的表象（presentational）上的要求。它不能创设新的实质性条件，因为这种以增加并未说明的要求将损害法院的"立法权"（rule-making power）。所以马耳他推测这是让法院将 c 项要求当做对有关管辖权问题提供信息。⑤ 马耳他在本案中一面不愿承认管辖根据的要求，一面意图削弱管辖根据的含义从而尽量使其不构成阻碍参加的绊脚石。而国际法院在其判决中认为，是否需要管辖联系问题在斐济案中已直接提出，由于此案后来失效，所以法院自身也未对斐济的参加请求予以评论。但是，很多法官关注此问题，在命令中附声明强调这个问题的重要性。⑥ 不过，马耳他由于在法律利益要件上不符合参加的要求，

---

① *Nuclear Test（New Zealand v. France），Application by Fiji for Permission to Intervene, Order, Declaration of Judge Jiménez De Aréchaga, ICJ Reports*, 1974, pp. 537 – 538.

② *Nuclear Test（New Zealand v. France），Application by Fiji for Permission to Intervene, Order, Declaration of Judge ad hoc Garfield Barwick, ICJ Reports*, 1974, p. 538.

③ *Nuclear Test（New Zealand v. France），Application by Fiji for Permission to Intervene, Order, Joint Declaration of Judges Dillard and Sir Humphrey Waldock, ICJ Reports*, 1974, p. 537.

④ 宋杰：《国际法院司法实践中的解释问题研究》，第 136 页。

⑤ *Application for Permission to Intervene by Malta*, p. 261.

⑥ *Continental Shelf（Tunisia/ Libyan Arab Jamahiriya），Application by Malta for Permission to Intervene, Judgment, ICJ Reports*, 1981, p. 16, para. 27.

国际法院也就无需对请求国是否具有有效的管辖联系为参加的基本条件进行裁判。① 所以马耳他参加案侥幸绕过了管辖根据问题。

在意大利参加案中，就管辖权问题而言，意大利认为《规约》没有规定参加的条件是要有管辖基础，只有《规则》有规定，但《规则》不能将参加的接受与否落在《规约》没有规定的法定条件上，人们应当从第 62 条本身单独的规定来解释该条款。意大利请求书里的这些意见直指管辖联系的要害。② 但是该案同之前的马耳他参加案一样也侥幸绕过了管辖根据问题，因为国际法院认为意大利在法律利益问题上也不符合参加的要求。不过就管辖根据而言，国际法院表示目前的讨论并不比 62 年前（即 1922 年）要先进多少。它将该问题留待后续实践来解决。③

虽然上述两个案件都绕过了管辖根据问题，但是附在国际法院判决后的法官意见已经有比此前讨论更进一步的思考。如果将第三国请求参加依据可保护本国利益的程度划分的话，可以将参加请求分为提起请求型和陈述意见型两种。前者重在就与裁判主要事项相关的本国权利向法院提起特别的请求；后者重在向法院陈述本国意见以供参考，而非就其自身的权利寻求法院的司法裁判。④ 而依此分类，又可以将对第 62 条参加的解释分为扩大参加说和限制参加说。前者承认提起请求型，但这将违反国家同意原则；后者则认为提起请求型本就不属于第 62 条意义上的参加，它应该作为一个新的诉讼提起，而且第

---

① *Continental Shelf（Tunisia/ Libyan Arab Jamahiriya），Application by Malta for Permission to Intervene，Judgment，ICJ Reports*，1981，p. 20，para. 36.

② Rosenne，*The Law and Practice of the International Court*，1920 – 1996，Vol. Ⅲ，pp. 1532 – 1533.

③ *Continental Shelf（Libyan Arab Jamahiriya/ Malta），Application by Italy for Permission to Intervene，Judgment，ICJ Reports*，1984，pp. 27 – 28，para. 45.

④ 杉原高嶺：《国际司法裁判制度》，第 261 页。

62 条也不提供处理新的争端的替代性手段。① 虽然法院在意大利参加案中没有对采取哪种解释作出一般性判断，但是限制参加说得到了许多法官的支持。因为采纳扩大参加说无疑意味着对同意原则的违反，而如果要求第 62 条不违背管辖权这一基本原则的话，就应当另外具备必要的管辖根据，只有这样才能完善整个《规约》和国际法院司法制度的体系解释。

在对这两个案件的分析中，不完全的"当事国参加"（party intervention）的想法已经初露端倪。小田滋法官和施威贝尔法官早在马耳他参加案的个人意见中就已经讨论了"非当事国参加"（non-party intervention）。他们主张第三国请求以非当事国身份参加时无需管辖联系。② 辛格（Singh）法官认为，当第三国希望法院对其请求作出裁决时，就需要管辖关联。而如果只是提醒法院注意该国在案件中的利害关系则无须管辖关联。③ 穆巴耶（Mbaye）法官也对以当事国身份参加和以非当事国身份参加进行了区分。对于前者，请求国还应当同普通案件一样向法院证明该国同诉讼当事国间存在管辖基础。④ 詹宁斯法官认为，参加如果只是为了保护本国利益，则不存在管辖权问题，但如果是要成为真实的第三方并要向原诉讼当事国各自或共同提出新的、不同的诉讼的话，不经过原当事国同意是不可

---

① *Continental Shelf* (*Libyan Arab Jamahiriya/ Malta*), *Application by Italy for Permission to Intervene*, *Judgment*, *ICJ Reports*, 1984, pp. 22 – 24, paaras. 34 – 37.

② *Continental Shelf* (*Tunisia/ Libyan Arab Jamahiriya*), *Application by Malta for Permission to Intervene*, *Judgment*, *Separate Opinion of Judge Oda*, *ICJ Reports*, 1981, p. 30, para. 15; *Separate Opinion of Judge Schwebel*, p. 35.

③ *Continental Shelf* (*Tunisia/ Libyan Arab Jamahiriya*), *Application by Italy for Permission to Intervene*, *Judgment*, *Separate Opinion of Judge Nagendra Singh*, *ICJ Reports*, 1984, pp. 33 – 34.

④ *Continental Shelf* (*Tunisia/ Libyan Arab Jamahiriya*), *Application by Italy for Permission to Intervene*, *Judgment*, *Separate Opinion of Judge Mbaye*, *ICJ Reports*, 1984, p. 45.

以的。① 阿戈法官也主张限制参加说。而卡马拉法官也不要求请求国提示管辖关联，但他并没有区分参加请求的类型，所以立场尚不明晰。② 总的来说，上述法官中除了卡马拉法官以外，基本上都主张限制参加说。

莫洛佐夫法官则不同。他认为无论采用限制参加说还是扩大参加说，管辖联系都是参加的前提条件，参加国必须获得原当事国同意。第 62 条虽然在第三章"程序"部分，但该部分并不包含排除第二章"管辖"规定的条文，所以《规约》第 36 条和第 37 条意义上管辖权关联的存在是必要的。③ 此外，阿拉查加法官仍然延续其在斐济参加案中的意见。他通过对参加的立法背景进行考察进而认为第 62 条的适用应受到第 36 条管辖权条款的限制。但是他并没有区分请求的类型，而直接以意大利提出请求型的参加作为讨论前提，所以无从得知如果出现了陈述意见型的参加请求，他是否还会坚持此观点。

在马耳他和意大利的两个参加案中，原诉讼当事国都对第三国的参加请求表示反对。其中一个有趣的现象是在马耳他参加案中，马耳他作为第三国其实并不符合管辖根据的要求，因为它与原当事国间不存在有效的管辖联系。而在意大利参加案中，第三国意大利提出参加请求并且也不具备与诉讼当事国间的管辖联系。在面对类似的情况

---

① *Continental Shelf（Tunisia/ Libyan Arab Jamahiriya），Application by Italy for Permission to Intervene，Judgment，Dissenting Opinion of Sir Robert Jennings，ICJ Reports，*1984，p. 150，para. 6.

② *Continental Shelf（Tunisia/ Libyan Arab Jamahiriya），Application by Italy for Permission to Intervene，Judgment，Dissenting Opinion of Judge Ago，ICJ Reports，*1984，pp. 115 - 121，150；*Dissenting Opinion of Vice-President Sette-Camara，*pp. 71 - 79，另参见杉原高嶺《国际司法裁判制度》，第 265 页。

③ *Continental Shelf（Tunisia/ Libyan Arab Jamahiriya），Application by Malta for Permission to Intervene，Judgment，Separate Opinion of Judge Morozov，ICJ Reports，*1981，pp. 22；*Continental Shelf（Libyan Arab Jamahiriya/ Malta），Application by Italy for Permission to Intervene，Judgment，ICJ Reports，*1984，p. 30.

时，作为该案的诉讼当事国，马耳他却改变了在之前马耳他参加案中请求参加时的立场，而以维护国际法院管辖权的同意原则为由对意大利缺少管辖联系表示反对。[1] 由此可以看出，一方面管辖联系问题本身未解决，包括国际法院、诉讼当事国和其他未知或是潜在的参加请求国在内，都不清楚第三国与原诉讼当事国间的管辖联系是否为参加所必要；另一方面，参加作为国际法院的一个司法程序和制度正在被国家以各种可能的方式所利用，不论是坚持还是改变立场，其目的必然是为了维护国家的自身利益。这也就使得澄清和明确管辖根据的问题更加迫在眉睫。

二 尼加拉瓜参加案的转折

(一) 尼加拉瓜参加案

意大利参加案中法官们的讨论在尼加拉瓜参加案中体现出了效果。在该案中，国际法院分庭将参加请求定位在陈述意见型，并承认了第三国可以以非当事国或当事国身份请求参加的两种情形。同时，以非当事国身份参加无须提供管辖权根据，亦即请求国与原诉讼当事国之间无须存在管辖联系，第三国参加诉讼不需要经过原当事国同意。

在尼加拉瓜参加案中，尼加拉瓜并未主张其具有管辖联系，而这一点也还是原诉讼当事国萨尔瓦多基于同意原则反对的原因之一。国际法院分庭分步骤地解决了该问题。首先它重复了管辖权的一般原则，通过援引 1924 年常设国际法院时期的马弗罗马蒂斯巴勒斯坦特许权案肯定了同意原则的重要性，强调国际法院管辖权来源于当事国同意。然后，分庭从第 62 条第 2 项所赋予的法院的决定权出发，认为法

---

[1] *Continental Shelf* (*Libyan Arab Jamahiriya/ Malta*), *Application by Italy for Permission to Intervene*, *Judgment*, *ICJ Reports*, 1984, p. 18, para. 27.

院的此项权能并非来源于当事国同意。因为第三国即参加请求国也是
《规约》的当事国，《规约》赋予法院决定是否许可第三国参加的权
力，该权力不受诉讼当事国意见的影响。虽然当事国对参加请求的反
对意见很重要，但它们只能是法院考虑的因素之一。分庭认为法院并
不会认可让参加成为同意原则的例外。① 第62条并未企图为第三国附
加新的案件，从而使其成为新的当事国，并由法院对其主张进行裁判。
"新的案件"指案件有新当事国、待决的新问题。对于参加与新当事
国加入到案件中，这二者不仅是程度上的区别而且是质的区别。法院
在1984年的判决中，也注意到了第62条并未建议将其作为附加争端
的替代方式。② 分庭还通过体系解释对附带程序予以明确，认为附带
程序不能将案件以不同当事方为由转化成另一个案件。③ 分庭在这里
实际上否定了请求国提起新争端的一般情形，间接采纳了限制参加说
的立场。但是分庭在后文中又补充了一个观点，即当取得原诉讼当事
国必要的同意时，不得妨碍参加国由于其地位的原因而成为该案的当
事国。④ 这说明提起请求型的参加并不是没有可能成立。分庭继续分
析意大利参加案中的问题，它认为当时法院并没有考虑到如果请求国
基于原诉讼当事国的同意，而成为该案新当事国的情形。这里，分庭
的考虑比之前的几个案件更进了一步。它认为，如果当事国同意的话
就不能阻止参加国成为诉讼的当事国。但是分庭通过援引大陆架案
（利比亚与马耳他）和尼加拉瓜军事行动和准军事行动案（尼加拉瓜

---

① *Land, Island and Maritime Frontier Dispute (El Salvador/ Honduras)*, *Application by Nicaragua for Permission to Intervene*, *Judgment*, *ICJ Reports*, 1990, pp. 132 – 133, paras. 94 – 96.

② *Land, Island and Maritime Frontier Dispute (El Salvador/ Honduras)*, *Application by Nicaragua for Permission to Intervene*, *Judgment*, *ICJ Reports*, 1990, pp. 133 – 134, para. 97.

③ *Ibid.*, p. 134, para. 98.

④ *Ibid.*, pp. 134 – 135, para. 99.

诉美国），又认为自己没有权力将第三国指定为原诉讼程序的当事国。① 在给予同意原则足够的笔墨后，分庭转向《规则》的具体规定。分庭认为，《规则》第 81 条第 2 款 c 项中的 "任何基础" 一词的用法表明，有效的管辖联系并不是参加的必要条件。该程序是为了确保利益可能被影响的国家被许可参加而并不成为诉讼的当事国，尽管该国没有管辖联系。分庭最后得出结论，认为尼加拉瓜缺少与诉讼当事国间的管辖联系，但是这并不妨碍分庭许可其参加。②

这是国际法院历史上第一次许可第三国依据第 62 条提出的参加请求。可以确定的是，尼加拉瓜的参加身份为非诉讼当事国。分庭在判决中的分析，一方面并未超越其权限为同意原则创设例外；另一方面也没有消极地处理管辖根据的问题。在该案中，尼加拉瓜的法律利益和参加目的两个构成要件都已满足，同时尼加拉瓜也承认其不存在管辖根据，所以分庭无法像法院在之前的案件中一样回避对管辖根据的判断。分庭不排斥参加国请求成为当事国，但是它不能默认第三国的参加请求就是以当事国身份提出。所以以陈述意见型的限制参加说将成为第 62 条参加的基本形态。而当请求国同诉讼当事国间具备了管辖联系，即存在管辖根据时，提起请求型的参加也是存在的。前者以非当事国身份参加，后者以当事国身份参加。

（二）尼加拉瓜参加案后司法实践的确认

如果说尼加拉瓜参加案的判决是由分庭作出的，其意见是否能被整个国际法院所接受仍然存有疑问的话，那么随后的赤道几内亚参加案、菲律宾参加案等一直到最近的希腊参加案，都已由国际法院以判

---

① Land, Island and Maritime Frontier Dispute (El Salvador/ Honduras), Application by Nicaragua for Permission to Intervene, Judgment, ICJ Reports, 1990, pp. 134 – 135, para. 99.

② Ibid., p. 135, paras. 100 – 101.

决或命令的形式确认了分庭的观点。①

在赤道几内亚参加案中，国际法院直接援引分庭的观点，认为尽管没有管辖联系，参加程序还是要确保利益可能被影响的国家得以参加，但是它也不能成为当事国。在菲律宾参加案中，国际法院更是援引尼加拉瓜参加案和赤道几内亚参加案中分庭和法院的观点对以非当事国身份参加予以确认。②

洪都拉斯参加案的情况较为特别。请求国原先打算以当事国身份参加，不可行时再改以非当事国身份。国际法院并未反对这种形式的请求，而且还确认"以当事国身份参加要求在有关国家间存在管辖基础，其有效性在请求参加时由法院建立。不过这种管辖基础不是非当事国参加的条件"。③遗憾的是，洪都拉斯并未符合法律利益的要求，所以国际法院也就没有对这两种形式的请求进行选择。国际法院重申了以当事国身份参加的可能性，这对管辖联系仍然是有要求的。这种参加国可以在未来裁判中主张由法院承认自己的权利，这会在许可参加的范围内对其产生拘束力。④洪都拉斯是第一个也是目前唯一一个提出以当事国身份参加的国家。虽然因其法律利益要件的原因未能成

---

① 当然，国际法院分庭作出的判决具有同国际法院判决同样的效力。由于国际法院并不存在形式上的判例法，所以分庭的法理在后案中被法院推翻的情况于理论上是有可能的。对参加许可由分庭而非全体法院作出裁判而持异议的观点参见：*Land*，*Island and Maritime Frontier Dispute* (*El Salvador/ Honduras*)，*Application by Nicaragua for Permission to Intervene*，*Order*，*Dissenting Opinion of JudgeElias*，*Dissenting Opinion of Judge Shahabuddeen and Dissenting Opinion of Judge Tarassov*，*ICJ Reports*，1990，pp. 9 – 62；A. Moore，"Ad hoc chambers of the international court and the question of intervention"，*Case Western Reserve Journal of International Law*，Summer92，Vol. 24 Issue 3，pp. 667 – 698。

② *Land and Maritime Boundary between Cameroon and Nigeria*，*Application to by Equatorial Guinea for Permission Intervene*，*Order*，*ICJ Reports*，1999，pp. 134 – 135，para. 15；*Sovereignty over Pulau Ligitan and Pulau Sipadan* (*Indonesial/ Malaysia*)，*Application by Philippines for Permission to Intervene*，*Judgment*，*ICJ Reports*，2001，pp. 588 – 589，paras. 35 – 36.

③ *Territorial and Maritime Dispute* (*Nicaragua v. Colombia*)，*Application by Honduras for Permission to Intervene*，*Judgment*，*ICJ Reports*，2011，p. 432，para. 28.

④ *Ibid.*，p. 432，para. 28.

功，但是其策略却较之于其他国家灵活许多。这也是由于参加制度发展到当时，法院对管辖根据的问题几乎有了确定的判断。法院对两种参加身份都予以承认，但是该案中未见国际法院有对两个身份替代性出现的情况进行评述，实为可惜。

在2011年希腊参加案中，国际法院只是极其简单地提及"因为希腊明确打算做非当事国"，所以本案中没有必要建立任何管辖基础。①可见这时，管辖根据已经没有过多争议，所以国际法院在命令里几乎不再做分析了。

总的来说，管辖根据这一要件在国际法院判断是否许可参加时有特别的地位。当第三国以非当事国身份提出参加请求时，管辖根据并非必要条件。诉讼当事国不变，国际法院在实体程序中所做判决对该第三国也无拘束力。在绝大多数司法实践中，第三国都是以非当事国身份提出的请求。它们需要求得原当事国同意并非易事，国际争端的复杂性和诉讼相对性在很大程度上成为当事国参加少有实践的原因。一般来说，当当事国间是以特别协定方式赋予了法院解决双方争端的管辖权时，它们在决定或接受诉讼之初对与之对抗的诉讼当事国必然有一定的了解，对法院审判进程也或多或少会有相对的预期。在诉讼过程中，如果第三国介入，而且是以与其身份相同的当事国身份介入的话，这在很大程度上会打乱原诉讼当事国的诉讼策略。所以，单从诉讼当事国同意的角度获得管辖联系对第三国来说并不容易。另外在多数情况下，第三国也无意要在别国的诉讼中提出新的争端。然而，一旦当第三国以当事国身份请求参加时，管辖根据就是参加的必要条件。国际法院的实体判决对该第三国也具有拘束力。当然，虽然原诉

---

① *Jurisdictional Immunities of the State*（*Germany v. Italy*），*Application by the Hellenic Republic for Permission to Intervene*，*Order*，*ICJ Reports*，2011，pp. 502 – 503，para. 31.

讼中新增了当事国和主张，但是这种增加行为不能偏离参加制度的目的和宗旨——保护第三国法律利益不受法院判决影响，它并不是要将原来案件 A 转化成完全不同且毫无联系的案件 B，否则参加制度就真的成为合并和转化诉讼的替代品。

简言之，以非当事国身份请求参加的情形较为常见，以当事国身份请求参加则可视为特别情形。由于没有先例，国际法院对以当事国身份参加在法理上的论述仍有待今后实践的反馈。

第三章
与参加有关的程序性问题

第一节　参加请求的提出时间

《规则》第 81 条第 1 款规定了根据《规约》第 62 条提出参加请求的时间。虽然它没有给出确定的时间点，而只是要求"请求书应尽速提出，并不得迟于书面程序的终结"，但这也是一个关于期间的规定。根据该规定，请求书至迟在书面程序终结前应当提交。[①] 而何为"尽速"，目前尚无准确的解释。所以只要在书面程序终结前且没有明显、故意的拖延，就不应当被认为是违反了提交时间的规定。该款另有但书的规定，即在特别情况下，法院也可以接受在稍后阶段提出的请求书，但至于特殊情况究竟包括哪些情况也并不明确。

第三国之所以能成为"第三国"，这是以另外两个国家的存在为

---

① 《规约》第 63 条的参加规定请求书应当在启动口述程序的日期确定前提交。至于第 62 条和第 63 条这两个不同的时间限制，其原因尚不明确。See Rosenne, *Procedure in the International Court: A Commentary on the 1978 Rules of the International Court of Justice*, p. 177.

前提的。所以在诉讼程序上，两国根据特别协定或条约的争端解决条款向国际法院提起诉讼应当作为第三国能够提出参加请求的前提。如果实体程序的启动是由于原告国根据其接受《规约》的任择条款而发生，那么应当至少有一国向国际法院提起了诉讼，这样才能有第三国参加的可能。且不论国际法院是否要处理管辖权问题和可接受性问题，但是一国的起诉发生在前，第三国的参加请求发生在后，这个时间顺序是确定的，否则参加就成了"无本之木"。所以一国或两国向国际法院提起诉讼是第三国提出参加请求最早的时间点。当然，实践中第三国基于各种考虑和判断，也都不太会过早地提出请求。

《规则》并未规定提出请求的期间适用于诉讼程序的哪个阶段。但事实上在处理管辖权和可接受性问题时，国际法院对案件实体的管辖权是不确定的。这就意味着实体程序会中止，从而也就导致直指实体程序的参加请求同时会被搁置。另外从实际效果来看，在这个阶段第三国的法律利益可能受到何种影响、如何被影响等很难显现和判断，第三国要达到法律利益的证明标准并不容易。但是国际法院对当事国提出的初步反对所做的判决是否也会对第三国的法律利益产生影响进而构成参加，此问题目前仍然缺少相关法理和实践。① 参加是国际法院的附带程序之一，而在另一个附带程序——指示临时措施阶段，第三国是否能提起第 62 条下的参加请求也是一个有意义的问题。要注意的是，根据第 62 条，第三国考虑的是法院的"判决"（decision）是否会对第三国的法律利益造成影响，而《规约》第 41 条

① 罗森认为至少第三国可能受判决影响的法律利益的存在可以是或者可以变得与法院在管辖权或可接受性这类初步问题上的裁判密切相关。See Rosenne, *The Law and Practice of the International Court*, 1920 – 1996, Vol. Ⅲ, p. 1522.

规定法院只能"指示"（indicate）临时措施，所以实际上法院作出的是"命令"（order），这就与第 62 条的规定存在差异。在斐济参加案中，国际法院没有立即回应斐济的参加请求，因为它要优先裁判管辖权的可接受性问题。而"这样导致的结果之一就是排除了斐济参加到临时措施的保护阶段"。① 在根据第 63 条请求参加的尼加拉瓜军事行动与准军事行动案（萨尔瓦多请求参加）中，施威贝尔法官注意到《规约》第 41 条保护的是"任一当事国"的权利，而这就表明排除了第三国，尤其是在当时，该第三国的地位还不明确。② 另外，在指示临时措施阶段，国际法院对指示临时措施的管辖权只要达到"初步"的程度（prima facie），这不同于法院在实体问题上完全的管辖权。③ 将临时措施阶段法院所具有的初步管辖权移植到实体程序的管辖权上，前者尚不够充分，故而依附于实体程序的参加无法继续进行。

实践中更常见的是原诉讼当事国以参加请求过晚或"超时"为理由表示反对。在意大利参加案中，当事国利比亚认为意大利的请求超过时限，它只在书面程序终结前两天才提交，这对于早就提交诉状的当事国来说是不利的。但是国际法院认为意大利的确是在当事国提交辩诉状期限届满前提交了参加请求书，所以这不会影响请求国的法律地位。④ 在

---

① Rosenne, *Procedure in the International Court: A Commentary on the 1978 Rules of the International Court of Justice*, p. 176, n. 2.

② *Military and Paramilitary Activities in and Against Nicaragua (Nicaragua v. United States of America)*, *Request for the Indication of Provisional Measures*, Order, Dissenting Opinion of Judge Schwebel, ICJ Reports, 1984, p. 169, cited in Christine Chinkin, *Third Parties in International Law*, Oxford University Press, 1993, p. 196.

③ *Fisheries Jurisdiction (United Kingdom of Great Britain and Northern Ireland v. Iceland)*, *Interim Protection*, Order, ICJ Reports, 1972, pp. 15 – 16, paras. 15, 17.

④ *Continental Shelf (Libyan Arab Jamahiriya/ Malta)*, *Application by Italy for Permission to Intervene*, Judgment, ICJ Reports, 1984, p. 8, para. 10.

马耳他参加案中也有类似的情况。① 而尼加拉瓜参加案则出现了更复杂的情形。在该案中，当事国根据特别协定向国际法院提交了诉讼请求，但是由于法院根据双方当事国的请求增加了提交答辩状和复辩状的机会，所以书面程序的时限也因此延长。国际法院分庭指出，特别协定面临后期变更诉状的可能，这样即使当事国提交了答辩状，《规则》规定的书面程序的终结日期还是要再次确定。这时第三国在复辩状提交期限内提交了参加请求是符合《规则》的形式要求的。② 在菲律宾参加案中，当事国更是一致认为菲律宾的参加请求提交已经超过期限，并且没有给出任何可以作为特殊情况对待的理由。该案比较特别的情况是，菲律宾请求国际法院获取当事国诉状文件等被国际法院驳回。菲律宾认为在未获得当事国诉状的情况下无法提出符合要求的参加请求，但是国际法院并不认为提交请求书和获得当事国诉状间有必然联系。不过，国际法院和菲律宾都不知道诉讼当事国在 2001 年 3 月 2 日提交完答辩状后就已经打算终止提交书状。国际法院在 2001 年 3 月 28 日收到双方当事国联合署名的信件时才知道不会再有下一轮提交复辩状的书面程序了。菲律宾直到 3 月 13 日才提交了参加请求。在当事国印度尼西亚和马来西亚看来，这个日期已经迟于 3 月 2 日当事国提交完答辩状即其所认为的书面程序终结的日期，所以菲律宾的参加不符合时间规定。国际法院认为菲律宾的确不符合《规则》中"尽速"的要求，但是在判决中强调了一番时间概念的重要性后，它认为法院自己也是在 3 月 28 日才知道不会有其他的书状提交。而在得知该情况前法院不能擅自终结书面程序。即使在 3 月 28 日以后，法院也可

---

① *Continental Shelf* (*Tunisia*/ *Libyan Arab Jamahiriya*), *Application by Malta for Permission to Intervene*, *Judgment*, *ICJ Reports*, 1981, p. 6, para. 5.

② *Land, Island and Maritime Frontier Dispute* (*El Salvador*/ *Honduras*), *Application by Nicaragua for Permission to Intervene*, *Judgment*, *ICJ Reports*, 1990, p. 98, para. 12.

以根据印尼与马来西亚间的特别协定依职权规定再提交一轮复辩状。当然国际法院也没有那么做，所以菲律宾的提交时间还是在书面程序终结前，符合《规则》的规定。[①]

第二节　参加请求的决定主体

一　国际法院的决定权

《规约》第62条第2项直接规定第三国的参加请求应当由法院裁决，所以国际法院是参加请求的决定主体。国际法院分庭在尼加拉瓜参加案中曾对法院许可第三国参加的权能进行过法理上的分析。国际法院对与参加有关问题的管辖权都直接来自于《规约》，而具有这种管辖权是源于当事国对其成为规约当事国的同意。[②] 分庭将《规约》视为一项条约。从条约法的角度上看，一国对《规约》的同意也就使该国接受了《规约》所规定的权利义务，亦即接受了国际法院在第62条上的权能，所以国际法院有权在诉讼当事国一方或双方都反对的情况下许可参加。由此可见，国际法院在参加上的权能或是管辖权是内生的，并且不能被任何相反的当事国协定所推翻。[③] 这与国际法院健全的司法管理（sound administration of justice）的职能相符。国际法院

---

① *Sovereignty over Pulau Ligitan and Pulau Sipadan* (*Indonesial/ Malaysia*), *Application by Philippines for Permission to Intervene*, *Judgment*, *ICJ Reports*, 2001, pp. 583 – 586, paras. 19 – 25.

② *Land, Island and Maritime Frontier Dispute* (*El Salvador/ Honduras*), *Application by Nicaragua for Permission to Intervene*, *Judgment*, *ICJ Reports*, 1990, p. 133, para. 96.

③ 在国际法院的司法制度中，当事国通过协定根据《规约》第61条请求复核法院判决可以被视为当事国协定推翻法院权能的一个"例外"。See Rosenne, *The Law and Practice of the International Court*, 1920 – 1996, Vol. Ⅲ, p. 1519.

不仅应决定是否许可参加，而且还应决定许可参加的范围。[①]

不过，国际法院虽然有许可参加的决定权，但是仍有问题无法回避，即对于符合了参加要求的请求国，国际法院是否有评判的自由裁量权、是否有权不予许可该参加请求。学者皆川洸认为，虽然国际法院在确认法律利益的问题上享有广泛裁量权，但"法院不能既承认利害关系的存在，又基于其他考虑来驳回参加申请"。[②] 菲茨莫里斯的观点正相反。他认为第 62 条的参加不具有"作为权利"（as of a right）的性质，法院对此有"准裁量的权限"（quasi-discretionary power），"即便满足了必要的条件，也绝不是说就必须予以许可"。法院可以综合考虑许可的妥当性、适当性以及利害关系的权重等因素来作出判断。[③]

正如在哥斯达黎加参加案中，国际法院不仅要求可能受影响的法律利益确实存在，而且该利益还必须在无法获得其他保护和救济的情况下才能被法院认可。国际法院的这一严格要求事实上是使用了自由裁量权。因为如前所述，依照哥斯达黎加参加案之前的案件，即赤道几内亚参加案的类似情况来看，请求国只要具有可能受影响的法律利益即可，并不需要再证明《规约》第 59 条不能保护该利益，但是到了哥斯达黎加参加时，国际法院又提高了利益的证明标准而降低了对"保护"理解的程度。国际法院认为判决拘束力在既判力原则下已经提供了保护，但是请求国却认为既判力原则提供的不发生拘束力的保护程度不足，只有判决达到不影响的程序才算是保护，所以哥斯达黎

[①] *Territorial and Maritime Dispute（Nicaragua v. Colombia）*, Application by Costa Rica for Permission to Intervene, Judgment, *ICJ Reports*, 2011, p. 358, para. 25.

[②] 皆川洸：《国際訴訟序説》（1963 年），第 185 页，转引自杉原高嶺《国际司法裁判制度》，第 261 页。

[③] Fitzmaurice, *The Law and Procedure of the International Court of Justice*, Vol. Ⅱ, p. 553.

加的证明负担加重了。国际法院这一裁量权的使用招致了数名法官的异议，但是并不清楚今后国际法院是否仍会在类似情况下作出此类判断。

结合哥斯达黎加参加案的实践可以发现，国际法院还是具有比较大的自由裁量权。不论国际法院今后如何使用该权力，它都不应当脱离《规约》的规定。国际法院裁量的自由度与其对《规约》的认知和解释的程度有关。但是这种解释只能是国际法院对《规约》合理的、一般性的理解，除非有特别情况，否则不应当明显超出其基本含义。所以在承认国际法院自由裁量权的基础上还应当将其限制在合理范围内，从而避免各国对《规约》理解的偏差，增强国际法院裁判的一致性和稳定性。

二　重要但非决定因素：诉讼当事国的态度

国际法院在裁判是否许可第三国参加时《规约》未赋予当事国权力。当事国之间不能自己对许可参加达成一致，因为这样就减损了国际法院裁判的职能，易导致当事国对程序的滥用。《规约》的规定是意图让第三国的利益而非当事国态度成为讨论的中心。[①] 另外，《规则》第 84 条第 2 款的规定也只是处理了假定有当事国反对参加的情况[②]，而这并不是暗示在没有当事国反对时，参加请求就自动获得国际法院许可。[③]

当然，当事国的态度是法院考虑的一个重要因素。法院在裁判时都会回顾当事国已表明的倾向性意见。以下是对各参加案中当事国态

---

① Chinkin, *Third Parties in International Law*, p. 192.

② 该款规定如果当事国反对第三国参加的话，法院应在裁判前先听取请求国和各当事国的意见。

③ Rosenne, *The Law and Practice of the International Court*, 1920 – 1996, Vol. Ⅲ, p. 1515.

度与国际法院裁判结果的汇总①：

1. 马耳他参加案：当事国均反对；法院驳回请求。

2. 意大利参加案：当事国均反对；法院驳回请求。

3. 尼加拉瓜参加案：萨尔瓦多反对；洪都拉斯不反对尼加拉瓜以就丰塞卡湾内水域地位问题陈述观点的形式参加，法院在有关丰塞卡湾内水域地位的问题上许可参加。

4. 赤道几内亚参加案：喀麦隆原则上不反对限于海域边界问题的参加；尼日利亚的意见是留给法院决定；法院许可参加。

5. 菲律宾参加案：当事国均反对，法院驳回请求。

6. 哥斯达黎加参加案：尼加拉瓜反对；哥伦比亚不反对；法院驳回请求。

7. 洪都拉斯参加案：尼加拉瓜反对；哥伦比亚不反对洪都拉斯以非当事国形式参加，当事国形式参加则留给法院决定；法院驳回请求。

8. 希腊参加案：德国不正式反对；意大利不反对；法院许可参加。

由此可见，只要有当事国反对，最后的结果几乎都是拒绝参加。而像赤道几内亚、希腊等未遭到当事国明显反对的参加请求，最后都获得了法院许可。在尼加拉瓜参加案中，洪都拉斯将同意尼加拉瓜参加的范围限于丰塞卡湾内水域的法律地位，而法院最后许可尼加拉瓜参加的范围也正是洪都拉斯同意的范围。所以，虽然不能认为当事国态度与法院裁判结果直接相关，但是这二者目前尚不存在明显的冲突，它们至少可以在一定程度上说明国际法院对当事国态度予以了一定的重视。

---

① *ICJ Reports*，1981 – 2011.

当事国对第三国参加请求的态度与国际法院裁判结果

参加请求国	实体案件	当事国态度	国际法院裁判结果
马耳他	大陆架案	突尼斯、利比亚均反对	驳回请求
意大利	大陆架案	利比亚、马耳他均反对	驳回请求
尼加拉瓜	陆地岛屿和海域边界争端案	萨尔瓦多：反对	在有关丰塞卡湾内水域地位的问题上许可参加
		洪都拉斯：不反对尼加拉瓜以就丰塞卡湾内水域地位问题陈述观点的形式参加	
赤道几内亚	陆地和海域边界案	喀麦隆：原则上不反对限于海域边界问题的参加	许可参加
		尼日利亚：留给法院决定	
菲律宾	利吉丹岛和西巴丹岛主权案	印度尼西亚、马来西亚均反对	驳回请求
哥斯达黎加	领土和海洋争端案	尼加拉瓜：反对	驳回请求
		哥伦比亚：不反对	
洪都拉斯	领土和海洋争端案	尼加拉瓜：反对	驳回请求
		哥伦比亚：不反对以非当事国形式参加，当事国形式参加留给法院决定	
希腊	国家管辖豁免案	德国：不正式反对	许可参加
		意大利：不反对	

第三节　有关参加请求国程序性权利的分析

　　尼加拉瓜参加案通过承认以非当事国形式参加的方式移除了参加制度发展的一大障碍。国际法院分庭的这一裁判澄清了参加程序的保护性性质，并且便利了第三国在面对当事国反对时坚持其参加请求。

从这个角度来说，分庭赋予了第三国优先于当事人自治的权利。[①] 但是第三国不论是在参加请求被国际法院许可前还是许可后，其所享有的程序性权利都是受限制的。尤其是在请求许可后，虽然它可以正式介入法院的实体程序中，但是并非在实体审判的所有阶段都会有参加国的出现。例如，分庭也曾强调第三国的程序性权利不同于当事国。当事国有权在国际法院或其分庭前就参加事项而非整个案件进行陈述。第三国在没有对等承诺的情况下不得从参加中获益，这也是法院在马耳他参加案中所考虑的。

本部分主要从阅卷权、参加口述程序以及选派专案法官三方面的权利进行分析。这三类权利并未为参加请求国所确定享有。实践中的不一致也给权利的获取带来困难。当然，如果参加请求被国际法院许可后，个别权利会有所保障。本部分旨在对这几类权利进行理论和实践上的分析。

一　阅卷权

《规则》第 53 条规定了有关国家在程序上所享有的阅卷权。[②] 虽然该条没有直接针对参加程序，但是它也并不排除参加请求国在前期获得当事国有关书状、文件的副本的权利。要注意的是，《规则》第 42 条规定法院的书记官长应当将当事国向法院提交的诉讼请求书或特别协定通知书副本送交联合国秘书长、联合国各会员国以及其他有权在法院出庭的国家。将这两个规定相比较，可以看到第 42 条保证了当

---

① Chinkin, *Third Parties in International Law*, p. 178.
② 《规则》第 53 条第 1 款规定："法院，或在法院不开庭时，院长得在查明当事国双方的意见后随时裁决：书状和所附文件的副本应使有权出席法院而且要求提供这些副本的国家可以得到。"第 2 款规定："法院在查明当事国的意见后得作出裁决，使公众在口述程序开始时或其后可以看到书状和所附文件的副本。"

事国诉讼请求书或特别协定的内容能够被大部分国家公开获得。而第53条中有关国家获得诉讼文书的种类范围则有不同。它可以包括当事国间的辩诉状、答辩状甚至复辩状以及可以佐证的有关文件等。这一类文书更具有秘密性，不应当像第42条中的诉讼请求书和特别协定一样让其他国家轻易获得。

第三国要想在参加请求获得法院许可前就获得阅卷权，其前提是该国向法院提出申请。① 第三国没有主动申请的话，阅卷程序不会当然启动。依据《规则》第53条第1款，法院收到申请后会查明双方当事国意见，但这只作为形式要求。法院只要确定当事国意见而并不是要获得当事国的同意。② 当事国不同意并不意味着法院就一定要依据该意见作出裁判，但其意见仍然是法院考虑的因素之一。最终的决定权在于国际法院或法院院长。

实践中参加请求国一直在进行这类尝试。在参加请求许可前获得阅卷权非常困难。马耳他和意大利都有所请求，但在当事国一方反对后法院也拒绝了该请求。③ 这样所导致的结果就是，在口述程序中，所有人员包括法官、双方当事国的代表、书记官和其他职员（包括翻译和官方报告员）都有权获取书状，只有参加请求国没有这个权利。④

---

① 这时第三国一般都还没有向法院正式提出参加请求。

② Rosenne, *Procedure in the International Court: A Commentary on the 1978 Rules of the International Court of Justice*, p. 118.

③ *Continental Shelf（Tunisia/ Libyan Arab Jamahiriya）, Application by Malta for Permission to Intervene, Judgment, ICJ Reports*, 1981, p. 5, para. 4; *Continental Shelf（Libyan Arab Jamahiriya/ Malta）, Application by Italy for Permission to Intervene, Judgment, ICJ Reports*, 1984, p. 5, para. 4.

④ 马耳他申请阅卷前已有一些国家提出了类似的申请，如美国、荷兰、阿根廷和委内瑞拉。有一个当事国提出反对，法院最后对所有这些申请予以拒绝。*Continental Shelf（Tunisia/ Libyan Arab Jamahiriya）, Application by Malta for Permission to Intervene, Judgment, ICJ Reports*, 1981, p. 5, para. 4. 萨尔瓦多在尼加拉瓜军事行动与准军事行动案中依据《规约》第63条请求参加时并未提出获取书状的请求。See Rosenne, *The Law and Practice of the International Court*, 1920 - 1996, Vol. Ⅲ, pp. 1515 - 1516.

在尼加拉瓜参加案中，国际法院在确定了当事国观点后，尼加拉瓜获取书状的请求出现了转机，尼加拉瓜具有了阅卷权。在有关是否许可参加问题的口述程序中，到处都是书状的引用。请求国如果无法获得书状，在口述程序中会变得困难和被动。而菲律宾的阅卷请求不仅没有得到国际法院许可，而且还成为其被当事国认为提交参加请求超期的原因。国际法院虽然没有认同当事国在这个问题上的意见，但是菲律宾提交阅卷申请的时间已经到了离法院终结当事国最后一轮提交法定书状不足 10 天的时候，这在法院实践中非常少见。① 所以菲律宾的确没有达到《规约》第 81 条"尽速"的要求。不仅如此，菲律宾认为没有得到当事国书状，它就无法在参加请求的法律利益问题上具体展开。② 小田滋法官在该案的异议意见中也支持菲律宾，认为非当事国参加时如果无法获得当事国的书状，就不该由该国承担法律利益的证明责任。③

在众多参加案中，斐济、尼加拉瓜、赤道几内亚、哥斯达黎加和洪都拉斯都获得了《规则》第 53 条第 1 款的阅卷权。希腊没有向法院申请阅卷。而剩下其他国家的阅卷申请最终都被法院拒绝了。实际上，当事国反对第三国的阅卷申请也有其自身的顾虑。它们可能会担心一旦信息公开就会危及其自身利益，尤其涉及安全、外交等领域。当事国拒绝公开无须提供任何理由，而任一方当事国的反对都有可能使法院作出拒绝提供书状的裁判，这使请求国只能自己推测书状内容了。在保护当事国信息的同时如何减小这种限制给参加请求国带来的潜在

---

① *Sovereignty over Pulau Ligitan and Pulau Sipadan（Indonesial/ Malaysia），Application by Philippines for Permission to Intervene，Judgment，ICJ Reports*，2001，p. 585，para. 22.

② *Ibid.*，p. 590，para. 39.

③ *Sovereignty over Pulau Ligitan and Pulau Sipadan（Indonesial/ Malaysia），Application by Philippines for Permission to Intervene，Judgment，Dissenting Opinion of Judge Oda，ICJ Reports*，2001，pp. 618 – 619，paras. 13 – 14.

影响以使其提出令法院满意的请求书，这一问题还有待于国际法院进行更宽松的解释。

获得书状有助于第三国提出参加请求，但有些国家获取后也不一定会主张参加。斐济和尼加拉瓜在获得书状后都在积极为请求参加做准备。然而，在美国驻德黑兰外交和领事人员案中，书状公开后并没有国家根据第 62 条或第 63 条提出参加请求。① 第三国因为各种原因而不只是出于对参加的考虑而对公开书状产生兴趣。因为书状常常包括充分的调查材料，例如具有普遍性利益的科学、技术、环境或历史信息等。② 所以，获得书状也可以是第三国的一种策略性的考虑。

二 参加口述程序的权利

不论是在第三国的参加请求许可前还是许可后，都可能有口述程序。但是这两个阶段的口述程序并不完全相同，前者的依据是《规则》第 84 条第 2 款，后者则是《规则》第 85 条第 3 款。

在参加请求被许可前，根据《规则》第 84 条第 2 款的规定，如果当事国反对第三国的参加请求，法院在作出裁判前应当进行口述程序。在该程序中，参加请求国和各当事国可以发布各自的意见。在意大利参加案中，意大利在这个阶段的口述程序中补充了参加目的，不过法院认为该目的过于含糊。③

尼加拉瓜参加案中有一个当事国反对参加，所以国际法院举行了

---

① United States Diplomatic and Consular Staff in Tehran (United States of America v. Islamic Republic of Iran), Judgment, ICJ Reports, 1980, p. 3.

② Chinkin, Third Parties in International Law, p. 188.

③ Continental Shelf (Libyan Arab Jamahiriya/ Malta), Application by Italy for Permission to Intervene, Judgment, ICJ Reports, 1984, p. 15, para. 22.

听证。① 哥斯达黎加和洪都拉斯请求参加的情形也相类似。由于尼加拉瓜的反对，法院进行了数周的听证。② 而赤道几内亚参加案中，两个当事国均未明显反对赤道几内亚以非当事国形式的参加，所以法院也就不再进行听证程序。在希腊参加案中，德国表示它不"正式"反对希腊参加，但德国有些"特别考虑"引起了法院的注意。德国认为希腊参加并不符合《规约》第 62 条第 1 项的要求。鉴于当事国无正式反对，法院决定没有必要进行听证，但认为应当给予希腊回应当事国意见的机会，然后让当事国对希腊的回应再进行书面反馈。所以，法院最终确定了希腊提交书面意见和当事国再次提交书面意见的时间期限。③

在参加请求被许可后，根据《规则》第 85 条第 3 款的规定，参加国在诉讼实体审判阶段的口述程序中有权就有关参加的标的提出意见。第 85 条第 3 款在 1978 年规则中是一个新的规定。它借鉴的是常设国际法院和国际法院时期在《规约》第 63 条参加下的实践。④ 尼加拉瓜参加案第一次适用了这一条款。当分庭许可了尼加拉瓜参加后，原诉讼的标题从"萨尔瓦多与洪都拉斯"改为"萨尔瓦多与洪都拉斯：尼加拉瓜参加"。在口述程序开始时，分庭庭长注明了以下人员的出席：当事国双方代理人、顾问和律师以及参加国。不过在当天的逐字记录中，出席人的列表里没有包括尼加拉瓜的

---

① *Land, Island and Maritime Frontier Dispute*（El Salvador/ Honduras）, *Application by Nicaragua for Permission to Intervene*, Judgment, *ICJ Reports*, 1990, p. 99, para. 17.

② *Territorial and Maritime Dispute*（Nicaragua v. Colombia）, *Application by Costa Rica for Permission to Intervene and Application by Honduras for Permission to Intervene*, Judgments, *ICJ Reports*, 2011, pp. 355, 427.

③ *Jurisdictional Immunities of the State*（Germany v. Italy）, *Application by the Hellenic Republic for Permission to Intervene*, Order, *ICJ Reports*, 2011, p. 496, paras. 5 – 6.

④ Rosenne, *Procedure in the International Court: A Commentary on the 1978 Rules of the International Court of Justice*, p. 181.

代表。① 有关丰塞卡湾问题在口述程序快结束时开始讨论。庭长注明了尼加拉瓜代理人的出席。各方一致同意由当事国先发言，从洪都拉斯开始。尼加拉瓜在双方发言结束后开始发言。在该部分程序开始时，庭长回顾了尼加拉瓜参加所受到的限制。他还表示当事国已经同意如果双方提出的新的争议点可能影响尼加拉瓜的法律利益，那么尼加拉瓜就另有发言机会。② 可以看到，尼加拉瓜虽然是以非当事国身份参加，但在实体审判阶段中的口述程序出席并发表意见是当事国的一项固有权利，而且这是参加国将保护本国法律利益的目的付诸实施的最实际和最直接的行动。尽管参加国并不能进入口述程序中所有问题的陈述和辩护，但是与其法律利益相关的部分却可以为其提供发言的平台和机会。

三　指派专案法官的权利

在国际法院中，如果法庭中没有当事国国籍的法官出庭，那么当事国有权根据《规约》第 31 条的有关规定指派具有本国国籍的法官出庭。这种由当事国指派专案法官的制度是国际法院不同于国内法院的地方。该制度是为了确保当事国的主张能准确地传达给法庭，从而促进更多的国家能将争端解决积极诉诸国际法院的裁判。专案法官制度同样始于常设国际法院时期。目前它不仅存在于国际法院的实体诉讼程序，而且在指示临时措施、申请判决的解释与复合等程序，以及国际法院的咨询程序中也同样适用。但是对于参加程序来说，指派专案法官还未有实践。理论上只有当事国身份的参加国才有权指派专案

---

① *Public sitting in the case concerning the Land , Island and Maritime Frontier Dispute（El Salvador/ Honduras：Nicaragua intervening）*, CR 1991/5（15 April 1991）14（partly in French）, cited in Rosenne, *The Law and Practice of the International Court*, 1920–1996, Vol. Ⅲ, p. 1545, n. 84.
② Rosenne, *The Law and Practice of the International Court*, 1920–1996, Vol. Ⅲ, p. 1545.

法官。当初在起草《常设国际法院规约》第31条时，对于起草者是
否注意到第62条和第63条的参加程序的问题还是不清楚的。① 安奇洛
蒂法官在第一版《规则》起草时曾建议增加一条关于请求国指定国籍
国法官的规定，但是该建议最终以9:3的投票否决。② 所以关于参加的
专案法官问题和前述许多问题一样也是讨论未果。1920年《规约》、
《规则》以及1936年对《规则》的修订都是如此。

对于非当事国形式的参加，国际法院直接否定了参加国指派专案
法官的权利。在马耳他参加案中，法院认为马耳他的这一请求并不在
《规约》第31条的范围内。根据第62条提出参加请求的国家除了提交
请求书并建立起与诉讼有关的地位外没有别的权利。③ 在该案中马耳
他还尚未建立起与案件有关的任何地位。所以除了提交参加请求书
外，它不可能像当事国一样具有指派专案法官的权利。在意大利参加
案中，法庭本身就包括了一名意大利籍法官（阿戈法官）。在法院对
是否许可参加的判决中，法院没有提到任何有关法庭组成的问题。
尼加拉瓜参加案的情形则更复杂一些，尼加拉瓜并未直接提出要求
指派专案法官，而是认为应当由整个法院而非分庭来审理其参加请
求。尼加拉瓜还在请求书中表示重组分庭是对目前其参加请求有利回
应的具有实际意义的结果。④ 法院以命令的形式认定应当由分庭来处
理所有附属问题，包括附带程序。参加国必须在案件中处于程序性
地位，而只有对实体具有管辖权的机构才能有效裁决第62条的要求

---

① Rosenne, *The Law and Practice of the International Court*, 1920–1996, Vol. Ⅲ, p. 1143.

② Rules of Court, Preparation of the Rules of Court, Draft prepared by the secretariat, PCIJ, Series D, No. 2, pp. 215, 521.

③ *Continental Shelf (Tunisia/ Libyan Arab Jamahiriya)*, *Application by Malta for Permission to Intervene*, *Judgment*, ICJ Reports, 1981, p. 6, para. 8.

④ *Land, Island and Maritime Frontier Dispute (El Salvador/ Honduras)*, *Application by Nicaragua for Permission to Intervene*, *Oder*, ICJ Reports, 1990, p. 5.

是否达到。① 在法院的这一裁判做出后，尼加拉瓜修正了其 1989 年 11 月 17 日的参加请求，并不再要求重组分庭或排除分庭的属事管辖权。法院许可尼加拉瓜的参加请求，但是还在对参加作出的最终判决中表示，根据《规约》、《规则》或者程序法的一般原则，参加国（指非当事国参加——笔者注）并不会成为诉讼当事国，也并不享有当事国的权利且承担当事国的义务。② 分庭的这一分析实际上又确认了法院在马耳他参加案中的论断，即非当事国参加不具有指派专案法官的权利。

对于当事国形式的参加来说，尽管目前尚无实践，但是参加国指派专案法官的权利应当不存在疑问。既然是以当事国身份被法院许可参加，那么参加国自然享有和承担同当事国一样的权利与义务。1922 年法学家咨询委员会在对参加的讨论中曾将参加情形分为三种：其一，参加国与原诉讼当事国一方的立场一致；其二，参加国主张其排他的权利；其三，参加国主张当事国一方并非适格的权利人。③ 对于第一种情况，根据《规约》第 31 条第 5 项的规定，如果几个当事国具有同样的利害关系时，这几个当事国应当视为一个当事国，所以这里不会出现由参加国再指派专案法官的问题。在常设法院时期的温布尔顿号案中，波兰在《规约》第 63 条下的参加程序及其实体程序阶段都没有指定专案法官。因为波兰请求参加与原告站在一边。④ 对于第二种情况而言，也就是前文所说的"提起请求型"参加，参加国和原诉讼当事国一样，当然可以指派专案法官。对于第三种情况，参加国一般和另一方当事国一起行动，所以一般也不发生参加的问题。因而，

---

① Land, Island and Maritime Frontier Dispute (El Salvador/ Honduras), Application by Nicaragua for Permission to Intervene, Oder, ICJ Reports, 1990, p. 5.

② Land, Island and Maritime Frontier Dispute (El Salvador/ Honduras), Application by Nicaragua for Permission to Intervene, Judgment, ICJ Reports, 1990, p. 136, para. 102.

③ Procès-Verbaux of the Proceedings of the Committee, 1920, p. 745.

④ Rosenne, The Law and Practice of the International Court, 1920 – 1996, Vol. III, p. 1145.

只有参加国提出独立的请求主张时，它才有权单独指派专案法官。

专案法官问题的解决依赖于管辖根据问题。当法院还没有开始承认以非当事国身份参加无须管辖联系的时候，即使法院拒绝了参加国指派专案法官，其理由也不会全面。因为在连参加国的地位都没有确定的情况下，是不可能明确参加国所具有的权利义务的。另外，指派专案法官也是以当事国形式参加下参加国的一项权利，但不是所有的参加国都会要求指派，尤其是在法庭成员中本身就包括了参加国国籍法官的时候，专案法官就没有必要存在了。

第四章
案例分析

——国家管辖豁免案

（德国诉意大利，希腊参加）

本章将希腊请求参加国家管辖豁免案（德国诉意大利）单独作为对参加制度的一项案例分析。之所以具体分析该案有以下几个原因：第一，希腊的参加请求得到了国际法院的许可。在《规约》第62条参加制度的历史上，国际法院迄今共许可了三例请求，而希腊参加案为其中之一。分析成功的案例是对该制度的一个正面研究。尤其在国际法院许可和拒绝参加的案例数相比悬殊的情况下，基于这种比例研究成功案例能为理解参加制度提供更明确的参考。第二，有关参加程序的大部分案件都涉及领土、海域划界等类型，除了最早的斐济请求参加核试验案外，希腊参加案是国际法院长久以来遇到的第三个非领土、划界类案例。第三，希腊参加案是目前第三国根据《规约》第62条请求参加的最近的一个案例，它在一定程度上代表了国际法院对该制度所持的最新观点和立场。虽然在该案中法院在总体上延续了其前期的看法，但是一方面法院的裁判是对参加标准的一个确认，具有一定的判例法意义，另一方面法院与之前不同的论述也可以看作是对参加制度法理的丰富和发展。

第一节　案情简介

一　案件背景

1944 年 6 月 10 日，在德国占领希腊期间，德军在希腊迪斯托莫（Distomo）村进行了大屠杀。希腊拉瓦迪亚（Livadia）初审法院于 1997 年 9 月 25 日对德国作出缺席判决，要求德国对大屠杀受害者的亲属进行赔偿。该判决后来由希腊最高法院于 2000 年 5 月 4 日予以确认。然而，根据希腊民事诉讼法典第 923 条关于对外国执行判决的规定，这些判决由于缺少希腊司法部的授权而无法在希腊执行。迪斯托莫案（Distomo）的原告将希腊和德国起诉到欧洲人权法院，诉称德国和希腊因拒绝遵守希腊拉瓦迪亚初审法院在 1997 年 9 月 25 日作出的关于迪斯托莫案的判决，而违反了《保护人权与基本自由公约》第 6 条第 1 款，以及该公约《第一议定书》第 1 条的规定。2002 年 12 月 12 日，欧洲人权法院在其裁决中援引国家豁免原则驳回了原告请求。①

此后，希腊原告打算在意大利执行希腊法院的判决。佛罗伦萨上诉法院在其 2005 年 5 月 2 日的判决中对德国向希腊原告予以赔偿的问题进行宣判。法院认为，希腊最高法院关于让德国为在希腊进行的诉讼程序偿付法律费用这一包含在判决中的命令在意大利具有执行力。2007 年 2 月 6 日，德国政府针对 2005 年 5 月 2 日的判决也被驳回。意大利最高法院 2008 年 5 月 6 日作出判决，确认了佛罗伦萨上诉法院

---

① *Jurisdictional Immunities of the State（Germany v. Italy），Application by the Hellenic Republic for Permission to Intervene，Order，ICJ Reprots，*2011，pp. 497 – 498，paras. 9 – 10.

2005 年的判决。①

佛罗伦萨上诉法院还在 2006 年 6 月 13 日的判决中就德国向希腊原告进行赔偿一事表示，希腊拉瓦迪亚初审法院在 1997 年 9 月 25 日所作的判决在意大利也是可执行的。德国对该判决提出上诉，但是在 2008 年 10 月 21 日又被驳回。意大利最高法院在 2011 年 1 月 12 日的判决中，确认了佛罗伦萨上诉法院 2006 年的判决。②

2007 年 6 月 7 日，希腊原告根据佛罗伦萨上诉法院 2006 年的判决，在意大利土地登记处科莫省办公室对德意文化交流中心的房产（Villa Vigoni）进行了司法抵押（ipoteca giudiziale）。该房产位于科莫湖边，为德国所有。米兰区的地方检察官于 2008 年 6 月 6 日向科莫法院提交意见（submission），认为应当撤销司法抵押。③

在 1995 年迪斯托莫案的程序启动后，又有另一起由希腊国民在希腊法院起诉德国的案子，即玛格洛斯案（Margellos）。该案涉及对德国军队 1944 年在希腊另一个村庄（village of Lidoriki）行为的索赔。2001 年，希腊最高法院将该案送交特别最高法院（Anotato Eidiko Dikastirio），要求其裁判国家豁免规则是否适用于玛格洛斯案。2002 年 9 月 17 日，特别最高法院认为从现有国际法的国家发展来看，德国有权享有国家豁免。④

二 诉讼请求与参加请求

（一）诉讼请求

德国在 2008 年 12 月 23 日向国际法院提起对意大利的诉讼。德国

① *Jurisdictional Immunities of the State*（*Germany v. Italy*），*Application by the Hellenic Republic for Permission to Intervene*，*Order*，*ICJ Reprots*，2011，p. 498，para. 11.

② *Ibid.*，para. 12.

③ *Ibid.*，para. 13.

④ *Ibid.*，pp. 498 - 499，para. 14.

称，意大利的司法实践已经违反并继续违反了其依照国际法对德国承担的义务。德国认为，意大利的司法机关在近年来一再无视德国作为主权国家所享有的管辖豁免。意大利的上诉法院在 2004 年对费里尼案所做判决已经使这种情况发展到了临界点。意大利的法院曾宣布，对于二战期间被迫到德国为军械工业劳动的人提出的索赔，意大利法院具有管辖权。随后，在那场武装冲突中有过同样遭遇的人也在意大利法院提起对德诉讼。[①]

德国还指出，意大利已经对德国在意大利的资产采取了执行措施。德意文化交流中心房产上的司法抵押已经记入土地登记册。此外，德国还向法院列举了希腊国民要在意大利执行希腊法院涉及德国军队1944 年撤退时实施大屠杀的索赔判决的例子。[②]

德国最后在请求书中请求法院裁定并宣告：第一，意大利允许对德国在二战从 1943 年 9 月至 1945 年 5 月期间违反国际人道法的行为，提出民事索赔的做法违反了国际法义务。因为意大利未对德国依据国际法享有管辖豁免的权利予以尊重。第二，意大利对以非商业性为目的的德国政府财产（Villa Vigoni）采取限制措施也侵犯了德国的国家管辖豁免。第三，希腊根据类似上述第一项请求所做的判决可在意大利执行也侵犯了德国管辖豁免。所以同时，德国请求法院裁定并宣告：意大利必须履行国际责任。第四，意大利必须以自己选择的方式，采取一切步骤确保其法院和其他司法机关对所有侵犯德国主权豁免的裁判不可执行。第五，意大利必须采取一切步骤确保其法院以后不再受理根据上述第一项请求所述情况而作出的对德法律行动。[③]

---

① 参见《国际法院的报告 2010～2011》，A/66/4，第 35 页。

② 同上引。

③ 同上引。

德国和意大利曾于 1960 年和 1961 年相继批准了 1957 年《关于和平解决争端的欧洲公约》。德国援引该公约第 1 条作为法院的管辖根据。①

意大利在其辩诉状的第七章中，对德国不予赔偿其严重反人道行为对意大利受害人造成的损失提出反诉。而国际法院终以 13∶1 的投票结果在命令中认定意大利的反诉无法受理，并且不构成现有程序的一部分。②

（二）参加请求

希腊于 2011 年 1 月 12 日向国际法院提交参加请求书。希腊认为其可能受法院判决影响的法律性质的利益，是 "希腊根据一般国际法院享有的主权权利和管辖权"。希腊的参加目的是 "向法院提出并说明其法律利益，并就德国诉讼如何可能影响或可能不影响希腊的法律权益陈述观点"。此外，希腊还表示其法律利益，源自德国对二战入侵希腊至投降期间所有作为和不作为的默许所产生的对希腊的国际责任。③

希腊在请求书中指出其明确的参加目的。其一，"以一切可能的法律手段保护和维护希腊的法律权利"。这包括源于德国在二战期间的特定行为和一般做法所引起的争端的法律权利，以及根据一般国际法享有的法律权利，尤其是在有关管辖权和国家责任制度方面。希腊出于选择，还未提出对德的国际诉讼。希腊称其并不打算在国际法院和目前的案子中提起诉讼。其二，"由于德国的起诉，告知法院其可能受法院判决影响的法律权利和利益的性质"。④ 另外，希腊还向国际

---

① 参见《国际法院的报告 2009 ~ 2010》，A/65/4，第 35 页。
② 参见《国际法院的报告 2009 ~ 2010》，A/65/4，第 37 页。
③ 参见《国际法院的报告 2010 ~ 2011》，A/66/4，第 36 页。
④ *Application for Permission to Intervene by the Government of the Hellenic Republic*，*Jurisdictional Immunities of the State*（*Germany v. Italy*），2011，p. 10.

法院表明它在该案中的立场。希腊并不打算成为该诉讼程序的当事国。其请求仅仅而且完全是根据《规约》第62条的规定。[1]

德国虽然认为希腊的请求并不完全符合《规约》第62条的规定，但是它明确表示不"正式反对"希腊参加。意大利也表示不反对。根据《规则》第84条第2款并考虑到当事国双方都没有提出正式的反对意见，国际法院裁定无须对是否许可希腊的参加请求进行听讯，但是希腊应当有机会就当事国的意见发布评论，并应当允许当事国就该评论提交补充书面意见。[2]

第二节 法院裁判

国际法院从法律性质的利益、参加目的和管辖根据三个方面的问题分别对希腊的参加请求进行审查，并最终通过命令15:1投票结果许可了希腊的参加请求。特林多德法官提出了个别意见，加亚专案法官作出了声明。

一 法律性质的利益

《规约》第62条和《规则》第81条第2款a项对法律性质的利益问题有所规定。为了确定具有法律性质的利益，希腊在其书面意见中表示，国际法院在最终的实体判决中将就"希腊法院涉及德国国家管辖豁免的判决能否在意大利执行"这一问题作出裁判。在这个方面，希腊提及其拉瓦迪亚初审法院在迪斯托莫案中的判决。希腊认为，其

① *Application for Permission to Intervene by the Government of the Hellenic Republic*, *Jurisdictional Immunities of the State* (*Germany v. Italy*), 2011, p. 10.
② *Jurisdictional Immunities of the State* (*Germany v. Italy*), *Application by the Hellenic Republic for Permission to Intervene*, *Order*, *ICJ Reports*, 2011, p. 3, paras. 5 – 6.

司法机关和希腊国民处于意大利的执行程序的核心，所以国际法院在意大利和希腊判决是否能在意大利执行方面的裁决会直接而且首先涉及希腊的利益，这可能会影响到希腊在法律性质的利益。希腊还表示它想让国际法院了解"希腊对待国家豁免问题和近年来这方面事态发展的态度"。不过希腊明确表示，它提出这个问题并不是要说明法律利益的存在，而是以此说明其参加请求书的背景情况。①

德国在书面意见中认为希腊并没有能按照《规约》的要求表明其具有可能受判决影响的法律性质的利益。根据《规约》的规定，第三国只有在诉讼结果中具有特别的法律利益才可以参加该诉讼程序，因而在习惯国际法下，在国家豁免的范围和含义上，希腊的法律利益不能是普遍性的法律利益。德国认为希腊不能将所谓的德国对二战入侵希腊时的严重反人道行为承担责任作为其法律利益，因为这些问题与德国和意大利之间现有的争端不相关。它们只是涉及国家豁免的问题。德国称具有特定法律利益的主体不是希腊这个国家，而是在希腊法院中胜诉的原告。这些个体的索赔人在希腊或其他他们希望能得到德国财产的国家执行希腊判决，而判决执行时，这些个体的原告具有特定法律利益。此后，德国还在其补充书面意见中称，德国注意到了希腊不再声称它具有一般利益，也未表示希望陈述二战期间的事件。所以，德国在该意见中只讨论一国对其法院所作判决在国外执行时是否具有法律利益的问题。德国的立场是，一国判决在境外的执行"完全由准备采取预定限制措施的国家的公共当局负责"，所以这不会影响之前作出该司法裁判的国家的法律利益。德国还强调迪斯托莫案在希腊实际上已经被玛格洛斯案的判决否决了。玛格洛斯案的判决维持

---

① *Jurisdictional Immunities of the State*（*Germany v. Italy*），*Application by the Hellenic Republic for Permission to Intervene*，*Order*，*ICJ Reports*，2011，p. 499，paras17 – 18.

了德国在类似情况中的管辖豁免。德国请国际法院考虑希腊参加请求的可受理性。①

本案的另一诉讼当事国意大利在其作出的两份书面意见中都注意到了希腊所称的其可能受判决影响的法律性质的利益。②

国际法院分别援引了在尼加拉瓜参加案、哥斯达黎加参加案和洪都拉斯参加案中的判决意见,即"参加请求国须确定其认为可能受该案裁决影响的法律性质的利益",且"只需充分指出其利益可能而非将会或必须受影响","但根据《规约》第 62 条第 2 项,是否参加及其限制和范围是由法院决定的"。③

国际法院最终认为,考虑到意大利宣布,希腊根据类似于德国第一项请求中的事件做出的在意大利具有执行力的判决是否进一步违反德国的管辖豁免问题,国际法院在实体诉讼的判决中可能会认为,有必要依据国家管辖豁免原则对希腊法院在迪斯托莫案中的裁判进行考虑,以便认定德国诉讼请求的第三项请求。这就足以说明希腊具有可能受法院判决影响的法律利益。④

二 参加目的

国际法院在其命令中对参加目的问题分析得较为简略。希腊在其请求书中称参加的明确目的是,"向法院说明希腊在德国向法院提起诉讼的法院判决可能会受影响的法律性质的权利和利益"。国际法院

---

① *Jurisdictional Immunities of the State* (*Germany v. Italy*), *Application by the Hellenic Republic for Permission to Intervene*, *Order*, *ICJ Reports*, 2011, p. 500, paras. 19 – 20.
② *Ibid.*, p. 501, paras. 21.
③ *Ibid.*, paras. 22, 24.
④ *Ibid.*, p. 502, paras. 25 – 26.

注意到希腊的参加目的符合参加的功能，于是认可了这一目的。①

三 管辖根据

就管辖根据而言，通过援引菲律宾参加案、哥斯达黎加参加案的判决，国际法院注意到，作为非当事国参加就没有必要指出与该案各当事国之间的管辖根据。由于希腊已明确提出作为非当事国参加，故其在本案中不需要此管辖根据。②

国际法院随后也在对主要事项作出的判决中认为，国内法院在许可（exequatur）外国判决前，在查明该外国判决未违反被告国豁免时不受阻止。但就本案的目的而言，希腊不是本案当事国，所以为了确定佛罗伦萨上诉法院是否违反了德国管辖豁免而裁决希腊法院本身是否违反了豁免，这对国际法院而言是没有必要的。③

国际法院认为希腊在参加的三个构成要件上都符合了要求，最终许可了希腊的参加请求。在国际法院的投票结果中，有15名法官支持了许可希腊参加，加亚专案法官投了反对票。

第三节　案例评述

国家管辖豁免案（德国诉意大利，希腊参加）由德国于2008年

---

① *Jurisdictional Immunities of the State*（*Germany v. Italy*），*Application by the Hellenic Republic for Permission to Intervene*，*Order*，*ICJ Reports*，2011，paras. 28–29.

② *Jurisdictional Immunities of the State*（*Germany v. Italy*），*Application by the Hellenic Republic for Permission to Intervene*，*Order*，*ICJ Reports*，2011，p. 502，para. 31.

③ *Jurisdictional Immunities of the State*（*Germany v. Italy*：*Greece intervening*），*Judgment*，*ICJ Reports*，2012，pp. 150–151，para. 127. See also *Monetary Gold Removed from Rome in 1943*（*Italy v. France*；*United Kingdom and United States of America*），*Preliminary Question*，*Judgment*，*ICJ Reports*，1954，p. 32；*East Timor*（*Portugal v. Australia*），*Judgment*，*ICJ Reports*，1995，p. 105，para. 34.

向国际法院提起诉讼，希腊在三年后提出参加请求。国际法院在许可了希腊参加后次年对该案作出实体判决。该案是国际法院在第62条的参加制度司法实践中最新的案例。包括希腊参加案在内，国际法院在2011年作出了三个依据第62条请求参加的裁判。其中国际法院以判决的形式驳回了哥斯达黎加和洪都拉斯在领土和海洋争端案（尼加拉瓜诉哥伦比亚）的两个参加请求，另一个就是该案中国际法院以命令形式许可了希腊的参加请求。这三个判决距离上一次国际法院审理参加案已有十年之久。虽然国际法院通过之前的数个案例在参加问题上已经对其先前严格限制的立场作出了一些转变，并确立了相应的审判标准，但2011年的三个案例对第62条的参加又有所发展。这些判例是引人注目的。一方面其中前两个判决都直接对"法律利益"的概念进行了分析；另一方面它们提供了定义更多种法律利益的考虑因素，如有无其他替代救济。① 而在国家管辖豁免案中，希腊的成功参加又有不同于前述案例的地方，从某种程度上来说是对参加制度更进一步的发展。

第一，本案不再限于过去的领土划界争端，而是关涉国际法基本问题。虽然《规约》第62条没有对此做任何限制，但除核试验案中的斐济参加案外，之前的案件几乎无一例外都与领土划界等问题有关。也有人认为划界问题具有双边问题的内在属性，而其他形式的争端则更容易引发多边利益。② 本案对当代国际法发展具有极大重要性的一点在于，本案涉及的是国家管辖豁免问题。特林多德法官就认为作为联合国主要的司法机关，国际法院在其职能的制高点上作出了上述裁决。案件主要事项与国际法在当代自身的演进密切相关，本质上

① Bonafé, "Interests of a Legal Nature Justifying Intervention before the ICJ", pp. 740, 748 – 749.
② See Murphy, "Amplifying the World Court's Jurisdiction through Counter-Claims and Third-Party Intervention", p. 25.

与所有国家及作为一个整体的国际社会都有联系。本案指向了一个向真正的普遍性国际法演进的道路。① 可以看出特林多德法官从国际法院自身的地位和目标的理论角度对本案给予了高度评价，同时也极大地提高了本案在司法实践中的地位。

第二，参加制度终见光明。参加曾被描述为死的制度，但其并未死亡，也有人会说它还在寻找一种确切的身份。② 特林多德法官在参加程序作出的判决的个别意见中指出，在最近的案子中（如哥斯达黎加和洪都拉斯参加案）有类似的参加请求表达了对国际法院更具前瞻性态度的需要，它们虽未获许可，但国际法院也表示了关注。近年来学者对国际法院有关参加方面需要更自由的态度亦表达了同样的期待。特林多德法官认为在国际法院历史上，参加从未消亡，尽管它在国际法院历史上大部分时间都处于休眠状态。国际法院在其命令中的裁决结果表明了参加在当代国际诉讼中是依然存在的。他还从历史发展的角度高度评价了参加制度的发展历程。他指出这是在当代国际诉讼中参加的真实复兴。在其长期休眠之后的复苏不仅会满足有关国家的需要，而且还会满足个人的需要，在当代新国际法的普遍概念上，还包括最终有作为整体的国际社会的需要。③

第三，参加制度的价值不仅在于参加程序本身，参加程序依赖的实体程序也是不容忽视的。要将整个诉讼程序及作为一个整体来考察，否则就割裂了参加与主要诉讼程序间的有机联系。④ 无论请求是

---

① *Jurisdictional Immunities of the State* (*Germany v. Italy*), *Application by the Hellenic Republic for Permission to Intervene*, *Order*, *Separate Opinion of Judge Cançado Trindade*, *ICJ Reports*, 2011, pp. 529 – 530, paras. 57 – 58.

② Bonafé, "Interests of a Legal Nature Justifying Intervention before the ICJ", p. 757.

③ *Jurisdictional Immunities of the State* (*Germany v. Italy*), *Application by the Hellenic Republic for Permission to Intervene*, *Order*, *Separate Opinion of Judge Cançado Trindade*, *ICJ Reports*, 2011, pp. 19 – 21, paras. 56, 61.

④ Rosenne, *Intervention in the International Court of Justice*, p. vii.

否获准，从参加请求国的角度来说，这样的机会都极具价值。其提供的信息和所处的位置在随后的实体程序中都会对法院的最终判决有重大影响。①

在法院最后的实体判决中，国际法院以 15 票对 1 票的结果判决：意大利应通过制定适当的法律或其他选择的方式，以确保其法院判决和其他司法机构的决定不再影响德国所享有的国际法下的豁免。国际法院认为以司法判决为形式的国家实践也支持了国家管辖豁免。② 虽然实体判决拘束力只及于本案及当事国意大利和德国，但很明显本案中意大利拒绝给予德国国家管辖豁免的判决是基于希腊法院作出的。国际法院要求意大利的司法系统确保德国的国家管辖豁免不受侵犯，也就意味着希腊法院的判决即使要求德国负有赔偿义务，但在实际意义上，德国也受国家管辖豁免的保护。因而，希腊的司法系统和法律秩序也会受到潜在影响。这也正是希腊请求参加的目的所在。

从国际法院最终的实体判决结果来看，国际法院在本案中的国际强行法和国际习惯法中支持了后者，所以如果希腊在本案中并未请求参加，可能国际法院的立场并不会因为希腊参加与否而动摇，意大利和希腊法院的判决总之都不会被执行。在实体法中，国际法院的观点应该具有一定的深思熟虑。但是对于希腊来说，请求参加到该诉讼程序中是一个必要的选择。这正是因为德国在诉讼请求书中列举了六项请求，而其中第三项直接涉及希腊法院的判决。德国请求国际法院宣告希腊判决侵犯了德国管辖豁免，而希腊在这种情况下参加是常理所在。即使它不必对德国的诉讼请求作出正面回应，但是它也希望通过

---

① See J. G. Merrills, *International Dispute Settlement* (*fifth ed.*), Cambridge University Press, 2011, pp. 129 – 130.

② *Jurisdictional Immunities of the State* (*Germany v. Italy: Greece intervening*), *Judgment*, *ICJ Reports*, 2012, pp. 33, 51, paras. 77, 139.

参加而了解法院对该问题的看法，以及本国司法机关的审判结果在各方争论中所处的位置及其产生的效果。这不仅关系到希腊法院判决在域外的执行力问题，也关系到希腊法院自身在处理国际强行法与国家管辖豁免这一国际习惯法间取舍的问题。

意大利在希腊参加的问题上没有提出反对意见也是显而易见的。因为在实质上希腊最高法院的行为和意大利法院的行为并无不同。意大利支持希腊参加也算是多了一个法庭上的盟友。在国际法院审查各国在国家管辖豁免的国家实践问题上，至少还有希腊和意大利的立场是一致的。希腊实际上希望法院支持被告国意大利的观点也是理所当然。

科罗马（Koroma）法官在实体判决的个别意见中对希腊的陈述给予了重视。在该陈述中，希腊尤其强调"严重违反人道主义法的个人索赔"。希腊坚持认为国际人道主义法对"相对于国家的个人授予直接的权利"。为了支持此观点，希腊还援引了1907年《第四海牙公约》第3条和1949年8月12日的《日内瓦公约》的1977年《附加议定书》（《第一议定书》）第91条。科罗马法官认为希腊所称的国际人道法视个人为违反人权的赔款的最终受益人是正确的。① 他认为这是一个积极的发展，应该受到欢迎。因为它反映了国际法个体人权的重要性得到了增强。但这又并不是说国际法为个人提供了直接向外国主张赔偿的法定权利。法官又解释道，"《第四海牙公约》和1977年《第一议定书》都没有支持这样的建议。这两个公约的有关条款只要求如果国家违反了公约条款，国家必须赔偿。它们没有意图要求那些国家直接赔偿给受侵犯的个人。另外将两个公约作为一个整体，从全文来看，也并没有要求这样的赔偿。的确，要求国家向个人赔偿在

---

① ILC, *Draft Articles on Responsibility of States for Internationally Wrongful Acts* (A/56/10), Art. 33, comment 3.

1907 年是不可思议的事情，当《第四海牙公约》缔结时，当时的国际法并没有认识到个体权利会延伸到今天这样的程度"。①

第四，参加国第一次被法官提问。希腊以非当事国形式参加的请求获准后，在听取各方意见的过程中，国际法院历史上第一次对以非当事国身份参加的国家进行了提问。特林多德法官的问题是"在希腊司法系统内，希腊特别最高法院的玛格洛斯案判决对迪斯托莫大屠杀案的希腊最高法院判决有什么法律影响？迪斯托莫大屠杀案的希腊最高法院判决在希腊法律系统内外是否仍然等待执行？"希腊首先说明了特别最高法院在希腊司法系统中并非列为最高法院，也不是宪法法院，它在希腊具有特别的法律地位。该法院具有独立性，是一个非永久性机构，它在希腊法院系统的等级之外。"在当前国际法的发展中"识别和定义国际法的习惯规则是该法院的职能之一。在这个持续的职能范围内，该法院的判决具有有限的效力。在实践中，其判决只对向其提请的法院的特定问题具有拘束力，其判决没有对一切既判力（res judicata erga omnes），由普通法院或特别最高法院来随后决定确认习惯规则的存在是否有任何改变。希腊还补充道，特别最高法院的判决"总是反映了对'在国际法及其普遍接受的规则发展的同时代'所表达出的法律确信的考虑"。希腊认为玛格洛斯案和其他案件的判决对最高法院在迪斯托莫案的判决中没有任何或法律暗示上的影响，后者优先于玛格洛斯案判决，而且是不同的案件。希腊称最高法院判决是终局的和不可改变的，该判决仍然等待执行，它在希腊法律秩序中具有效力并产生法律影响。希腊最后认为司法部未授权最高法院判决执行的事实并不表明这个判决是"不可执行和没有意义的"，该判决

---

① *Jurisdictional Immunities of the State*（*Germany v. Italy*: *Greece intervening*），*Judgment*, *Separate Opnion of Judge Koroma*, *ICJ Reports*, 2012, pp. 159 – 160, paras. 8 – 9.

"仍然是公开的"。①

可以看出，希腊在这一轮问答中对其国内的特别最高法院的地位和裁判效力进行了解释，这一阐明必然会有助于法官对希腊法律利益的把握。至少法院了解到希腊特别最高法院的玛格洛斯案虽然支持了国家管辖豁免，但是其最高法院的迪斯托莫案的终局效力仍然不容置疑。这也就进一步确认了希腊在迪斯托莫案中所持的立场。事实上，不论是对国际法院、当事国还是其他与本案无关的国家而言，希腊通过问答澄清国内法律秩序的现状，以免使案件的最终判决否定了希腊法院的裁判力，这是希腊希望向国际社会公开的。希腊并不愿意由于国际法院对意大利的一纸判决最终潜在地否定了希腊国内法院判决的效力。因而在参加的司法实践上，参加国获得直面法官回答问题的机会，将对案件的条分缕析以及聚焦争点具有极其重要的意义。这对于参加国来说更是一个有针对性地表达其意见的机会。

第五，法律利益作为国际法院判断的基本点和焦点，依然具有严格标准。如前所述，从菲律宾参加案的判决中可以看出国际法院对法律利益的要求是较为严格的。请求国不仅承担具有法律性质的利益的证明责任，而且请求国还需足够清楚、确切地指出法律利益如何受实体判决的影响。加亚专案法官在希腊参加案判决的声明中指出，德国在其意见中请求法院宣布希腊判决可在意大利执行是侵犯德国管辖豁免的行为，但希腊所称的具有法律性质的利益却不能依赖于此。他认为，根据国际法和欧盟法②，意大利没有义务去执行希腊判决。意大

---

① *Jurisdictional Immunities of the State*（*Germany v. Italy*：*Greece intervening*），*Judgment*，*Dissenting Opinion of Judge Cançado Trindade*，pp. 119 – 120，paras. 90 – 91.

② see Judgment of the European Court of Justice in *Lechouritou*，Case C – 292/05，*ECJ Reports* 2007，p. I – 1519；cited in *Jurisdictional Immunities of the State*（*Germany v. Italy*），*Application by the Hellenic Republic for Permission to Intervene*，*Order*，*Declaration of Judge Ad Hoc Gaja*，*ICJ Reports*，2011，p. 531，para. 2.

利在与希腊的关系上具有自主性，在适用国内法承认和执行外国判决、允许或拒绝执行时有其选择的理由，不能认为希腊在意大利执行其判决上有任何法律性质的利益。通过在意大利执行希腊判决，意大利是否违反了对德国的义务问题只关涉到德国和意大利。因此，问题不是作出判决的希腊法院是否应该给予德国管辖豁免，而是意大利对外国可能涉及管辖豁免的判决赋予效力，意大利是否因此而违反了德国的管辖豁免。①

加亚法官认为本案涉及的是意大利和德国间的问题。他认为意大利在是否执行希腊判决时有自主选择权，即使意大利执行的是希腊的判决，希腊仅凭此声称具有法律利益也是不充分的。在本案中，加亚是意大利籍的专案法官，而意大利法院和希腊最高法院在国家管辖豁免的本质立场上是一致的，但加亚法官却对意大利的参加请求投了反对票，似乎加亚法官的视角很规范地着眼于当事国之间。然而，一国的司法文书成为另外两个国家争端的焦点，虽然摆在国际法院面前的诉讼标的如加亚法官所认为的，是意大利的国家行为问题，但希腊认为自己的法律利益受影响是非常正常和可以理解的，毕竟德国在诉讼请求书中直接对希腊点名。如果没有德国的第三项诉讼请求，那么加亚法官不支持希腊参加的理由则是非常充分的。加亚法官的分析说明了意大利执行希腊法院判决的非义务性质，但是判决是否执行将由意大利自主选择，亦即判决有不执行的可能也有执行的可能。如果是后者的话，希腊是判决作出的主体，这时还认为本案仅仅事关意大利和德国的话未免有些苛刻。希腊也期待看到国际法院在国家管辖豁免遇

---

① *Jurisdictional Immunities of the State* (*Germany v. Italy*), *Application by the Hellenic Republic for Permission to Intervene*, *Order*, *Declaration of Judge Ad Hoc Gaja*, *ICJ Reports*, 2011, p. 531, para. 2.

到违反国际强行法时对此的态度。即使国际法院不能作为国内法院的上诉法院和上级权威机构，但国际法院的立场对希腊今后处理类似涉及国家行为和国际义务的问题不无影响。

正如希腊所述，国际法院在该案判决所产生的效果将对意大利法律秩序有重要影响，也必然对希腊法律秩序产生同样的效果。此外，国际法院判决，在一国管辖豁免与国际法的强行规则如禁止违反基本人道主义法问题上的影响，将对希腊法院有所指导，因此对由个人起诉的在审案件和今后的案件都有意义深远的影响。① 特林多德法官更是明确地在其参加案判决的个别意见中指出，无论法院作出哪种判决，都必然对希腊具有直接的效果。第三国必然会受影响。很难认为希腊不在这样的情况下主张具有法律性质的利益。一国司法判决在外国可执行性的利益，似乎正是具有参加请求国法律性质的利益的概念。他认为希腊已经表明其具有法律性质的利益，它可能确实会受法院在本案中关于国家管辖豁免的判决的影响。② 另外，国际法院在实体程序中也不可避免地对希腊的司法作出了分析。在实体判决中，国际法院指出唯一支持意大利观点的国家司法实践似乎只有希腊。但希腊向法院说明了希腊法院及其他机构也在面对同样的问题，即豁免是否适用于外国武装部队在希腊的侵权时，都必须依据特别最高法院在其玛格洛斯案中所采的立场，除非认为习惯国际法自从玛格洛斯案判决后发生了改变。德国指出，自从玛格洛斯案作出判决后，希腊法院没有拒绝豁免德国武装部队在二战期间的侵权行为。在 2009 年裁决（*Decision* 853/2009）中，最高法院尽管基于不同理由进行了裁决，但

---

① *Jurisdictional Immunities of the State*（Germany v. Italy: Greece intervening），*Judgment*，*ICJ Reports*，2012，p. 109，para. 18.

② *Jurisdictional Immunities of the State*（Germany v. Italy: Greece intervening），*Judgment*，*Dissenting Opinion of Judge Cançado Trindade*，*ICJ Reports*，2012，p. 199，para. 55.

仍然认可了玛格洛斯案的推理。根据该案判决及法官的附带意见，希腊政府不得许可迪斯托莫案判决在希腊的执行的裁决，以及政府在欧洲人权法院于卡洛哲洛波罗等诉希腊和德国案（*Kalogeropoulou and others v. Greece and Germany*）[①] 中对该裁决的维护。国际法院得出结论，认为希腊的国家实践完全同意大利的观点相反，而非对其的支持。[②] 国际法院在认定希腊的国家实践时，最终采纳的是希腊玛格洛斯案而非迪斯托莫案的观点。可见国际法院通过对希腊特别最高法院的判决进行分析，从而排除了希腊法院对意大利观点支持的可能，故而认定国家管辖豁免依然盛行。

当然，本案在法律利益问题上还有欠缺之处。国际法院在命令中对法律利益的认定过于简略。法院在说明了各方意见并援引之前的几个参加判决后，仅简单述及法院可能在实体判决中要考虑希腊的迪斯托莫案，由此法院认为希腊充分建立起了法律利益的构成要件。国际法院如果能从国际法的角度，将迪斯托莫案对希腊可能产生的影响有所扩展的话可能更稳妥。

不过总的来说，只要德国的第三项诉讼请求存在，希腊法院的判决就无论如何都不会消失于实体诉讼程序和法官的思考中，应当认为希腊是具有法律性质的利益的。即使没有请求参加，第三国都已经卷入当事方的争端中。[③] 有鉴于此，国际法院在法律利益的证明标准上依然有细化和明确的空间。有关法律利益的讨论也一直贯串参加程

---

① Application No. 59021/00, Decision of 12 December 2002, *ECHR Reports* 2002 - X, p. 417; *ILR*, Vol. 129, p. 537; cited in *Jurisdictional Immunities of the State* (*Germany v. Italy: Greece intervening*), *Judgment*, *ICJ Reports*, 2012, p. 134, para. 76.

② *Jurisdictional Immunities of the State* (*Germany v. Italy: Greece intervening*), *Judgment*, *ICJ Reports*, 2012, p. 134, para. 76.

③ Paolo Palcbetti, "Opening the International Court of Justice to Third States: Intervention and Beyond", p. 150.

序。从希腊参加案的命令文本来看，法院花在论证法律利益上的篇幅远远大于参加目的和管辖根据，而法院在对哥斯达黎加、洪都拉斯的两份判决中更是如此。因为管辖根据和参加目的在前期的几个判例中已经有了清楚的判断，而法律利益仍然是参加请求国、案件当事国和法院三方面都可以拓展延伸从而进行观点碰撞的开放空间。各方讨论的焦点已经从早期在马耳他参加案、意大利参加案、尼加拉瓜参加案中的管辖根据转移到现在的法律利益上来。所以，法律利益在判断是否许可时的地位的确是毋庸置疑的。

第五章
参加制度的价值及其对中国的启示

第一节　参加制度的价值

一　参加制度在个案上的法律效果

对参加请求国而言，如果国际法院没有许可参加，那么该国自然不具有参加国在实体诉讼中的权利。实际上它所做的只能是在实体审判前期通过提出参加请求而自主启动参加的部分程序，例如提交请求书。当事国对该请求有异议时一般会提出书面意见，国际法院有时会安排请求国对这些书面意见再一次发表意见。如果当事国反对参加的话，请求国还有机会在参加的口述程序中为自己的参加请求进行辩护。至此，这是参加失败的情况下请求国所能到达的最远的程序。很多参加的案例都是如此，马耳他、意大利、菲律宾、哥斯达黎加和洪都拉斯这些国家的参加请求就如上所述。

如果国际法院许可了参加请求，请求国的身份变成参加国，可以正式出现在实体诉讼程序中。参加国依照《规则》的有关规定享有在口述程序中发表意见的权利。而这在尼加拉瓜、赤道几内亚和希腊的参加案例的实体程序中都有所实现。

第三国参加的最终目的是保护其法律利益不受法院实体判决的影响。不论参加请求是否被许可，应当说所有的请求国都至少在形式上具有此目的。国际法院也会在历经参加程序后，在其实体判决中避免作出影响第三国的判决。在大陆架案（利比亚与马耳他）中，虽然意大利请求参加失败，但其提供的信息最终对实体判决还是有重要影响的。国际法院对意大利提供的信息的确有所考虑。国际法院在实体判决中表示，事实上法院清楚第三国对当事国所主张的这一区域也有特别主张，该主张即意大利在 1984 年提出的参加请求。国际法院的做法是将裁判考虑的范围限定在意大利没有主张权利的区域。①

尼加拉瓜在国际法院历史上首次依据《规约》第 62 条成功参加，它当然会对实体判决产生影响。在该案中，洪都拉斯不仅在参加程序阶段反对尼加拉瓜参加，而且在实体程序中，它仍然提出抗议。它认为在有关划界问题上，根据分庭的判决，尼加拉瓜在做它无权做的事情。而尼加拉瓜也质疑了洪都拉斯关于丰塞卡湾外水域问题上的权利。尼加拉瓜反驳道，他们是在尽可能地保持在分庭所限定的范围内。② 国际法院分庭认为，它无需在目前的判决中尽力找出尼加拉瓜哪些意图是在其许可范围内，哪些又超过了该范围。分庭只会对尼加拉瓜有关丰塞卡湾内水域法律地位的意见予以考虑。③ 实际上根据《规约》第 38 条的有关规定，分庭在实体判决中是将 1917 年中美洲法院判决（尼加拉瓜是当事国之一）作为先例予以考虑的。④

---

① *Continental Shelf（Libyan Arab Jamahiriya/ Malta）, Judgment, ICJ Reports*, 1985, pp. 24 – 28, paras. 20 – 23.

② *Land, Island and Maritime Frontier Dispute（El Salvador/ Honduras: Nicaragua intervening）, Judgment, ICJ Reports*, 1992, p. 581, para. 370.

③ *Ibid.*, pp. 581 – 582, para. 371.

④ *Ibid.*, p. 601, para. 403.

在很多案例中，国际法院在最终的实体裁判时都会谨慎地把握
《规约》第 59 条的既判力原则，与此同时还会考虑第三国曾作出的参
加请求或是以参加国身份正式作出的意见。国际法院努力将其裁判限
制在管辖权所赋予的权限范围内，以免产生不必要的影响。像尼加拉
瓜那样参加后，国际法院在裁判中注意到参加国的意见属于正常的情
况。然而，像意大利那样被拒绝参加，但在实体判决中其提供的信息
又被法院予以考虑的情形则招致了学者的批评。虽然国际法院分庭在
尼加拉瓜案中表示，就意大利参加案而言，法院并非因为意大利提供
了信息而拒绝其参加。[①] 但是有学者认为，法院拒绝参加但会考虑这
些在最初阶段提供的信息以确保不侵害第三国法律利益时，法院如果
以此为结论而继续诉讼的话，其裁判则欠缺说服力。请求国在附带程
序中提供了所有有关许可参加的信息，同时如果当事国反对参加的
话，还可能是口述程序中潜在的信息。尽管没有允许参加，但是如果
法院无论在何种情况下都会保护第三国的利益，那么许可参加就变得
毫无意义了。[②] 国际法院曾认为请求国在适用于参加的初步阶段无须
竭力提供这些利益。[③] 但是后来又要求当事国在解释时对其主张和其
所依据的法律文件必须充分说明，并且要充分特别地指出法院的实体
裁判是如何可能影响其主张的。[④] 而更难以预测的是参加请求如果达
到了上述标准，第三国会不会又落得意大利被拒绝参加那样的结果。
加亚法官也指出了这样的悖论——在海域划界案中，第三国提供有关

---

① *Land, Island and Maritime Frontier Dispute (El Salvador/ Honduras)*, *Application by Nicaragua for Permission to Intervene*, *Judgment*, *ICJ Reports*, 1990, p. 130, para. 89.

② Bonafé, "Interests of a Legal Nature Justifying Intervention before the ICJ", pp. 747 – 748.

③ *Land, Island and Maritime Frontier Dispute (El Salvador/ Honduras)*, *Application by Nicaragua for Permission to Intervene*, *Judgment*, *ICJ Reports*, 1990, p. 130, para. 89.

④ *Sovereignty over Pulau Ligitan and Pulau Sipadan (Indonesia/ Malaysia)*, *Application by Philippines for Permission to Intervene*, *Judgment*, *ICJ Reports*, 2001, p. 598, para. 60.

其法律利益可能被判决影响的信息的唯一途径，就是向法院提出最终不会被许可的参加请求。① 实质上问题就在于国际法院能否为第三国提供保护，在什么阶段、以何种方式、何种依据提供多大程度上的保护。完整的陈述和辩论是司法体系里裁判者所能为利益保护提供的最佳保障。如果第三国请求参加却没有机会发表意见、进行听证并就主要问题予以回应的话，那么参加的职能就受限制了。即使双方当事国进行了充分的辩论，法院也不会绝对正确，进行了"一半"的参加程序其结果又能如何。②

总的来说，国际法院在厘清保护第三国利益的法理逻辑上仍需完善。尽管国际法院在大陆架案中对意大利的利益有所保护，但这使学者和部分法官对参加存在的价值产生了质疑。当然，意大利参加案仍然是参加制度中较为早期的案例，它并不能代表国际法院今后在此问题上的处理方式。尼加拉瓜参加案的成功还是证明了参加制度所能发挥的作用。在许可了第三国的参加请求后，国际法院应当对参加国的意见予以确切的考虑，既不超出参加许可的范围，又能合理、充分地利用参加国的书面意见和口述意见。当然，不论是否许可参加，在实体判决中避免影响第三国法律利益是法院应当一直秉持的理念。

二 参加制度对国际法院的影响

（一）国际法院对参加制度的实质性适用

参加制度在早期的运行时并没有发挥出法律本身赋予的职能。在

---

① *Territorial and Maritime Dispute*（*Nicaragua v. Colombia*），Application by Costa Rica for Permission to Intervene，Judgment，*Declaration of Judge Ad Hoc Gaja*，*ICJ Reports*，2011，p. 73，para. 4.

② See Mcginley，"Intervention in the International Court：the Libya/Malta Continental Shelf Case"，p. 692.

国际法院的裁判过程中，它被认为是国际法院判例上最没有得到具体、明确化的问题之一。因为案例较少，这一问题所特有的困难使得判例上的解决还远不够充分。① 为此，国际法院应努力减少早期判决所带来的不确定之处。一方面，国际法院对法律性质的利益最初并没有系统的把握；另一方面，《规则》中未能澄清管辖联系的问题导致了两种观点的延续。一种是第 62 条要求在参加国与当事国间具有管辖联系；另一种是如果要求管辖联系，那么这将导致将第 62 条引入一个未曾规定的条件。② 参加程序的三个构成要件中有两个都不甚明确，这给国际法院裁判和第三国请求都带来了一定的困难。

在经过了核试验案和两个大陆架案之后，尼加拉瓜参加案第一次解决了非当事国参加的问题，国际法院的态度开始变得较为灵活。③有人认为分庭建立了一个新的秩序，一举斩断了"戈尔迪之结"（cut the Gordian knot with one stroke）④，提出了对参加制度有效职能的明确需要。⑤ 在此之前的讨论和司法实践都只是《规约》第 62 条失败的参加案例。如果从常设国际法院时期算起的话，这种失败和消沉已经长达 70 年之久。尽管可以从《规约》制定之初的各种立法原意推测，

---

① 杉原高嶺：《国际司法裁判制度》，第 253 页。

② *Sovereignty over Pulau Ligitan and Pulau Sipadan（Indonesia/ Malaysia），Application by Philippines for Permission to Intervene，Judgment，Separate Opinion of Judge Weeramantry，ICJ Reports*，2001，p. 633，para. 9.

③ Pierre Sands，Pierre Klein，*Bowett's of International Institutions（Fifth ed.）*，Sweet and Maxwell，2001，p. 360.

④ 源自古希腊神话，其为弗里基亚国王弥达斯的父亲戈尔迪所系之结。此结着实复杂，难以解开。据传说能解此结者将统治整个亚洲，但一直没人能解开它。后来被亚历山大大帝用利剑斩开。现"斩开戈尔迪之结"（Cutting the Gordian Knot）比喻"大刀阔斧地解决难题、快刀斩乱麻"等。参见〔美〕J. E.《希腊罗马神话辞典》，张霖欣译，陕西人民出版社，1987，CNKI 工具书在线阅读：http://mall. cnki. net/reference/ref_readerItem. aspx? bid = R200906048&recid = R2009060480000803，2014 年 4 月 13 日访问。

⑤ De Hoogh，"Intervention under Article 62 of the Statute and the Quest for Incidental Jurisdiction without the Consent of the Principle Parties"，p. 46.

或者从前期失败的案例中分析从而得出法院不接受什么样的参加的结论，但是这些至多是推理和反证。而尼加拉瓜的成功参加则第一次让法院从正面呈现出参加被许可的原貌。从第三国提出请求到第三国真正在实体程序中发表意见这个完整程序得到了实质性适用。《规约》第 62 条开始真正以一个附带程序的角色融入国际法院的诉讼程序中，并与国际法院的其他各种制度产生直接或间接的联系。

在尼加拉瓜参加案之后，国际法院并没有因为敞开了参加的大门而放宽了请求标准。相反，参加制度尤其是在法律利益的认定上更为严格。但是，这也不乏后来成功参加的案例。最近的希腊参加国家管辖豁免案仍然是该制度发展进程中重要的一步。国际法院在涉及国际法基本理论上的管辖豁免与违反国际强行法问题上许可了第三国参加，这是值得称赞的，而且也引起了人们对国际法院更多的期待。

（二）国际法院法官意见的推动力

纵观参加制度在国际法院几十年的发展史，并结合法院判决可以发现，附于判决后的法官意见对参加的讨论尤为激烈。而事实上也正是这些法官意见在背后推动着参加的法理和制度的发展。

国际法院过去一直无法架构出一个适当的参加框架主要是因为法官间的分歧。决定法律利益不难，难在参加后的结果各方无法达成一致意见。法律利益与参加目的相关，而参加目的又与管辖权问题密切联系。国际法院最初未能解决有关问题，这一方面导致了国际法院在对参加的理解和认识上产生了更多困难；另一方面却又让各种问题充分暴露在法院面前。法官从各种角度的分析和争论加深了对制度本身的理解。在马耳他参加案中只有小田滋法官、詹宁斯法官和莫洛佐夫法官提出了个别意见。到了意大利参加案，法官附带的意见则更多，越来越多的法官开始关注到参加上来。

对于以非当事国身份参加这一重大问题的解决，以小田滋法官为代表的数名法官发挥了积极的作用。早在斐济请求参加核试验案中，小田滋法官就已经详细提出了以非当事国身份参加的观点。他认为缺少管辖权并非是拒绝非当事国参加的充分理由。[①] 在后来的意大利参加案中，他再次对此重申和强调。而这一观点又正是在九年后的尼加拉瓜参加案中被国际法院分庭所采纳并一直沿用下来。而在分庭的法官构成中，其中的五名法官有三名都在尼加拉瓜参加案之前的参加案件中提出过异议，他们并不主张管辖联系的必要性。[②] 而这一点也可能正促成了分庭在管辖根据问题上的突破。当然，国际法院整体也在尼加拉瓜参加案之后的参加案件中对分庭的法理予以认可。假设如果早期小田滋法官、施威贝尔法官等并未力主非当事国形式的参加，那么国际法院是否在第一次正式且不得不面对管辖根据问题的时候就能解决此问题呢？这个结果不得而知。但是可以肯定的是，这些法官所持的个别意见和异议意见不仅仅是对判决的补充，更重要的是，它们在未来的意义正如过去的一样，是发展国际法的有力工具。它们代表着国际法更具灵活性和改革性的一面，是国际法院以及国际法通过国际法院良性运作的基本条件。[③] 也只有在这种完整的体系下，才可以说参加制度是一个鲜活的制度。

（三）国际法院管辖权的扩大

在参加制度中，虽然国际法院的管辖权问题同第三国所具有的法律

---

① *Continental Shelf* (*Tunisia/ Libyan Arab Jamahiriya*), *Application by Malta for Permission to Intervene*, *Judgment*, *Separate Opinion of Judge Oda*, *ICJ Reports*, 1981, p. 30, para. 15.

② 他们分别是卡马拉法官、小田滋法官和詹宁斯法官。

③ See Ijaz Hussain, *Dissenting and Separate Opinions at the World Court*, Martinus Nijhoff Publishers, 1984, p. 266; Jonathan I. Charney, "The Impact on the International Legal System of the Growth of International Courts and Tribunals", *International Law and Politics*, vol. 31, 1999, p. 705.

利益相比并不占据中心地位，但是参加制度将对国际法院宏观上的管辖权产生一定的影响。通过许可参加，国际法院的管辖权潜在地扩大。这种扩大涉及国际法院的迟延同意管辖权并与以当事国身份参加有关。

迟延同意管辖权（*forum prorogatum*）是源自罗马法的概念。它是指争端当事方在无事先明文约定或同意时，一方对另一方提起诉讼，如果另一方以某种方式表示同意或应诉，则法院对该案具有管辖权。[①]也就是说，法院在当事一方向法院提起诉讼时并不具有管辖权，其管辖权的确立是通过另一方在诉讼过程中做出了同意的表示。迟延同意管辖权不同于国际法院取得管辖权的一般情况，它在坚持以当事国同意为基本原则的前提下具有临时性、不特定性和诉后确立性等特征。[②]目前，迟延同意管辖权的适用在国际法院内并不多见，较为典型的案例是 2006 年的刑事事项互助的若干问题案（吉布提诉法国）。这种管辖权虽然鲜见，但它却有利于增强国际法院管辖权，为管辖权的拓展提供了新的途径，提高了法院的受案率和裁判效率。[③]

当事国形式的参加虽然在目前还没有司法实践，与迟延同意管辖仍然是两个不同的概念，但是二者在理论上却有相通之处。学者将这两个概念联系起来得比较少，不过仍然有人注意到了这一点。墨菲在讨论管辖基础时认为，管辖基础可以来自当事国的同意，无论这种同意被视为附加的特别协定抑或是为迟延同意管辖建立了条件。[④] 德霍赫也在分析管辖联系问题时认为，在第三国不具有管辖联系时，原诉

---

① 江国青、杨慧芳：《联合国改革背景下国际法院的管辖权问题》，载《外交评论》2012 年第 2 期，第 127~128 页。
② 参见许昌《国际法院迟延同意管辖权研究》，外交学院博士学位论文，2013，第 18~23 页。
③ 参见江国青、杨慧芳《联合国改革背景下国际法院的管辖权问题》，第 131 页。
④ Murphy, "Amplifying the World Court's Jurisdiction through Counter-Claims and Third-Party Intervention", p. 27.

讼当事国的任何一方都可以反对第三国参加，这样就可以避免迟延同意管辖的问题出现。①

以当事国身份参加与迟延同意管辖的共同点主要表现在以下四个方面。首先，国际法院在以当事国身份参加和迟延同意管辖的情况下都具有管辖权，法院判决也将对该国发生拘束力。其次，二者获得管辖权的都基于最根本的国家同意原则。前者获得了原诉讼当事国的同意或具备其他形式的管辖联系以表示对法院管辖权的接受，后者则是由当事一方明确同意或以自身行为做出同意的意思表示。再次，二者获得管辖权的时间也都具有延迟性。在以当事国身份参加的情形下，第三国在实体诉讼初始启动时与该诉讼并没有产生任何关系。在该国请求以当事国身份参加的情况下，只有它与原诉讼当事国具有管辖联系时才能使法院具备对该请求国的管辖权并使其成为新的诉讼当事国。在国际法院进行迟延同意管辖的情况下，被告国起初也没有同意法院管辖，而只有在原告国单方起诉后且该国同意接受管辖时，法院才对双方的争端具有管辖权。最后，这两种情况下的单方行为都可以产生相应的法律效果。在前一种情况下，原诉讼当事国对第三国的参加请求表示同意的行为可以使第三国成为诉讼当事国；而在后一种情况下，被告国明示或默示的同意也可以使第三国成为案件的当事国从而受法院管辖。

当然，以当事国身份参加和迟延同意管辖还存在区别。第一，外延不同。参加是一个附带程序，而迟延同意管辖则是法院管辖权的一种取得方式。第二，法律依据不同。这里的参加依据的是《规约》第62条。虽然第62条并未直接规定以当事国身份参加，但是国际法院

---

① De Hoogh, "Intervention under Article 62 of the Statute and the Quest for Incidental Jurisdiction without the Consent of the Principle Parties", p. 20.

显然已经在判例中承认了这种参加形式的存在。迟延同意管辖则依据的是《规则》第 38 条第 5 款。这也是国际法院在 1978 年修订《规则》时新增的一款内容，它首次规定了国家单边提起诉讼的程序。第三，国家间在诉讼程序上的法律关系不同。在迟延同意管辖的案件中只存在两个当事国，它们间是一对一的对抗关系，除了管辖权的获得方式不同外，这与一般的诉讼并无差别。而以当事国身份参加的情况就相对复杂。第三国获得当事国身份后，其诉讼主张可能与原诉讼当事国间的一方主张在立场上相一致，也可能有其独立的主张，所以该当事国与原当事国间并不一定是"一对二"的对抗关系。第四，二者在诉讼程序中的运行状态不同。迟延同意管辖以被告国同意法院管辖为结果，其后的程序与一般诉讼程序无异。但是当事国参加是一个动态的程序，它并不以管辖权的确立为结果。国际法院在获得对第三国的管辖权后，参加才真正开始。除此以外，第三国是否具有法律利益的构成要件是国际法院裁判当事国参加的另一个关键问题。这是以当事国身份参加的前提。如果没有该前提，即使当事国同意参加诉讼，国际法院也不会许可。

虽然这两个概念不同，但是可以认为，以当事国身份参加的实现实际上也使国际法院在某种程度上获得了迟延同意管辖。在参加程序中，原诉讼当事国同意第三国以当事国身份参加是对国际法院迟延同意管辖的一种近似的转化。在这个意义上，当事国参加也就扩大了法院的管辖权。这种扩大深化了案情事实与法理分析，是实体诉讼程序的延伸以及实体判决在效力范围上的扩展。当事国间的权利义务关系由双方变成三方，而这时国际法院司法裁判的理念和价值也将深入到更多国家。不过，当事国在数量上的增加并不表示国际法院为了诉讼经济而合并诉讼，其本质仍然脱离不了参加制度设立的宗旨——保护

第三国的法律利益。[1] 同时其推动力也来自法院诉讼程序的原诉讼当
事国。没有当事国的同意，第三国无从成为新当事国，而且第三国在
作出参加决定时也有权自主选择以何种身份请求参加。此外，第三国
认为其利益受到影响甚至威胁时，它也可能选择另行起诉而非依据第
62 条请求参加。所以这些情况还是要综合取决于案情本身及其复杂程
度、诉讼进程的实际情况、第三国对国际法院管辖的立场以及国家间
的政治、外交关系等各种因素。

（四）国际法院对国际法治的促进

1. 国际法院通过参加制度解释与发展国际法

参加制度本身就是国际法的一部分，它既是国际司法上的一种诉
讼程序，又与国际法的实体法密切相关。《规约》和《规则》的相关
规定虽然只有几条，但是这几条的生命力却不止于文字上的表述。自
从常设法院时期该制度设立以来，参加就断断续续地饱受法官和学者
的争论而未果。但是，又正是国际法院的司法实践一次次将与参加有
关的问题明白地呈现出来。国际法院在裁判中通过历史解释、立法解
释、文义解释等一系列解释方法，试图对参加的概念、构成要件等进
行确切的分析，以期对该制度的法理体系进行建构和完善。国际法院
的司法实践在原有理论结构的基础上会发生质的突破，例如对以非当
事国身份参加的确认，这样整个制度也就在国际法中逐渐发展起来。

国际法院作为联合国的主要司法机关，其判决虽然只对本案及本
案当事国发生拘束力，但是它的影响力却远不止于此。法院在涉及一
般国际法问题时，其判决总是具有最高权威。[2] 这时，附之于实体程

---

[1] 单纯的合并诉讼规定在《规则》第 47 条。

[2] Chiara Giorgetti, *The Rules, Practice, and Jurisprudence of International Courts and Tribunals*, Martinus Nijhoff Publishers, 2012, p. 35.

序的参加程序也因此而实现其价值。国家管辖豁免案即是典型的一例，而希腊对本案的参加为法院解决这一一般国际法问题提供了帮助。国际法院判决保持了高水平的职能并以很好的说理表达其观点，它还将继续对一般国际法的进程进行影响，而这超越了其名义上的管辖权。[①]

国际法院职能的重要一面是其判决的波纹效应。法院判决如投石入湖，它将改变整个水体环境的特质。其他国际司法机构如 WTO 下的争端解决机制、国际海洋法法庭、前南国际刑事法庭，以及国内法院的判决等都对国际法院判决给予了相当的重视并多次引用。[②] 在国际海洋法法庭、WTO 的争端解决机制，以及国际仲裁庭等国际争端解决机构中，也存在类似的参加机制。虽然它们各有不同的程序和规范，但是国际法院以其权威性为其他司法机构下的参加程序提供了相应的借鉴。在这种影响力下，参加制度的发展实际上是国际法院对自身和整个国际法的一种发展。[③]

2. 国际法院通过参加制度实现国际司法价值

这主要表现在两个方面。

第一，参加制度不脱离于主权平等，严格按照国际法上的国家同意原则运行。主权国家间不存在更高的权威，各国平等享有主权权利并承担国际义务。未经国家同意，国际法院无权将其视为诉讼的当事国。不论是以非当事国身份参加还是以当事国身份参加都体现了国家

---

① Charney, "The Impact on the International Legal System of the Growth of International Courts and Tribunals", p. 705.

② See Murphy, "Amplifying the World Court's Jurisdiction through Counter-Claims and Third-Party Intervention", p. 29. See also Jonathan I. Charney, "Third Party Dispute Settlement and International Law", p. 67.

③ 罗森通过参与联合国条约法会议和海洋法会议就感到，国际司法中的第三国参加与谈判中和平解决争端中的其他类似程序，为现代外交中法院、国家及其法律顾问对问题的理解打开了一个新视角。Rosenne, *Intervention in the International Court of Justice*, p. viii.

间在诉讼权利义务上的平等。经过当事国同意的参加可以构成当事国形式的参加，请求国未同意成为当事国的参加则只能是非当事国形式的参加。这种平等的价值还体现在著名的 1943 年从罗马移出黄金案（意大利诉法国、英国和美国）上。在该案中，美、英、法三国发表声明称除非意大利或阿尔巴尼亚向国际法院提起诉讼，否则将请求法院裁定在二战期间由德国从罗马运走的黄金应交给英国。该案中的黄金所有权属于阿尔巴尼亚已确定无疑，但是阿尔巴尼亚并未向法院起诉也未请求参加，而意大利却直接向法院请求裁决。实际上作为标的物所有权人的阿尔巴尼亚在该案中明显具有可能被判决影响的法律利益，但是它由于其所有权而可能受到的影响又远不止于此。阿尔巴尼亚属于该案中"不可缺少的第三方"（indispensable third party）。诉讼中如果确定的所有权人不参与诉讼的话，法院就无法对诉讼标的物进行处分。国际法院在 1954 年作出判决，认为该争端未经非案件当事国阿尔巴尼亚的同意，法院无权受理意大利的诉讼。法院的这一裁判被认为是"货币黄金案原则"。[①] 该原则在后来的瑙鲁案（瑙鲁诉澳大利亚）和东帝汶案（葡萄牙诉澳大利亚）中都有所援引。

第二，参加制度遵从程序公正，是程序参与原则的体现。为了实现法院的公正裁判，国际法院需要在当事人自治和保护第三方利益两个方面进行平衡。在对第三国法律利益可能产生影响的诉讼中，应当允许符合条件的第三国加入上述程序。在既不侵犯原诉讼当事国权利的同时，也不能让自己的判决侵犯到其他国家的法律利益。充分参与原则的核心在于：要确保可能受判决影响的人能充分地参与司法程序、行使司法权利，所以参与程序的机会同样要赋予利益受到影响的第三方，否则就会使第三方实际上受到他国之间诉讼程序的影响，却

---

① 参见贺其治《国家责任法及案例浅析》，法律出版社，2003，第 137 ~ 138 页。

同时又剥夺了为自己主张权利的机会。客观上，第三国的参加还可以为国际法院提供新的信息和观点，促进程序进程中的信息交流，有助于国际法院作出科学的判决。[①]

3. 国际法院通过参加制度疏导与解决国际争端

在以非当事国身份参加的情况下，参加制度为当事国与第三方提供了发表意见和信息交流的平台，从而有助于三方澄清各自立场，减少过分夸大的利益要求并将其转变为更为现实的法律要求。[②] 这时，第三国并非诉讼当事国，一般也不会主张其与当事国间存在实质性的争端，就算存在至少也不会上升到诉诸法院的层次。通过充分的事实情况的说明和意见表达，国际法院在作出裁判时减小了对第三国利益的影响，这样可以相应减小第三国对有关事项的担忧，避免第三国在未来与有关当事国发生不必要的争端，从而间接疏导了潜在争端。从这个角度看，参加制度对第三国利益的保护和避免潜在争端的发生具有预防性。而在以当事国身份参加的情况下，第三国加入诉讼程序中，一般会提出自己的诉讼主张。这时，国际法院扮演了一个实实在在的解决争端的第三方角色。国际法院解决的争端指的是法律上的争端。常设国际法院在马夫罗马蒂斯案（*Mavrommatis*）中曾认为争端是双方"在法律或事实上的分歧、在法律观点或利益上的矛盾"。[③] 这是从法律角度理解争端的概念。国际争端可以以政治、外交途径解决，也可以通过法律方式解决。第三国以当事国身份参加，如果它在诉讼主要事项上与原诉讼当事国存在争端，而同时又符合了参加的条件，那么

---

① 参见王林彬《国际司法程序价值论》，第 136 页。

② 参见邵沙平主编《国际法院新近案例研究（1990—2003）》，商务印书馆，2006，第 562 页。

③ Sven M. G. Koopmans, *Diplomatic Dispute Settlement: The Use of Inter-State Conciliation*, T. M. C Asser Press, 2008, p. 12.

这种参加相当于提前将争端纳入司法解决途径。第三国能够参加也是基于其主权国家的意愿和原诉讼当事国的同意，或者至少与原当事国间具有管辖联系，那么参加的结果自然有助于确保国际法院裁判的确定性与稳定性，其所带来的国际法治效果也是持久的。此外，不论第三国是否以当事国形式请求参加、是否获得了法院许可，第三国启动参加程序的行为在另一方面也可能会引起其他对话和行为。例如马耳他在请求参加大陆架案（突尼斯与利比亚）失败后又与利比亚签订了特别协定，双方自愿将争端提交国际法院解决。当然，也要承认司法解决的有限性。它并不能完全处理双方或三方间的冲突，而只能从法律层面给予确定性、中立性的评价，并通过法院裁判促进通过政治、外交方式解决争端的可能性。但是总的来说，国际法院还是能通过参加制度为非当事国的第三方提供参与诉讼程序的平台，间接或直接地弱化各方的对抗性质，尽力疏导、解决潜在或现实的争端。

第二节　参加制度对中国的启示

一　参加制度对中国的重要性

国家利益是外交战略的核心要素，也是外交战略的最终目的指向。中国参与、利用各种国际制度的最根本目的是维护中国的国家利益。而在当今的国际战略环境下，外交形势复杂多变，这使得对国际制度的认识和把握尤为重要。尤其是在司法领域中，国际司法制度的灵活性和时效性与其他制度还存在较大差异。如何合理地利用现有的国际司法制度维护国家利益是一个非常有意义的论题。对于中国来说，国际法院的参加制度作为众多国际司法制度之一，尽管还有很多不足，但是却不应当被束之高阁。国际法学及其他相关领域的研究者应当对此予以重视。

首先，合理利用参加制度有助于维护中国的国家利益。虽然国际法院处理的是国际争端的法律问题，但是国际法院在诉讼程序中所受理的法律问题几乎都是由国际社会上的政治问题产生、转变而来，只不过是政治问题法律化解决而已，所以不能不重视这种法律手段的争端解决方式及其过程中所隐含的政治色彩。如果与中国有关的争端被别国提交到国际法院，中国不能存有事不关己的心态。中国应当积极行动，了解事态发展，防止国家的根本利益受到他国的影响。另外，参加制度的设立目的是保护第三国法律性质的利益，而这种法律性质的利益也是第三国国家利益的一个重要方面，它将潜在影响国家在今后的外交领域和国际法事务中的决策与地位。

其次，合理利用参加制度有助于中国全面了解和把握国际司法制度。中国对国际法院及其诉讼程序的研究从未停止，但是基本上都只局限于理论层面。合理利用参加制度对中国参与更多的国际司法程序是一个实践上的准备。不论中国以后是否会灵活地接受国际法院管辖权，或者是在其他国际司法机构如国际海洋法法庭、国际刑事法院等有更多的接受和融入，通过对参加制度的具体实践可以拓展中国在国际司法领域的视野，更加真实地感受到制度的利弊与自身的影响力和局限性。这将为中国今后参与建构其他国际司法制度、完善国际司法体系提供切实的经验。

再次，合理利用参加制度有助于中国争取外交主动权、把握话语权。中国作为新兴大国，在和平崛起的过程中主动利用各种平台参与国际事务，积极表达国家的态度和立场。不论是应对金融危机上提出合作共赢、共克时艰的理念，还是在国际金融体系改革中提出增加发展中国家投票权的主张，抑或在打击海盗问题上建议"分区护航"，在全球气候变化问题上坚持"共同但有区别的责任"原则等等，中国都获得较普遍的认同。中国政治上的影响力、形象上的亲和力和道义上的感召力明显提升。然而，这种进步还远未形成常态，它仍具有一定的不确定性。[①] 在理解与合作上，国际上对中国的认知依然存在鸿沟，致使中国不断被误读。[②] 所以，中国应当抓住机遇，寻求多边环境中立场与观点的输出平台，以使中国不论是在自身事务还是在国际事务上的态度能明确地得到国际社会的真实认知。这就要求中国在处理各类事务时适时地努力把握话语权。

国际法院在国际社会具有很高的司法权威，对各国和平解决国际争端来说首先是一个定纷止争的有效场所。参加制度虽然并非是国际司法制度中的一个必经的诉讼程序，而且也并不会在国际法院的每一个诉讼案件中都存在第三国可参加的时机，但是该制度一旦可适用时，它将为第三国就特定问题提供一个表达意见和观点的平台。无论参加的结果如何，第三国都将会通过这一途径达到一定的发声效果。从战略利益上看，以非当事国形式的参加将为中国争取更多的话语权。国际法院许可参加请求必须基于充分的理由。能够考虑诉讼参加制度，这对于国际争端所牵涉的相关国家来说必然具有一定的利益影响。不参加、不发声可以是一种战略选择，这样可以在某种程度上减少不必要的关注，但这种选择并不能彻底解决问题。中国的国家意见只有不断通过各种方式明确地表达出来，才能达到强调和巩固的效果。不积极主动地把握话语权，那么世界也难于对中国心态有一个清

---

① 参见高祖贵《后危机时代国际战略形势及其发展趋势》，载《和平与发展》2010 年第 2 期，第 6 页。

② 俞正樑：《试论中国外交新政的国际战略环境》，载《国际观察》2010 年第 3 期，第 7 页。

晰明朗的认知。当有与中国利益相关的问题涉诉而中国又不是案件当事国时，选择参加将是一个很好的发声路径。获得许可的参加国所述意见将被散发到联合国各会员国，这必然是一个广泛表达观点、提高中国影响力的机会。退一步说，即使参加的请求因各种原因未获国际法院许可，但是能够提出参加的请求也从侧面表明了中国对相关问题的立场。这不同于一般的单方声明，而是在国际法院诉讼程序中的一种正式参与和表态的行为。毕竟中国国家的利益表达也至少得到了法院的深思熟虑，同时也清楚明确地为争端当事国所知晓。

最后，合理利用参加制度有助于树立中国积极参与国际司法和国际法治建设的大国形象。伴随着中国的和平崛起，中国的大国形象应当不断维护和完善。目前，中国在国际司法制度中的参与度并不高，这与中国的大国形象尚不完全匹配。当然，出于对国家利益的考量，中国是否参与国际司法，选择何时、以何种方式参与国际司法是一个长远的问题。它并不能将诸如接受国际法院或是国际刑事法院的管辖权等问题立即列上日程，但是国际司法制度在缺少大国参与的情况下，其价值和实际地位就会有所减损。参加制度是一种间接参与国际司法制度的方式，它不具有在管辖权问题上的强制性。对参加制度的利用是国家自主选择的结果。它在不危及请求国国家利益的情况下，允许该国出现在国际司法诉讼的场合，以一个特殊身份为国家利益主张和争辩。就像接受国际法院管辖权的诉讼当事国不能保证胜诉一样，参加请求国也不能保证法院一定许可其参加，但是向国际法院提交参加请求书已经是迈出了一大步。这一举动尽管不是完全、充分地以诉讼当事国的身份加入国际司法诉讼程序，但是在积极参与国际司法制度的大国形象上无疑是一种有益的维护和展现。国际上的大国推动，促进了常设的、全球性国际司法裁判机构的设立与发展，如果大国能够以不同方式向世界表达出对这些机构的信心和信任，那么国际法治的进程也将不断向前。而参加制度就正为国家提供了这样一种间接的方式。

二　中国利用参加制度的可能性

讨论中国利用参加制度的可能性，需要结合中国所面临的外部因素和中国本身所具有的内部因素综合分析。首先，中国与国际法院的历史联系和现实情况是中国利用参加制度的基本背景。从中国与常设国际法院及国际法院的管辖权接受情况来看，作为两个法院的创始国，中国与这两个法院具有长久的历史联系。从中国选派本国专家出任两个法院的法官来看，中国不仅在历史上而且在当代也一直与国际法院保持现实联系。在这一层面上中国对国际法院的参与为中国利用参加制度打下了基础。其次，中国在国际法院有关科索沃独立咨询意见案中提交书面意见并参加口述程序，这是中国对国际法院程序的首次参与。它体现了中国对国际法院司法制度的尊重与重视，这也使中国今后利用参加制度成为可能。再次，俄罗斯、日本近年来也首次参与了国际法院的诉讼程序。俄罗斯虽然未接受国际法院的强制管辖权，但是面对格鲁吉亚提起的诉讼，俄罗斯积极应对，就管辖权问题向法院提出了初步反对意见并基本被法院所采纳。而日本则已经接受了国际法院的强制管辖权，直接参与到完整的诉讼程序中。这两个国家的诉讼技术为中国的司法参与提供了参考和借鉴。以上三个外部因素有利于中国在可能的情况下适当地利用参加制度。最后，中国利用参加制度与中国目前对国际法院态度和立场的一致性，更加促成了中国利用的可能。中国对国际法院的立场是促成这种可能性的内部因素。

（一）中国与国际法院的历史和现实联系

尽管新中国未曾接受国际法院的强制管辖权，但是中国与国际法院却一直具有深厚的历史和现实联系。从中国过去曾接受过常设国际法院和国际法院的强制管辖权，以及中国的国际法专家出任上述两个法院法官的事实可以看出，中国与国际法院实际上一直保持密切联系。

1. 中国对常设国际法院和国际法院管辖权的态度

1922 年，常设国际法院由国际联盟建立。中国是国际联盟和常设国际法院的创始会员国。1922 年 5 月 13 日，中国附条件地签署了关于接受《常设国际法院规约》中关于强制管辖权的声明。声明以五年为一期，并表示以对等性（reciprocity）为条件接受常设国际法院管辖权。[①] 在中国接受常设法院管辖权的这一期间，"中国与比利时关于终止 1865 年条约案"成为中国历史上第一次也是唯一一次参与国际法院诉讼的案例。由于南京国民政府成立后开始宣布废除不平等条约，比利时认为其与前清政府在 1836 年签订的《通商条约》应继续有效，向常设国际法院提起诉讼。中国提交了有关文件并包括了一项关于中国政府终止中比条约的声明，但中国政府拒绝出庭。该案后因中国与比利时另订新约而被注销。[②]

由于二战的影响，1927 年后中国政府并未对 1946 年声明进行续展。常设国际法院也于 1939 年停止运作并在 1946 年正式解散。联合国成立后，国际法院取代了常设国际法院，它在管辖权、诉讼程序和法院的组织结构等方面继承了常设国际法院的特点。由国民政府代表的中国作为联合国的建立者之一，也成为国际法院的创始会员国。1946 年 10 月 26 日，中国向联合国秘书长递交了关于接受国际法院强制

---

① *Second Annual Report of the Permanent Court of International Justice* (*June* 15*th*, 1925-*June* 15*th*, 1926), Publications of the PCIJ, Series E. No. 2, A. W. Sijthoffs Publishing Company, p. 78, 参见国际法院网站：http://www.icj-cij.org/pcij/serie_ E/English/E_ 02_ en. pdf, 2014 年 3 月 1 日访问。

② See *Denunciation of the Treaty of 2 November 1865 between China and Belgium*, 1927 PCIJ Series A，No. 8. 另参见王林彬《国际司法程序价值论》，第 203～204 页。

管辖权的任择条款，即对《国际法院规约》第 36 条第 2、3 项的声明。
声明表示，中国对于接受同样义务的其他国家，唯以对等性为条件承认
国际法院的管辖具有当然的强制性，无须另定特别协定。声明以五年为
一期自动续展，直至在条约终止 6 个月前做出终止条约的通知。[①]

新中国成立后，台湾当局并未中断与国际法院的联系。1971 年联
合国大会通过第 2958（XXVI）号决议，恢复了中华人民共和国在联
合国的合法席位。1972 年，中国政府通知联合国秘书长，明确表示中
华人民共和国政府对 1946 年 10 月 26 日由国民政府提交的关于接受
《国际法院规约》第 36 条第 2 项的国际法院强制管辖权的声明不予承
认。[②] 自此，新中国一直未接受国际法院的强制管辖权，也未与其他
国家以特别协定的形式同意将争端提交国际法院。在一段时期内，中
国对于所参加的国际公约中关于将争端提交国际法院解决的条款也均
做了保留。[③] 但是到了 20 世纪 90 年代以后，中国对此类保留的做法发
生了一些改变。除了与中国重大国家利益有关的国际争端仍坚持通过
谈判协商解决以外，在涉及经济、贸易、科技、航空、环保、交通运
输、文化等专业性和技术性的公约中，中国对将争端提交国际法院解
决的条款提具保留的做法视情况而定。[④] 例如，在中国 1992 年批准的

---

① *Status of Multilateral Conventions in respect of which the Secretary-General Acts as Depositary*, ST/
LEG/3，REV.，United Nations，1959，p. 1 - 11.

② UNTC，End Note 1：https：//treaties. un. org/pages/ViewDetails. aspx？src = IND&mtdsg_ no
= I-4&chapter = 1&lang = en#1，2014 年 4 月 13 日访问。

③ 王铁崖：《国际法》，法律出版社，1995，第 446 页。

④ 参见王铁崖《国际法》，第 446 页；段洁龙主编《中国国际法实践与案例》，法律出版社，
2011，第 369 页。当然，在 1949 ~ 2009 年间，中国参加了 282 个多边条约，对其中的 86
个多边条约提出了保留。在这 86 项保留中，有 26 项涉及国际争端的解决，而其中的绝大
部分是有关将争端提交国际法院裁决的内容，如《维也纳条约法公约》、《联合国特权和
豁免公约》、《关于制止非法劫持航空器的公约》等。参见王勇《中华人民共和国条约法
问题研究（1949 ~ 2009 年）》，法律出版社，2012，第 240 ~ 248 页。

《联合国气候变化框架公约》① 和《生物多样性公约》②，以及 1996 年批准的《禁止化学武器公约》③ 等多边条约中，中国并未对条约的争端解决条款提具保留。

综上所述，在新中国成立前，北京政府和南京国民政府时期的中国对常设国际法院和国际法院管辖权的态度一直是较为积极的。新中国成立后，由于种种原因，中国对国际法院曾持消极和疏远的心态，但是改革开放后，中国的态度有所转变。1989 年 11 月，中国参与了五大国就加强国际法院作用的磋商。④ 在 2005 年中国发表的对联合国改革问题的立场文件中，中国表示支持加强国际法院的作用，改进法院的工作方法，提高法院的效率。⑤ 事实上，新中国对国际法院管辖权的态度已经从开始的绝对不接受到后来有所放松。在排除任意强制管辖和特别协定的同时，中国开始逐步考虑接受部分条约的争端解决条款。这也就意味着，这类条约一旦发生争端，根据条约的规定，通过国际法院解决中国与该条约其他缔约国间的争端是存在可能的。不过迄今为止，中国尚无任何国际争端被提交至国际法院。总的来说，中国在国际法院管辖权方面具有历史基础，体现了常设国际法院和国际法院创始国的形象，以及中国对国际司法所持的尊重态度。中国近年来在部分多边条约中对国际法院争端解决条款是否提具保留的选择，在一定程度上也表明了中国对国际司法态度的转变和融入，这对

---

① 中国人大网：http：//www. npc. gov. cn/wxzl/gongbao/1992 – 11/07/content_ 1479248. htm，2014 年 4 月 13 日访问。
② 中国人大网：http：//www. npc. gov. cn/wxzl/gongbao/1992 – 11/07/content_ 1479257. htm，2014 年 4 月 13 日访问。
③ 中国人大网：http：//www. npc. gov. cn/wxzl/gongbao/1996 – 12/30/content_ 1481404. htm，2014 年 4 月 13 日访问。
④ 管建军：《国际法院的"复兴"与我国之应对》，载《法学》1996 年第 4 期，第 10 页。
⑤ 中国政府发布关于联合国改革问题的立场文件（三）：http：//news. xinhuanet. com/world/2005 – 06/08/content_ 3056790. htm，2014 年 4 月 13 日访问。

中国逐步参与国际司法制度、推进国际社会法治建设具有深远的意义。

2. 国际法院中国籍法官的选任

在 1921 年选举的 15 名常设国际法院法官中，曾任中国外交部长和司法部长等职的王宠惠当选。1939 年，郑天锡代表中国继续当选。国际法院成立后，国民政府提名徐谟担任国际法院法官。随后，顾维钧于 1957 年填补徐谟离世而留下的空缺，并于 1964～1967 年担任国际法院副院长。① 在顾维钧 1967 年期满离任至 1985 年之前，国际法院在此期间没有中国籍法官。②

改革开放以后，新中国开始参与国际法院的若干活动，倪征燠于 1985 年成为新中国历史上第一位国际法院的法官，这标志着中国重新回到国际司法的舞台。③ 在此之后，史久镛于 1994 年当选国际法院法官，并在 2003～2006 年间成功当选为国际法院院长。2010 年，薛捍勤接替史久镛法官，当选为中国第一位国际法院的女法官。

可以看到，除了 1967～1985 年这一期间外，常设国际法院和国际法院时期一直都有中国籍法官的身影。这与中国作为常设国际法院的创始会员国和安理会五个常任理事国的地位密不可分。这些法官都是外交与国际法领域的专家，他们代表中国参与国际法院的司法活动，在国际法院的司法实践中发挥了极为重要的作用。其中突出的表现是史久镛法官先后担任了国际法院的副院长和院长职务。他在领导国际法院的司法业务、主持案件开庭评议、领导和监督法院行政事务上做出了卓越的贡献。④ 同时，中国籍法官在国际法院的司法裁判中所发

---

① 饶戈平主编《国际法》，北京大学出版社，1999，第 456 页。
② 参见赵海峰《中国与国际司法机构关系的演进》，载《法学评论》2008 年第 6 期，第 4 页。
③ 张慎思：《淡泊从容莅海牙——追记新中国首任国际法院大法官倪征燠》，载《法律与生活》2005 年 10 月，第 19 页。
④ 参见赵海峰《中国与国际司法机构关系的演进》，第 6 页。

表的个人意见、异议意见和声明等也对国际法的澄清、解释和发展产生了重要意义。① 例如，薛捍勤法官在 2012 年的领土与海域争端案（尼加拉瓜诉哥伦比亚）的实体判决后发表了声明，就国际法院在海域划界中适用的三步法和第三国的利益问题提出了自己的保留意见。② 中国籍法官在国际法院的成功当选成为中国深入了解国际法院的重要途径。他们一方面代表了国际法院的权威性；另一方面能够系统地把握法院在各类国际问题上所坚持的法理，而且在司法技术层面也能为中国提供有益的参考。他们长时间深入地接触和适用法院的司法制度，熟悉法院其他国家法官的思维模式。可以说，国内没有学者比他们更了解国际法院的运作与审判。中国籍法官的存在于某种程度上而言，为中国接近、接触国际法院的司法制度奠定了基础。

（二）中国参与国际法院咨询案

国民政府时期的中国就曾应国际法院所依据的《国际法院规约》第 66 条的请求在咨询案件中提交过书面意见。在有关执行联合国职务时遭受伤害的赔偿案的咨询程序中，时任中国驻荷兰大使张公摄曾代表中国于 1949 年 1 月 26 日就联合国的法律行为能力，以及作为联合国雇员的受害人的求偿权同联合国的关系等两个法律问题向国际法院提交了书面意见。③

2008 年的科索沃独立咨询意见案则是新中国成立以来，中国政府

---

① 国际法院成立后，中国籍法官们在任期内除了随国际法院判决而发表的主流意见外，其发表的单独意见（包括个人意见、异议意见、声明以及与其他法官的联合意见或声明）分别是：徐谟 5 份，顾维钧 9 份，倪征燠 3 份，史久镛 16 份，薛捍勤 1 份（截至 2014 年 4 月 13 日）。参见宋杰《国际法院司法实践中的解释问题研究》，第 174～229 页。

② *Territorial and Maritime Dispute*（*Nicaragua v. Colombia*），*Judgment*，*Declaration of Judge Xue*，19 November 2012.

③ *Letter from the Chinese Ambassador to the Registrar of the International Court of Justice*，26th January，1949，*Reparation for Injuries Suffered in the Service of the United Nations*，*Written Statements*，pp. 13 – 14.

第一次参与国际法院咨询程序的案件。2008 年 2 月 17 日，科索沃宣布独立，此后科索沃要求联合国成员国对其独立予以承认。各国反应不一，其中俄罗斯、西班牙、罗马尼亚等国家对此表示反对，而美国、澳大利亚、日本以及主要欧洲国家对其予以正式承认。中国对此既没有明确反对也没有正式承认。各方对此并未达成一致，分歧严重。2008 年 10 月 8 日，联合国大会通过第 63/3 号决议，请求国际法院就科索沃临时自治政府单方面宣布独立是否符合国际法的问题提供咨询意见。[①] 法院受理后，于 10 月 17 日发出命令。该命令根据《规约》第 66 条第 1 项的规定，决定联合国及其成员国可以就此问题向法院提供信息并对他国所呈交的信息进行书面评论。[②]

中国作为联合国的成员国响应了国际法院的决定，参与了该程序。中国在法院规定的期限内就科索沃独立问题提交了书面意见。时任外交部法律顾问的薛捍勤、驻荷兰大使张军、外交部条法司副司长关键等六名中国代表团成员还赴荷兰海牙法庭参加了口述程序，向法庭陈述了中方意见。[③]

中国在书面意见中分别从三个方面，表达了中国对科索沃临时自治机构单方面宣布独立是否符合国际法问题的看法。第一，中国认为联合国安理会第 1244（1999）号决议对于解决科索沃地位问题来说，是得到国际社会承认的权威基础。安理会决议应当予以遵守。中国从该决议的内容出发，指出该决议为解决科索沃问题所规定的一系列办法和决议要达到的目标。中国还结合《联合国宪章》第 49 条的规定，

---

① A/RES/63/3, 8 October 2008.

② See *Accordance with International Law of the Unilateral Declaration of Independence by the Provisional Institutions of Self-Government of Kosovo*, Order, *ICJ Reports*, 2008, p. 410.

③ 参见外交部网站：http：//www. fmprc. gov. cn/mfa _ chn/wjdt _ 611265/sjxw _ 611273/t645388. shtml，2014 年 3 月 20 日访问。

主张各方行动应当限制在该决议框架内，认为单方面行动和强压解决方案不利于顺利解决有关问题。第二，中国强调尊重国家主权和领土完整是国际法的基本原则。中国通过分析《联合国宪章》、《关于各国依联合国宪章建立友好关系及合作之国际法原则宣言》的内容，阐述了国家主权原则。中国还以该原则被大量外交实践、国际司法以及仲裁实践所援引为例证，表明该原则作为国际法基本原则的重要性质。此外，中国还指出，该原则也是由中国 1954 年和印度、缅甸共同提出并长期倡导的和平共处五项原则的内容。第三，中国特别指出民族自决权原则具有特定内涵和适用范围。中国认为，这一国际法基本原则的适用范围有其特定界限。它仅限于受殖民统治或外国占领下的情形。这是由二战以来通过大量国际实践所确立并被各国确信具有法律拘束力的确定的国际法。中国明确表示要将自决权与分离主义所主张的分离权相区分，前者的行使不得破坏国家主权和领土完整。中国分析了民族自决权产生的历史背景、适用情形以及国际法院司法实践中对该权利的适用和援引。通过列举联合国有关文件，中国认为尽管殖民统治基本结束，但是民族自决权的适用范围没有发生变化。中国以《给予殖民地国家和人民独立宣言》、《关于各国依联合国宪章建立友好关系及合作之国际法原则宣言》、欧安会 1975 年《赫尔辛基最后文件》以及加拿大最高法院在 "魁北克分离案" 的判决为例，进一步明确了行使自决权与主权国家领土完整之间的关系，主张自决权的行使应当尊重而非破坏国家主权和领土完整。中国最后还对从主权国家脱离的分离行为予以了明确的否定。①

---

① *Written Statement of China to the International Court of Justice on the Issue of Kosovo*，April 16 2009. 参见中国国际法学会主办《中国国际法年刊 2009》，世界知识出版社，2010，第 280～285 页。

在口述程序中，薛捍勤大使代表中国重申了中方书面意见中的各项主张。在此基础上，中国通过认真研究其他国家和科索沃提交的书面意见，还就其中一些重要的国际法问题做进一步的口头说明，并对有关国家的观点予以反驳。英国、美国和科索沃等国家认为安理会第 1244 号决议不涉及尊重主权和领土完整原则，而中国则从该决议通过的背景、内容，以及决议产生时中国政府在安理会所做的立场表态进行阐述，以历史解释的方法反驳了上述观点。美国、德国还认为第 1244 号决议设定的政治进程已经终结、对单方面行动的禁止依据终止。中国也对此观点予以否认。中国认为，判断"政治进程"是否终结和下一步应采取何种行动，仍属于安理会的职责和权力范围，在安理会尚未通过新决议也未认可新提案的情况下，不能推定"政治进程"已经结束，所以科索沃的单方面行为是对第 1244 号决议的违反。中国还认为，科索沃的单方行为不仅不符合第 1244 号决议，也不符合确立的一般国际法原则。中国将科索沃单方宣布独立同 20 世纪前南斯拉夫解体进行了明确的区分，再一次表示单方面分离不受国际法保护。在对民族自决原则的解释上，中国针对一些国家的书面意见进一步阐明了立场。尤其是有些国家对 1970 年《国际法原则宣言》有关民族自决原则部分第 7 段的内容进行反向解读，认为其含有"救济性自决"或者"救济性分离"的权利。中国认为国际法上不存在这种所谓的权利。中国还指出，将 60 余个国家已经承认科索沃独立认定为既成事实，并以此支持科索沃独立并不合适。因为作为咨询意见案，国际法院的任务是回答科索沃单方宣布独立是否符合国际法这一具体法律问题，应当以该行为发生时自身的性质为准，无关宣布独立后各国态度。最后，中国表示各方应当通过协商谈判解决问题，任何单方行动都不利于维护该地区的安宁与秩序。①

在这一次书面意见的提交中，安理会五个常任理事国首次全部参与法院的该程序。而对于中国来说，正如薛捍勤法官在口述程序中所言，这也是中国第一次参与国际法院的程序，中国政府一直高度尊重法院在国际法领域的权威和重要性。② 中国的这次参与体现了对国际法院司法活动的贡献与重视。虽然这只是国际法院的咨询程序而非诉讼程序，但它却是一个历史性开端。中国在提交书面意见以后也对其他国家的书面意见进行了详细考察。通过研究其他书面意见，可以了解其他国家的意见和主张，发现中国与他国在国际法一般问题和具体问题上的观点差异，分析其他国家在对法律问题进行解释时所采用的方法以及提供的予以佐证和说明的材料。最重要的是，在了解到其他国家与中国一致或者相左的意见后，中国还能够利用参加口述程序的机会进一步强调、明确我方主张，有针对性地对有关问题进行解释和反驳。中国借此平台表达自己的观点，并对他国观点予以评价和反馈，这就形成了观点间的一轮互动。相较于案外国家仅仅通过研读国际法院案例的方法来了解国际司法制度而言，这种切身参与更具有实践性，更能使参与者真实地感受到国际司法的运作方式。通过考察国际法院在该案最后所作出的咨询意见并对照各国之前出具的书面意见，可以进一步分析出国际法院对各方观点所采纳的范围和程度。不论咨询意见的倾向和结论如何，这一完整的过程都为咨询程序的参与国，尤其是像中国这样的初次参与国提供了良好的经验和借鉴。同时，这也从另一方面表明，中国并不因为没有接受国际法院的强制诉讼管辖

---

① *Public sitting on the Accordance with International Law of the Unilateral Declaration of Independence by the Provisional Institutions of Self-Government of Kosovo*, CR 2009/29, 7 December 2009, pp. 28 – 37. 参见中国国际法学会主办《中国国际法年刊 2009》，第 286 页 ~ 294 页。

② CR 2009/29, p. 28.

权就忽视国际法院的整个司法制度和程序。在不违背中国根本立场和利益的前提下，中国会尊重并依照国际法的有关规定参与到国际法院的司法活动中去。这样的先例为中国今后更广泛、多样地参与国际司法开启了大门。

（三）有关国家参与国际法院司法活动的可参考性

目前联合国安理会五个常任理事国中接受《国际法院规约》第 36 条第 2 项的任择条款的国家只有英国。[①] 但是，对中国更具有参考意义的国家主要是俄罗斯和日本。日、俄两国过去在国际法院的管辖权和司法活动中表现并不积极，但是近年来出现了新的情况。

俄罗斯虽然没有发表接受法院任意强制管辖权的声明，但是在格鲁吉亚诉俄罗斯关于《消除一切形式种族歧视国际公约》的适用案中，俄罗斯积极应对。俄罗斯针对原告国格鲁吉亚的起诉向法院提出了初步反对意见，请求法院裁定其对该案无管辖权。法院最终也作出了对该案无管辖权的判决。在该初步反对意见中，俄罗斯首先简要介绍了与案件有关的情况，然后陈述了其所认为的"真正的争端"。随后，俄罗斯提出了四个具体的反对意见。第一，俄罗斯认为在其与格鲁吉亚之间，并不存在有关对《消除一切形式种族歧视国际公约》解释或者适用的争端。第二，该公约第 22 条所规定的程序性要求并未满足。第三，国际法院对本案缺少属地（*ratione loci*）管辖权。第四，国际法院对本案管辖权在属时（*ratione temporis*）管辖权方面也受到限制。俄罗斯还在其初步反对意见后提交了 75 份附录材料以

[①] 目前英国最新的关于接受《规约》任择条款的声明交存于 2004 年 7 月 5 日，该声明是对英国 1969 年声明的修正。See UNTC, End Note77：https：//treaties. un. org/pages/ ViewDetails. aspx? src = IND&mtdsg_ no = I-4&chapter = 1&lang = en#77，2014 年 4 月 14 日访问。

供说明。① 法院在对该初步反对意见所做判决中否定了俄罗斯的第一个主张，认为在俄罗斯和格鲁吉亚之间的确存在涉及《消除一切形式种族歧视国际公约》的争端。俄罗斯的第二个主张涉及该公约的争端解决条款（第 22 条），得到了法院的肯定。法院认为该公约的第 22 条的条件并未被满足，所以法院并不能依此建立其对该案的管辖权。也基于此，法院认为无须再对俄罗斯的第三、第四项主张进行讨论。②

俄罗斯参与该案对中国的启示是，首先，原告国依据条约的争端解决条款向国际法院提起诉讼，在这种情况下，俄罗斯的应对是通过初步反对意见对法院管辖权提出异议。这是国家在不愿被卷入国际诉讼的情况下的一个基本做法。如前所述，近年来中国在一些专业性、技术性条约中并未对所有的争端解决条款予以保留，所以不排除中国今后也会面临着与俄罗斯在该案中类似情况的可能。俄罗斯在该案中并未选择对格鲁吉亚的起诉不予理睬，这对于中国在面对类似情况的时候是一个现实案例。虽然国际法院中提出初步反对意见的案件很多，但是参与该案对于俄罗斯而言也尚属首次，这可以为同为安理会常任理事国的中国提供一定的参考。其次，从俄罗斯初步反对意见的书面内容来看，该意见分为七个部分，长达 250 页。可见俄罗斯对于格鲁吉亚的起诉给予了高度重视，在书面意见中对实质问题进行了审慎的讨论和分析。法院的裁判结果也最终符合俄罗斯的目的，认定了俄罗斯主张法院缺少管辖权的观点。俄罗斯不承认存在与格鲁吉亚的

---

① *Application of the International Convention on the Elimination of All Forms of Racial Discrimination*, (*Georgia v. Russian Federation*), *Preliminary Objections of the Russian Federation*, 1 December 2009.

② See *Application of the International Convention on the Elimination of All Forms of Racial Discrimination* (*Georgia v. Russia*), *Preliminary Objections*, *Judgment*, 1 April 2011.

争端，也不认为国际法院对该案具有管辖权，但是俄罗斯对上述观点的主张是通过详实的说理和辩驳来实现的。而在这背后所支持的应当是政府以及各类学者专家所提供的专业性的法律意见。所以，只有在充分分析和论证的基础上，才有可能说服国际法院将判决结果引至于己有利的方向。

日本于 2007 年发表了接受《国际法院规约》任择条款的声明。① 在 2011 年的南极捕鲸案中，澳大利亚起诉日本，日本应诉。这是日本第一次参加国际法院的诉讼程序。在整个诉讼过程中，日本提交了辩诉状以及针对新西兰请求参加的书面意见，还参加了从 2013 年 6 月 26 日至 7 月 16 日的口述程序。2014 年 3 月 31 日，国际法院作出判决，认为日本的捕鲸活动违反了《国际捕鲸管制公约》，日本败诉。对于这一结果，日本政府代表鹤冈公二"非常遗憾，深感失望"，但同时表示将遵从判决结果。②

在该案中，日本参与的诉讼程序比俄罗斯更为丰富。日本与澳大利亚先后进行了书面和口头意见交锋。新西兰根据《规约》第 63 条参加了本案，虽然新西兰并未在诉讼程序中与日本处于直接的对抗地位，但是日本仍然以书面和口头形式积极应对新西兰参加。在实体程序中，鉴于案件性质，诉讼当事国双方还就某些特定问题分别出具了专家意见。在格鲁吉亚诉俄罗斯的案件中，国际法院只处理了对管辖权的讨论，而在该案中，国际法院对其管辖权的确立使日本在诉讼程序上走得比俄罗斯更远也更深入。在国际法院判决日本败诉后，日本对判决结果的遵守态度是值得肯定的。它至少表示了日本对判决结果

①　http：//www. icj-cij. org/jurisdiction/index. php？ p1 = 5&p2 = 1&p3 = 3&code = JP，2014 年 4 月 14 日访问。

②　新华网：海牙国际法院就日澳捕鲸案判日本败诉，http：//japan. xinhuanet. com/jpnews/2014 - 04/01/c_ 133229324. htm，2014 年 4 月 14 日访问。

的正视和对国际法院司法权威的尊重。此外，在诉讼技术和熟练程度上，不论是语言的运用还是书面材料的提交，日本的表现也都令人印象深刻。① 这必然离不开日本对国际法院深入的研究和充分的准备，而日本的这一次应诉又无疑会对其今后参与国际司法活动提供丰富的经验。

综上而论，尽管中国在一定时期内不会像日本那样接受国际法院的任意强制管辖权，但是中国是否能在无端被别国提起诉讼时像俄罗斯、日本在国际法院的"首秀"那样有理有据，准备充分，这是中国应当重视和思考的问题。俄、日两国在国际法院的实践一方面给中国提供了参考和借鉴；另一方面也向中国预告和警示了专业的法律意见、诉讼技术和能力在诉讼过程中的重要性，而这必然离不开大量的理论研究和国际司法实践。俄罗斯的胜诉和日本的败诉虽然在裁判结果上截然相反，但是它们都为中国在接近或者试图接触国际法院诉讼程序上打开了一个新的局面。它们反映出主权国家对国际法院的司法制度在一定程度上的信任和利用，而这即是中国未来可能要走的道路。

前述三点均讨论的是中国利用参加制度可能性的外在影响因素。中国对国际法院管辖权的历史性渊源、中国籍法官的参与、中国对法院咨询程序的参与，以及俄日在法院的初始司法实践一同构成了中国利用国际法院参加制度的基本背景。它们为中国利用参加制度提供了客观的可能因素。此外，从参加制度本身的发展进程来看，各国对参加制度的态度也发生了较大变化。诉讼当事国在早期基本上对第三国参加持反对立场，后来则逐渐平缓。即使有不同意见，

---

① 日本同时运用了英语和法语两种语言，其表现"quite impressive"。2013 年 9 月 27 日，薛捍勤法官在北京理工大学举办的国际法院专题讲座中对日本做出上述评论。

当事国也选择由法院来决定而不正式提出反对。除了菲律宾参加案中当事国的反应比较强烈而均持反对意见外，在参加制度后期的案件中只有尼加拉瓜作为当事国坚持反对过哥斯达黎加和洪都拉斯的参加。这也从侧面说明，国家也逐步认可了国际法院对于参加的法理认知和判断，遵从国际法院权威，而非极力排斥第三国有限制地参与到自身与其他国家的双边争端中。事实上，这为实现加强各国和平解决国际争端和更多国家利用参加制度提供了一个和缓而开放的外部环境。

（四）参加制度与中国目前对国际法院立场的一致性

在讨论中国利用参加制度的可能性时，不可避免地要回到并落脚于中国目前对国际法院强制管辖权的态度上。这是决定中国是否可能、在多大程度上可能利用国际法院的参加制度的内在因素。可以认为，理性、适当地考虑参加制度并不违背中国目前对国际法院的立场和态度。中国尚未接受国际法院的强制管辖权，但是《规约》的第 62 条参加并不要求参加请求国一定要以接受法院管辖权为前提。如前所述，第三国参加的方式有两种：一种是以当事国身份参加，另一种是以非当事国身份参加。目前比较普遍的参加形式是后者。中国如果以非当事国身份请求参加的话，也自然无须接受国际法院的管辖权。这时，国际法院仅对原案件主程序的起诉国和被告国具有强制管辖权，参加国并不受法院最终判决的拘束。法院判决中设定的权利义务对参加国不发生法律效力，因而这也就与我国目前并非国际法院诉讼当事国的现实相一致。同时，参加另外两国的诉讼并不代表不友好行为。[①] 因为在以非当事国身份参加的情况下，

---

① Chinkin, *Third Parties in International Law*, p. 184.

参加国并不会针对任何一方的诉讼当事国提起新的争端。这样也就可以打消参加国的顾虑，澄清第三国参加的目的。管辖权问题是中国利用参加制度所应考虑的最重要的一点，也是促成和决定这种可能性的主观因素。至少在目前较长的一段时间内，中国的基本国情和外交政策主导了中国对国际法院的定位。所以，应当结合中国对国际法院司法管辖权的立场和原则研究对参加制度的利用。否则，有关中国与参加制度的讨论将缺少现实基础。

三　中国利用参加制度的路径

通过对以上因素和条件的分析可以看出，参加制度对于中国来说并非完全没有利用的可能。在特定情况下，中国可以考虑参加制度。而在选择利用该制度时，可以考虑基于以下几个路径。

（一）转变观念、认清现实

随着中国实力的增强和国际地位的提高，在积极倡导和平解决国际争端的基础上，中国应当转变过去一度对国际司法制度不信任的观念。尤其对于国际法院而言，中国应当持开放、包容和自信的心态，以同中国的大国形象相匹配。中国既不应绝对地排斥国际法院，也不应盲目地依赖国际法院。国际法院作为全球性的国际司法机构，通过几十年的努力建立起了全球性的司法权威，这一地位是其他任何国际司法机构所难以比拟的。中国没有理由也不应该远离国际法院并脱离于国际法治的现实和趋势。当然，中国近几十年来通过选任国际法院法官、部分接受多边条约的争端解决条款等方式，拉近了与国际法院的距离，改变了新中国成立初期一度对国际法院的疏远和回避态度。在国际司法制度下，现实中积极的一面特别表现在国际法院已经基本摆脱了少数大国把持的局面，它在客观上反映了国际社会对法治的价值追求，是实现国际法规范的制度载体。① 从西南非洲案到尼加拉瓜军事行动与准军事行动案，国际法院形象和地位的积极转变值得国际社会称赞。

但是与此同时，中国也不能盲目相信现行国际司法体制的公正性，一味追求或赞同任何以法律名义所采取的国际行动或得出的国际结论。② 现实中消极的一面是，国际社会仍然是以强权和实力为主导的社会。在这种大国博弈的背景下，国家在经济、政治、军事、文化等方面的发展和综合国力的提升，有助于国家获得更高的国际地位，以此有效维护国家利益。在国际法院中，安理会五个常任理事国除英国外目前都不接受国际法院强制管辖权。而通过国际法院对科索沃独立所发表的咨询意见，以及中国参与该案提交书面意见的实践可以看出，各国以及国际法院对国际法的理解和适用在一定程度上还存在很大差异。中国的意见和主张对国际法院的影响并不明显，这就使中国在实现通过国际法院将国际法"为我所用"的方面还存在一定困难。尽管如此，中国对各个国家在国际法院的胜诉和败诉都应当持之以平和心态，并且相信中国有能力逐步深入地融入国际司法体制、深入西方法治话语权体系，也相信国际法院能够在司法解决国际争端、推动国际法治化进程上发挥更显著的作用。

(二) 理性选择、灵活运用

在中国作为第三国基本符合《国际法院规约》第 62 条规定的基本条件的前提下，中国目前可以选择以非当事国身份请求参加特定类型的案件，这是中国能够结合自身请求参加的最基本形式。非当事国

---

① 参见苏晓宏《变动世界中的国际司法》，北京大学出版社，2005，第 164 页。
② 何志鹏：《大国政治中的司法困境——国际法院"科索沃独立咨询意见"的思考与启示》，载《法商研究》2010 年第 6 期，第 59～60 页。

身份使中国能够回避对第三国接受国际法院管辖权的要求，符合中国目前对国际法院管辖权的基本立场，实践时也无需获得诉讼当事国的同意。这在一定程度上减轻了参加请求国程序上的负担，减少了获得法院许可的难度。就案件的类型而言，中国还应当理性选择适当的案件请求参加。并不是所有类型的案件中国都要而且都能积极介入。尤其在领土、划界争端方面，中国一直主张双方和平谈判，以协商方式处理问题。这些争端政治性强，涉及国家重大利益，且案情往往复杂敏感。所以对于涉及此类争端的诉讼，中国暂时不宜参加。但是在其他方面，诸如外交保护、经济贸易、环境保护等非政治性的、不威胁中国核心利益的争端则可以考虑参加。希腊参加国家管辖豁免案对于中国来说就是一个可以适用的类似案例。它主要涉及一般国际法问题，当事国和参加国在诉讼过程中讨论的焦点，也是集中在国家管辖豁免的国际法原则同国际强行法的关系上。所以不论结果如何，类似于这样的案件也不会严重危害国家的政治和安全利益。

在未来中国有可能接受国际法院强制管辖权的基础上，中国以后可以考虑以当事国身份请求参加。同时，鉴于中国目前和未来对部分条约争端解决条款不再一概保留的情形，中国根据《规约》第 63 条提出对涉及某条约解释案件的参加请求也极有可能。所以在以后条件允许的情况下，以非当事国身份的第 62 条参加、以当事国身份的第 62 条参加以及有关条约解释的第 63 条参加都将成为中国可考虑的范围。中国应当灵活选择参加方式，最大化实现参加目的，维护中国的国家利益。

(三) 早作准备、从长计议

中国应当对参加制度早作准备、从长计议。中国尚未广泛参与国际司法程序，所以对于该领域的研究仍然不够深入、细致和系统。在对国际法院的研究中，宽泛、单一的研究较为常见，对于某个案件或具体问题的分析不乏优秀之作，但是中国却很少出现国外那样能对国际法院整个司法制度进行体系化研究的学者和研究成果。参加作为法院的一个附带程序，同管辖权问题或国际法实体法里的诸多问题相比，可能在受关注度上略逊一筹，但是应当认为，国际法是一个统一的整体，国际司法制度与国际法院亦如此。只有将参加制度置于国际法院和整个国际法发展的背景下，才能全面把握该制度的理论、实践及其发展，才能结合中国自身情况找到合理利用该制度的切入点和出发点。以此为要求，中国对参加制度的理解和领会不能临时应对、个案解决，而是应当早作准备，先于可参加的情形出现前加强和夯实该领域的研究，掌握可能参加的主动权。

本部分的标题为"参加制度对中国的启示"。其中心词之所以为"启示"，是由于考虑到中国利用参加制度的问题并非一朝一夕之举。首先，国际法的发展是一个长期的过程。例如，参加制度中对"法律利益"这一概念的解释和判断，一直在国际法院以及学者间讨论了几十年，这还不包括参加制度以外如巴塞罗那电车公司案、西南非洲案等对"法律利益"本身的讨论。其次，在司法实践中，国际法院的案件从受理到结案一般都要经过几年甚至十年的时间。尽管参加程序的审理期间要短于实体程序，但是一旦许可参加后，参加国同样要经历实体程序的时间跨度，而且考察参加的效果也脱离不了案件最后的实体判决。所以实践中时间因素对参与国际司法是一个考验。再次，中国本身对国际法院的诉讼程序也有一个缓慢研究和接受的过程。中国不会对国际法院的诉讼程序完全置身事外、不理不睬，但是从学习到行动还需要长久的准备和研究。国际社会纷繁复杂，国际法的发展也并非一帆风顺，所以考虑利用参加制度时应当将其置于一个较为长期的时间背景下，而不能妄想一蹴而就。

（四）积累经验、培养人才

中国应当加强在国际司法实践的经验积累和国际司法人才的培养。中国目前在国际司法方面的经验和实践依然不足。以中国参加科索沃独立咨询案为例，同其他国家相比，中国提具的书面意见显得较为简单。从篇幅上来看，中国只有 7 页，而美国有 90 页，英国有 130 页，俄罗斯有 40 页。中国的意见似乎对国际法院最终的咨询意见未产生较大影响。[①] 史久镛法官参加了咨询案的口述程序，但后来由于辞职而未能参与法院投票并发表个人意见，这对于中国在事关国家利益的案件上的确有些遗憾。[②] 而在南极捕鲸案中，日本仅就新西兰请求参加提交的书面意见就长达 90 页，日本参加的口述程序也为期半个多月。尽管日本最终败诉，但是日本首次参与国际法院诉讼程序为其本国也为中国提供了经验和参考。

在实践经验不足的情况下，中国更应当注重国际法领域的人才培养和力量储备。中国应当不断培养对国际法理论和实践有深入研究、熟练掌握司法诉讼技术、具有诉讼经验并能熟练驾驭英语、法语的人才。国家在国际司法中的成败最终会落实在代表中国撰写、提交法律文书和参与口述程序的法律代表与法律顾问上。如果没有强大的人才储备，很难在短时间内充分准备并熟练参与。而代表国家的大批国际法人才的培养也需要相当长的时间，这就为政府、各类研究机构、学术团体、律师协会和国内高等院校提出了任务和要求。中国国内的法

---

① 实际上何志鹏教授在《大国政治中的司法困境——国际法院"科索沃独立咨询意见"的思考与启示》一文中对国际法院咨询意见提出了批评，认为国际法院得出了"具有误导性和危险性"的咨询意见。参见何志鹏《大国政治中的司法困境——国际法院"科索沃独立咨询意见"的思考与启示》，载《法商研究》2010 年第 6 期，第 55~62 页。

② 参见余民才《国际法的当代实践》，中国人民大学出版社，2011，第 44 页。

学教育应当与国际接轨，在注重国际法学科建设的同时还应积极创造机会选送学生到国际司法机构实习和工作，为其今后成为国际司法机构法官或工作人员积累经验。[①] 目前，高校举办的各类模拟法庭、模拟仲裁庭、模拟联合国等已经为培养国际法人才提供了良好的平台。而在实践参与方面，中国律师作为国际律师团成员也已经参与了国际法院的诉讼活动。2000 年 5 ~ 6 月间，具有中法两国律师资格的陈洪武律师在国际法院的卡塔尔与巴林间海域划界和领土问题案中以巴林政府法律顾问的身份出庭辩论，成为在国际法院出庭的首位中国律师。[②] 不论是国内培养还是国外实践，这都为中国今后参与国际司法积备了人才，为中国有效利用国际法和国际司法制度打下了基础。

四 国际法应当加强案例研究：从参加制度说开去

案例研究方法是国际法学研究的基本方法之一。对国际法学基本理论问题的分析离不开国际法案例，而国际法的形成和发展也往往来源于鲜活的国际法案例。故而，对国际法院参加制度的研究在很大程度上依赖于参加制度在国际法院的司法实践，仅仅靠对《国际法院规约》和《国际法院规则》中相关法条的文本研究并不能充分认识和解读参加制度。

案例研究在国际法研究中具有举足轻重的地位。在当今国际法治建设进程中，国际司法实践缓慢推动国际法理论与实践的发展，同时对中国在世界上维护合法权益亦有预判和警示作用。因此，从参加制度说开去，我们认为，国际法应当加强案例研究，尤其是对常设国际

---

① 赵海峰：《中国与国际司法机构关系的演进》，第 12 页。
② 赵海峰、荣吉平：《国际法院——成就与挑战》，载《人民司法》2005 年第 4 期，第 99 页。

司法裁判机构的案例研究不应掉以轻心，更不应回避。

加强国际法的案例研究，并不意味着中国政府必然接受或同意国际司法机构的管辖权，也不意味着完全认可其过去或将来做出的司法裁判，而是应当通过案例研究注意到国家和国际司法实践的线索及发展动向，引起法律界和实务界的关注。

加强国际法的案例研究，主要基于以下几点考虑：

第一，处理涉外事务亟须通晓国际法律规则的法治人才队伍。党的十八届四中全会作出的《中共中央关于全面推进依法治国若干重大问题的决定》指出，"建设通晓国际法律规则、善于处理涉外法律事务的涉外法治人才队伍"。国际司法制度中蕴含了国际法律规则的运行和对法律规则的解释，国际法律规则的演变和发展亦在国际司法裁判的程序和实体上体现出来，加强案例研究有助于掌握国际法律规则。

第二，从基于较长时间的国际司法裁判案例中可以发掘出国际司法裁判机构与国家和国际组织间的互动脉络。国际司法制度的发展是一个长期的过程，其以一定数量的案件为累积。不同时期，国家利益、国家战略以及国际关系发生调整和变化，但基于较长时间的国际司法裁判却不因个体定位的变化而变化。案例能够在一定程度上反映出国际法主体在处理对外事务和国际事务过程中的历史脉络以及国际司法裁判机构对其行为的法律意见和立场。

第三，从案例研究中可以看出国际争端类型和程序性制度在不同时期的特点和变化。恐怖主义、金融危机、气候变化等国际社会非传统安全因素的不断增加，也使国际冲突和争端出现新的变化，这就为国际司法裁判带来更大挑战。从提交国际司法裁判机构的案件类型看，20 世纪国际争端多集中在领土主权争端和海洋划界争端等传统领域，进入 21 世纪后，国家间争端呈现出多样化的特点，如外交保护、国家管辖与豁免、环境保护、国际刑事司法协助等。而在程序性问题上，例如临时措施、诉讼参加等程序性制度也随国际司法裁判制度的发展而发展，并在后期出现了新趋向。这都需要案例研究的跟踪和解析。

第四，就案例研究本身而言，司法裁判对程序和实体问题的处理以及各当事方的观点和立场既需要个案分析，也能对未来裁判起到预判作用。其一，从法院对事实认定和法律适用中，可以看到国际法规则和原则的演变和适用趋势、对相关法律概念的界定方法，以及对有关条约的解释与适用方法。其二，从法院对证据的采用可以看到有关证据的证明力和证据能力，如国家和政府的官方行为、国内法院所做的涉外判决、国内法院对条约的适用，以及知名法学家观点等都有可能作为法庭证据。其三，从法院的附带程序和实体程序可以明确当事国的观点、态度和相关国家实践。其四，从法院判决中不仅可以看出整个法庭的立场，而且还能从判决的个别意见或少数意见中，发掘既作为学者又作为裁判者的法官对具体问题在历史和现时环境下观点的特点及变化。

具体而言，加强国际法案例研究可从以下几点入手。

一是保持国际法案例研究的长期性和系统性，对案例进行稳定的追踪式研究。目前国际法学在案例研究领域相对薄弱，相关文献数量较小，多为个案研究，成体系化的论文和专著尚不多见。国际法的发展并非朝夕所为，国际司法实践所反映出的规律性、倾向性和趋势性存在于较长期的历史演进过程，因而在个案研究的基础上，持续的系统性研究必不可少。尤其是对案例中所适用、解释的有影响力的国际条约和国际习惯法的讨论与探索，需要投入必要的时间和研究精力。国外学者常有不间断的追踪研究和个人专著，对某个或数个国际性法庭进行深入探讨，如菲茨莫里斯、罗森、瑟威等，而我国学者在这方面仍大有研究的拓展空间。

二是政府与研究人员应保持长期沟通，建立常规性合作机制。政府代表国家处理对外事务，解决国际争端，而其行为背后需要强有力的法理支撑。这就依赖于专家学者以及智库对包括国际法案例在内的长期研究。而学者研究如果脱离了国家和政府这一现实背景，其研究也就无法解决实际问题，更不用说为国家利益服务。因而，政府和研究人员应保持长期互通，定期邀请有关专家进行调研和研讨，充分发挥政府及其部门的咨询委员会作用。例如，外交部国际法咨询委员会会集了国内权威的国际法学者，其就重大外交问题提供了相关法律意见、研究报告和政策建议。需要注意的是，对专家学者的意见咨询应尽量避免临时"搬救兵"，否则其临时"智囊团"发挥作用有限，无法切实解决实际问题。

三是选任、鼓励和支持中国官员、中国学者、律师及学生在国际司法裁判机构任职、交流和学习。亲历法庭的经验比书面的案例研究更具学习和指导意义。如前文所述，目前已有多名中国籍法官在国际性法庭中担任法官等职务，在此基础上，还应当加强对此类官员和人才的培养与储备，从而能更深入地了解裁判程序和规则，承接中国与世界的话语与思维的桥梁作用，促进中国话语体系和法律逻辑体系在世界的呈现与交流。

四是通过高校加强法律英语和国际法模拟法庭的日常教学和培训。包括国际司法判决在内的国际法律文书往往长达几百页，且法律英语的表达和运用具有极强的专业性。尽管目前大部分高校的法学教育中设有"法律英语"课程，但师资水平在专业性上仍需提高。同时，国际法律文书中的英语与普通的法律英语又有所不同，这更需要国际法学的专任教师发挥日常教育教学作用。此外，通过国际法模拟法庭的教学和比赛，增强学生对国际司法制度的认识和对国际司法案例的研习。目前全国高校在参加国际法模拟法庭比赛方面成效显著，在国际赛事上也取得了较好的成绩，但在国际法模拟法庭的日常教学上重视程度仍不够，而是仅仅局限于少数师生的赛事培训。

五是重视国际司法裁判的案例翻译和汇编工作。尽管案例翻译和汇编多由学者个人根据研究需要而做，少数为政府部门组织翻译汇编，且多数国际法研究人员直接阅读案例的英文原文，但案例翻译工作仍然不可或缺。一方面，中文翻译方便各领域学者和学生的直接研究；另一方面中文语言是联合国的官方语言，在某些情况下还作为国际公约的作准文本，具有较高专业性的中文案例翻译能够为中英文国际法律文书互译时对应的专业性和准确性积累学术资料。另外，国际司法裁判的案例汇编也是案例研究中系统性的资料来源。我国学者如贺其治教授、邵沙平教授等对国际司法裁判曾有过专门的案例汇编研究，早期还有陈致中教授、邹克渊教授和中国政法大学国际法教研室等编著、编译的成果，这些都为国际法案例研究提供了丰富的资料和参考，但随着国际司法裁判机构受案量的逐年增加，案件复杂程度不断增大，国内学者和研究机构的案例汇编研究已跟不上国际性法庭的裁判进程。这需要各方研究人员持续跟进，为现时的案例研究累积材料。

扎扎实实做好国际法的案例研究，对国际法研究来说既是重要基础，也是有效路径。而国际法发展是一个漫长的过程和实践，国际法治和国际秩序的建立亦如此。中国在和平崛起的过程中，通过对国际法的研究提出国际法治的"中国方案"，提升中国在国际社会的制度性话语权，这既是维护国家利益，也是作为大国对世界和平与发展做出的贡献。

与国际法院参加制度有关的案例研究成果汇总

案例名称 \ 案例研究成果（出版时间）/作者	《国际法案例选》(1986) 陈致中、李斐南 选译	《国际法院审判案例评析》(1991) 邹克渊	《国际公法案例评析》(1995) 中国政法大学国际法教研室编	《国家责任法及案例浅析》(2003) 贺其治	《国际法院新近案例研究 (1990~2003)》(2006) 邵沙平主编
温布尔顿号案（英国、法国、意大利诉德国，波兰请求参加）	√				
哈雅德拉托雷案（哥伦比亚诉秘鲁）			√	√	
罗马黄金案（意大利诉法国、英国、美国）	√	√		√	
巴塞罗那电车公司案（比利时诉西班牙）	√	√	√	√	
核试验案（新西兰诉法国、新西兰澳大利亚，斐济请求参加）	√	√	√	√	
大陆架案（突尼斯与利比亚、马耳他请求参加）		√	√		
大陆架案（利比亚与马耳他、意大利请求参加）		√	√		

续表

案例名称 ＼ 案例研究成果（出版时间）／作者	《国际法案例选》（1986）陈致中、李斐南 选译	《国际法院审判案例评析》（1991）邹克渊	《国际公法案例评析》（1995）中国政法大学国际法教研室编	《国家责任法及案例浅析》（2003）贺其治	《国际法院新近案例研究（1990～2003）》（2006）邵沙平主编
尼加拉瓜军事行动案（尼加拉瓜诉美国，萨尔瓦多请求参加）		√			
陆地、岛屿和海域边界争端案（萨尔瓦多与洪都拉斯，尼加拉瓜请求参加）			√	√	
东帝汶案（葡萄牙诉澳大利亚）				√	√
陆地和海域边界案（喀麦隆诉尼日利亚，赤道几内亚请求参加）					√
利吉丹岛和西巴丹岛主权案（印度尼西亚与马来西亚，菲律宾请求参加）					√
领土和海域争端案（尼加拉瓜诉哥伦比亚，哥斯达黎加、洪都拉斯请求参加）					
国家的管辖豁免案（德国诉意大利，希腊请求参加）					
南极捕鲸案（澳大利亚诉日本，新西兰请求参加）					

结　论

　　从 1922 年至今，《常设国际法院规约》、《国际法院规约》及其相应的法院规则同法院的九个参加案例一同构成了《规约》第 62 条下的参加制度。《规约》和《规则》建立了制度框架，而司法实践则不断充实、完善制度内容，它们通过一点一点地解决不同问题来逐步推动制度的发展。20 世纪 90 年代以前是该制度的唤醒期，虽然斐济、马耳他和意大利因为各种原因未能成功参加，但是关于参加的讨论已经在法院和学者间热烈起来。1990 年分庭对尼加拉瓜的参加许可意味着参加制度的复苏，这更激起了第三国保护其自身利益的期望。当然，此后的发展仍然一波三折。菲律宾、哥斯达黎加和洪都拉斯参加失败而赤道几内亚、希腊参加成功的案例表明该制度亦有其严格的许可标准和各种待完善之处。可以说，这是一个发展中的制度。它的发展虽然不会像一般国际法问题那样产生普遍性影响，但是它却是国际司法制度充满活力的表现。法院对第 62 条的适用表明，国际法不仅保护诉讼当事国，而且也保护诉讼当事国以外的国家，这是法律公平、正义的体现。国际法院已经敞开了第三国依据第 62 条参加的大门。

　　参加制度与法院的既判力原则具有潜在的联系。《规约》第59条使诉讼当事国以外的国家不受本诉讼程序所做的判决拘束。由于国际争端往往具有多边性和复杂性，所以第59条对第三国的保护并不充分。它可以保证法院判决拘束力只及于本案和本案当事国，但是却无法保证判决的影响力不涉及案外其他国家。这时，第62条就有其存在的必要。但是，第59条和第62条对第三国的保护不应当是非此即彼相互排斥的关系，因为后者保护的范围大于前者。法院在判断第62条能否适用的时候，应当严格依照第62条的规定进行审查和讨论，否则该条就没有单独存在的必要。

　　法院在前期案例中主要解决的是参加制度的基本问题，即该制度适用的可能性、第三国参加的构成要件等。这是法院启动第62条的前提。参加的三个构成要件的理论及其相应讨论在法院的实践和判决中着墨各有不同。以管辖根据问题的解决为分界点，法院在后期案例中主要解决的是评判"法律性质的利益"的标准问题。这一问题也将是今后法院关注和讨论的重点。根据《规约》和《规则》的规定，第三国请求参加诉讼程序应当具备两个基本要件。第一，该国的法律利益可能会受到法院对他国诉讼所做判决的影响。第二，第三国请求参加应当具有明确的参加目的。第三国请求参加有两种形式，一种是以非当事国身份参加，这是第三国普遍选择的形式；另一种是以当事国身份参加，目前尚无实践先例。如果是前者的话，只需要符合上述两个基本要件；如果是后者，则还应当具备另一特别要件，即第三国应当具有管辖根据，也即该国同诉讼当事国间应当具有管辖联系。这时，第三国就能以当事国的身份参加到诉讼程序中。它可以提出独立的诉讼主张，享有和履行相应的当事国权利义务。法院的实体判决也将对该国产生拘束力。对于决定第三国的参加请求是否符合要求，法院对此具有自由裁量权。当事国一方或双方的反对对是否许可参加的裁判结果不具有决定性，当然当事国的意见是法院考虑的一个重要因素。

法院逐步明确前述三个要件各自的内容和地位预示着参加制度积极的发展方向，但是回过头来再看常设法院时期该制度的最初设立，不免对于历史遗留问题要多加讨论。一方面，最初制定制度规则的时候，各国在许多问题上未能达成一致，而且国际上其他可比较可借鉴的类似制度也非常罕见，所以在具体规则的设定上有很多模糊不清的地方。对于这样的规定，国际法院后来的适用和裁判必然会遇到诸多问题，而且可能会产生各种矛盾的解释。各方免不了会抱怨，从而加剧对制度的消极认识，减缓、阻碍制度的发展。但是另一方面，对于立法的遗留问题应当抱以另一种宽容的心态。尤其是国际法同国内法相比较，其作为一种弱法，本身就是主权国家间相互协调的产物。这种协调性在国际法院的建立过程中表现得尤为明显。在这样的背景下，一个制度在其初始时期很难达到精细且面面俱到的状态，更何况该制度最原始的根源还在于各国的国内法。各国法律与实践各有不同，要在对应的国际制度上达到统一是非常困难的。另外，法律制度设立者的预见性是有限的，他们不可能预测到国际社会和国际法发展的进度，也无法直接判断实践中何时会出现何种问题。而事实上国际法的理论和实践都一直处于发展的过程中，但是发展的程度和节奏并不完全相同，例如，参加三要件问题的解决和理论确定并不是同步的。因而立法的模糊性未必是一件坏事。

所以，对于一个制度的设立和发展来说，要赋予其充分的发展空间——在立法和实践的适用与解释中不能过于死板，在保持裁判一致性的前提下推动制度发展，保持裁判的一致性有助于树立裁判的权威。而只有对裁判有说服力的推翻或变更才能在推动制度发展的基础上不减损之前的权威性。实践中不必一次解决所有问题，一次能解决一个小问题也就是推动了制度的发展。法院应当重视法官意见，没有法官各种意见的交汇就很难看见问题的全貌。参加制度也就更没有今天的发展。与此同时，还应当防止国家滥用制度和权力，尤其是在各种规则尚有解释空间的时候，法院在公平、公正裁判方面应当具有决定性作用。

参加制度目前仍然存在一些问题。有关对可能受判决影响的法律利益的判断标准、参加国的阅卷权、当事国参加等问题依然有讨论的空间。尤其是法律利益问题，它是法院认定标准中的重中之重。而从判例来看，法院的标准仍不具有严格的确定性和稳定性。1990 年以后的案件中，法院对法律利益的把握时宽时严。从裁判结果上看，法院对尼加拉瓜和赤道几内亚参加请求的许可给哥斯达黎加和洪都拉斯造成了一种潜在的、不适当的理解，这使得后二者的参加失败成为学者们批评的对象。而法院在希腊参加案中许可了希腊的请求，但未对许可参加给出任何可信的说明，这也被人认为法院还是会在今后一个案子接一个案子的裁判，这种结果会导致请求国采用一种试验性的、错误的路径。① 总的来说，法院对法律利益的把握并没有因为放开了尼加拉瓜、赤道几内亚和希腊的参加请求而越来越宽松。相反，法院后来在标准认定上的不稳定倒是可能加剧了对法律利益的限制。因为各方在论证自己的法律利益要件时还没有确定标准，这可能导致证明缺乏针对性，从而使法院不敢轻易认定第三国具有符合第 62 条规定的法律利益。另外，法院的这种倾向也可能是出于维护争端解决司法性的目的。第三国越是容易参加到诉讼中，诉讼当事国越是不愿意将争端

① Raju & Jasari, "Intervention before the International Court of Justice-A Critical Examination of the Court's Recent Decision in Germany v. Italy", p. 79.

诉诸法院。这时，申请仲裁可能是诉讼当事国更愿意选择的途径。法院为了避免这种趋势的出现，也会对放开参加进行谨慎的判断。

从根本上讲，法院面临的主要任务是平衡当事人自治和第三国利益保护二者间的矛盾。这也是由诉讼程序的相对性和司法裁判所具有的公正的本质所引起的。之所以有些问题仍然不确定，是因为法院在平衡这两个矛盾时具有不确定性。而要将这种不确定转变为确定还需要法院在司法实践中不断思考和探索。不难看出，法院大部分的关注点还是在诉讼当事国上。因为除非是以非当事国形式参加，否则在实体诉讼程序中，诉讼当事国仍然是法庭上的主角。法院对第三国参加请求的考量也必然会联系诉讼当事国的主张和论证。但是，第三国的出现可以使法院从相对更广阔和更清楚的视角审视诉讼的主要事项。在对诉讼实体进行判断时，法院会自觉考虑到判决可能对诉讼外国家所造成的影响。法院如果能很好地践行这个理念，那么参加制度设立的目的也就实现了。

对于中国来说，参加制度具有重要的法律理论意义和现实意义。尽管新中国尚未接受国际法院强制管辖权，但是参加制度不应当被忽视。① 参加制度本身就处于发展中，而中国作为联合国的创始会员国和《国际法院规约》的当然当事国，应当尽早地、充分且持续地对国际法院的司法制度进行学习和研究。这是为中国今后更加积极地参与国际司法活动提供准备，也是深入了解国际法发展的一个最重要途径。如果中国在未来遇到可能参加的情形，而案件又不涉及国家政治、安全等核心利益时，非当事国参加的形式可以是中国的一个潜在选

---

① 当然，临时措施和反诉等其他附带程序也不应当被忽视，而国际法院管辖权问题和国际法院司法实践中的各种国际实体法问题则更是如此，它们是系统、深入研究国际法院和国际司法制度的基础。

择。这也是中国在特定法律问题上表明立场、利用平台把握话语权的一种间接方式。

国际法治进程虽然缓慢，但是国际法院在推动国际法治方面一直处于主导地位，参加制度则体现了其中的一个方面。国际法院也只有在今后的实践中更进一步明确标准，合理适度地把握规则，参加制度才能在复兴之后发挥其应有职能。

附录1
联合国宪章[*]

我联合国人民同兹决心

欲免后世再遭今代人类两度身历惨不堪言之战祸，

重申基本人权，人格尊严与价值，以及男女与大小各国平等权利之信念，

创造适当环境，俾克维持正义，尊重由条约与国际法其他渊源而起之义务，久而弗懈，

促成大自由中之社会进步及较善之民生，

并为达此目的

力行容恕，彼此以善邻之道，和睦相处，

集中力量，以维持国际和平及安全，

---

* 联合国在其官方网站上提供了《联合国宪章》的中文译文，参见 http：//www. un. org/zh/
charter-united-nations/index. html，2016 年 9 月 15 日访问。《联合国宪章》经核证无误的副
本［Certified True Copies（CTCs）］（含中文文本）交存于联合国秘书长，电子版
（https：//treaties. un. org/doc/Publication/CTC/uncharter-all-lang. pdf）可见于联合国条约库
（https：//treaties. un. org/Pages/CTCTreaties. aspx？id = 1&subid = A&clang = _ en）。本附录
结合上述副本（中文文本）的内容对联合国官网提供的中文译文中明显的字词错误进行
了修正。

接受原则，确立方法，以保证非为公共利益，不得使用武力，

运用国际机构，以促成全球人民经济及社会之进展，

用是发愤立志，务当同心协力，以竟厥功

爰由我各本国政府，经齐集金山市之代表各将所奉全权证书，互相校阅，均属妥善，议定本联合国宪章，并设立国际组织，定名联合国。

第一章　宗旨及原则

第一条

联合国之宗旨为：

一、维持国际和平及安全；并为此目的：采取有效集体办法，以防止且消除对于和平之威胁，制止侵略行为或其他和平之破坏；并以和平方法且依正义及国际法之原则，调整或解决足以破坏和平之国际争端或情势。

二、发展国际间以尊重人民平等权利及自决原则为根据之友好关系，并采取其他适当办法，以增强普遍和平。

三、促成国际合作，以解决国际间属于经济、社会、文化及人类福利性质之国际问题，且不分种族、性别、语言或宗教，增进并激励对于全体人类之人权及基本自由之尊重。

四、构成一协调各国行动之中心，以达成上述共同目的。

第二条

为求实现第一条所述各宗旨起见，本组织及其会员国应遵行下列原则：

一、本组织系基于各会员国主权平等之原则。

二、各会员国应一秉善意，履行其依本宪章所担负之义务，以保

证全体会员国由加入本组织而发生之权益。

三、各会员国应以和平方法解决其国际争端，避免危及国际和平、安全及正义。

四、各会员国在其国际关系上不得使用威胁或武力，或以与联合国宗旨不符之任何其他方法，侵害任何会员国或国家之领土完整或政治独立。

五、各会员国对于联合国依本宪章规定而采取之行动，应尽力予以协助，联合国对于任何国家正在采取防止或执行行动时，各会员国对该国不得给予协助。

六、本组织在维持国际和平及安全之必要范围内，应保证非联合国会员国遵行上述原则。

七、本宪章不得认为授权联合国干涉在本质上属于任何国家国内管辖之事件，且并不要求会员国将该项事件依本宪章提请解决；但此项原则不妨碍第七章内执行办法之适用。

第二章　会员

第三条

凡曾经参加金山联合国国际组织会议或前此曾签字于一九四二年一月一日联合国宣言之国家，签订本宪章，且依宪章第一百一十条规定而予以批准者，均为联合国之创始会员国。

第四条

一、凡其他爱好和平之国家，接受本宪章所载之义务，经本组织认为确能并愿意履行该项义务者，得为联合国会员国。

二、准许上述国家为联合国会员国，将由大会经安全理事会之推荐以决议行之。

第五条

联合国会员国，业经安全理事会对其采取防止或执行行动者，大会经安全理事会之建议，得停止其会员权利及特权之行使。此项权利及特权之行使，得由安全理事会恢复之。

第六条

联合国之会员国中，有屡次违犯本宪章所载之原则者，大会经安全理事会之建议，得将其由本组织除名。

第三章 机关

第七条

一、兹设联合国之主要机关如下：大会、安全理事会、经济及社会理事会、托管理事会、国际法院及秘书处。

二、联合国得依本宪章设立认为必需之辅助机关。

第八条

联合国对于男女均得在其主要及辅助机关在平等条件之下，充任任何职务，不得加以限制。

第四章 大会

组 织

第九条

一、大会由联合国所有会员国组织之。

二、每一会员国在大会之代表，不得超过五人。

职 权

第十条

大会得讨论本宪章范围内之任何问题或事项，或关于本宪章所规定任何机关之职权；并除第十二条所规定外，得向联合国会员国或安全理事会或兼向两者，提出对各该问题或事项之建议。

第十一条

一、大会得考虑关于维持国际和平及安全之合作之普通原则，包括军缩及军备管制之原则；并得向会员国或安全理事会或兼向两者提出对于该项原则之建议。

二、大会得讨论联合国任何会员国或安全理事会或非联合国会员国依第三十五条第二项之规定向大会所提关于维持国际和平及安全之任何问题；除第十二条所规定外，并得向会员国或安全理事会或兼向两者提出对于各该项问题之建议。凡对于需要行动之各该项问题，应由大会于讨论前或讨论后提交安全理事会。

三、大会对于足以危及国际和平与安全之情势，得提请安全理事会注意。

四、本条所载之大会权力并不限制第十条之概括范围。

第十二条

一、当安全理事会对于任何争端或情势，正在执行本宪章所授予该会之职务时，大会非经安全理事会请求，对于该项争端或情势，不得提出任何建议。

二、秘书长经安全理事会之同意，应于大会每次会议时，将安全理事会正在处理中关于维持国际和平及安全之任何事件，通知大会；于安全理事会停止处理该项事件时，亦应立即通知大会，或在大会闭会期内通知联合国会员国。

第十三条

一、大会应发动研究，并作成建议：

（子）以促进政治上之国际合作，并提倡国际法之逐渐发展与编纂。

（丑）以促进经济、社会、文化、教育及卫生各部门之国际合作，且不分种族、性别、语言或宗教，助成全体人类之人权及基本自由之实现。

二、大会关于本条第一项（丑）款所列事项之其他责任及职权，于第九章及第十章中规定之。

第十四条

大会对于其所认为足以妨害国际间公共福利或友好关系之任何情势，不论其起源如何，包括由违反本宪章所载联合国之宗旨及原则而起之情势，得建议和平调整办法，但以不违背第十二条之规定为限。

第十五条

一、大会应收受并审查安全理事会所送之常年及特别报告；该项报告应载有安全理事会对于维持国际和平及安全所已决定或施行之办法之陈述。

二、大会应收受并审查联合国其他机关所送之报告。

第十六条

大会应执行第十二章及第十三章所授予关于国际托管制度之职务，包括关于非战略防区托管协定之核准。

第十七条

一、大会应审核本组织之预算。

二、本组织之经费应由各会员国依照大会分配限额担负之。

三、大会应审核经与第五十七条所指各种专门机关订定之任何财政及预算办法，并应审查该项专门机关之行政预算，以便向关系机关提出建议。

投　票

第十八条

一、大会之每一会员国，应有一个投票权。

二、大会对于重要问题之决议应以到会及投票之会员国三分之二多数决定之。此项问题应包括：关于维持国际和平及安全之建议，安全理事会非常任理事国之选举，经济及社会理事会理事国之选举，依第八十六条第一项（寅）款所规定托管理事会理事国之选举，对于新会员国加入联合国之准许，会员国权利及特权之停止，会员国之除名，关于施行托管制度之问题，以及预算问题。

三、关于其他问题之决议，包括另有何种事项应以三分之二多数决定之问题，应以到会及投票之会员国过半数决定之。

第十九条

凡拖欠本组织财政款项之会员国，其拖欠数目如等于或超过前两年所应缴纳之数目时，即丧失其在大会投票权。大会如认拖欠原因，确由于该会员国无法控制之情形者，得准许该会员国投票。

程　序

第二十条

大会每年应举行常会，并于必要时，举行特别会议。特别会议应由秘书长经安全理事会或联合国会员国过半数之请求召集之。

第二十一条

大会应自行制定其议事规则。大会应选举每次会议之主席。

第二十二条

大会得设立其认为于行使职务所必需之辅助机关。

第五章　安全理事会

组　织

第二十三条

一、安全理事会以联合国十五会员国组织之。中华民国、法兰西、苏维埃社会主义共和国联盟、大不列颠及北爱尔兰联合王国及美利坚合众国应为安全理事会常任理事国。大会应选举联合国其他十会员国为安全理事会非常任理事国，选举时首宜充分斟酌联合国各会员国于维持国际和平与安全及本组织其余各宗旨上之贡献，并宜充分斟酌地域上之公匀分配。

二、安全理事会非常任理事国任期定为二年。安全理事会理事国自十一国增至十五国后第一次选举非常任理事国时，所增四国中两国之任期应为一年。任满之理事国不得即行连选。

三、安全理事会每一理事国应有代表一人。

职　权

第二十四条

一、为保证联合国行动迅速有效起见，各会员国将维持国际和平及安全之主要责任，授予安全理事会，并同意安全理事会于履行此项责任下之职务时，即系代表各会员国。

二、安全理事会于履行此项职务时，应遵照联合国之宗旨及原则。为履行此项职务而授予安全理事会之特定权力，于本宪章第六章、第七章、第八章及第十二章内规定之。

三、安全理事会应将常年报告、并于必要时将特别报告，提送大会审查。

第二十五条

联合国会员国同意依宪章之规定接受并履行安全理事会之决议

第二十六条

为促进国际和平及安全之建立及维持，以尽量减少世界人力及经济资源之消耗于军备起见，安全理事会借第四十七条所指之军事参谋团之协助，应负责拟具方案，提交联合国会员国，以建立军备管制制度。

投　票

第二十七条

一、安全理事会每一理事国应有一个投票权。

二、安全理事会关于程序事项之决议，应以九理事国之可决票表决之。

三、安全理事会对于其他一切事项之决议，应以九理事国之可决票包括全体常任理事国之同意票表决之；但对于第六章及第五十二条第三项内各事项之决议，争端当事国不得投票。

程　序

第二十八条

一、安全理事会之组织，应以使其能继续不断行使职务为要件。为此目的，安全理事会之各理事国应有常驻本组织会所之代表。

二、安全理事会应举行定期会议，每一理事国认为合宜时得派政府大员或其他特别指定之代表出席。

三、在本组织会所以外，安全理事会得在认为最能便利其工作之其他地点举行会议。

第二十九条

安全理事会得设立其认为于行使职务所必需之辅助机关。

第三十条

安全理事会应自行制定其议事规则，包括其推选主席之方法。

第三十一条

在安全理事会提出之任何问题，经其认为对于非安全理事会理事国之联合国任何会员国之利益有特别关系时，该会员国得参加讨论，但无投票权。

第三十二条

联合国会员国而非为安全理事会之理事国，或非联合国会员国之国家，如于安全理事会考虑中之争端为当事国者，应被邀参加关于该项争端之讨论，但无投票权。安全理事会应规定其所认为公平之条件，以便非联合国会员国之国家参加。

第六章　　争端之和平解决

第三十三条

一、任何争端之当事国，于争端之继续存在足以危及国际和平与安全之维持时，应尽先以谈判、调查、调停、和解、公断、司法解决、区域机关或区域办法之利用，或各该国自行选择之其他和平方法，求得解决。

二、安全理事会认为必要时，应促请各当事国以此项方法，解决其争端。

第三十四条

安全理事会得调查任何争端或可能引起国际磨擦或惹起争端之任何情势，以断定该项争端或情势之继续存在是否足以危及国际和平与安全之维持。

第三十五条

一、联合国任何会员国得将属于第三十四条所指之性质之任何争端或情势，提请安全理事会或大会注意。

二、非联合国会员国之国家如为任何争端之当事国时，经预先声明就该争端而言接受本宪章所规定和平解决之义务后，得将该项争端，提请大会或安全理事会注意。

三、大会关于按照本条所提请注意事项之进行步骤，应遵守第十一条及第十二条之规定。

第三十六条

一、属于第三十三条所指之性质之争端或相似之情势，安全理事会在任何阶段，得建议适当程序或调整方法。

二、安全理事会对于当事国为解决争端业经采取之任何程序，理应予以考虑。

三、安全理事会按照本条作成建议时，同时理应注意凡具有法律性质之争端，在原则上，理应由当事国依国际法院规约之规定提交国际法院。

第三十七条

一、属于第三十三条所指之性质之争端，当事国如未能依该条所示方法解决时，应将该项争端提交安全理事会。

二、安全理事会如认为该项争端之继续存在，在事实上足以危及国际和平与安全之维持时，应决定是否当依第三十六条采取行动或建议其所认为适当之解决条件。

第三十八条

安全理事会如经所有争端当事国之请求，得向各当事国作成建议，以求争端之和平解决，但以不妨碍第三十三条至第三十七条之规定为限。

第七章　对于和平之威胁、和平之破坏及侵略行为之应付办法

第三十九条

安全理事会应断定任何和平之威胁、和平之破坏或侵略行为之是否存在，并应作成建议或抉择依第四十一条及第四十二条规定之办法，以维持或恢复国际和平及安全。

第四十条

为防止情势之恶化，安全理事会在依第三十九条规定作成建议或决定办法以前，得促请关系当事国遵行安全理事会所认为必要或合宜之临时办法。此项临时办法并不妨碍关系当事国之权利、要求或立场。安全理事会对于不遵行此项临时办法之情形，应予适当注意。

第四十一条

安全理事会得决定所应采武力以外之办法，以实施其决议，并得促请联合国会员国执行此项办法。此项办法得包括经济关系、铁路、海运、航空、邮、电、无线电及其他交通工具之局部或全部停止，以及外交关系之断绝。

第四十二条

安全理事会如认第四十一条所规定之办法为不足或已经证明为不足时，得采取必要之空海陆军行动，以维持或恢复国际和平及安全。此项行动得包括联合国会员国之空海陆军示威、封锁及其他军事举动。

第四十三条

一、联合国各会员国为求对于维持国际和平及安全有所贡献起见，担任于安全理事会发令时，并依特别协定，供给为维持国际和平

及安全所必需之军队、协助及便利,包括过境权。

二、此项特别协定应规定军队之数目及种类,其准备程度及一般驻扎地点,以及所供便利及协助之性质。

三、此项特别协定应以安全理事会之主动,尽速议订。此项协定应由安全理事会与会员国或由安全理事会与若干会员国之集团缔结之,并由签字国各依其宪法程序批准之。

第四十四条

安全理事会决定使用武力时,于要求非安全理事会会员国依第四十三条供给军队以履行其义务之前,如经该会员国请求,应请其遣派代表,参加安全理事会关于使用其军事部队之决议。

第四十五条

为使联合国能采取紧急军事办法起见,会员国应将其本国空军部队为国际共同执行行动随时供给调遣。此项部队之实力与准备之程度,及其共同行动之计划,应由安全理事会以军事参谋团之协助,在第四十三条所指之特别协定范围内决定之。

第四十六条

武力使用之计划应由安全理事会以军事参谋团之协助决定之。

第四十七条

一、兹设立军事参谋团,以便对于安全理事会维持国际和平及安全之军事需要问题,对于受该会所支配军队之使用及统率问题,对于军备之管制及可能之军缩问题,向该会贡献意见并予以协助。

二、军事参谋团应由安全理事会各常任理事国之参谋总长或其代表组织之。联合国任何会员国在该团未有常任代表者,如于该团责任之履行在效率上必需该国参加其工作时,应由该团邀请参加。

三、军事参谋团在安全理事会权力之下,对于受该会所支配之任何军队，负战略上之指挥责任；关于该项军队之统率问题，应待以后处理。

四、军事参谋团，经安全理事会之授权，并与区域内有关机关商议后，得设立区域分团。

第四十八条

一、执行安全理事会为维持国际和平及安全之决议所必要之行动，应由联合国全体会员国或由若干会员国担任之，一依安全理事会之决定。

二、此项决议应由联合国会员国以其直接行动及经其加入为会员之有关国际机关之行动履行之。

第四十九条

联合国会员国应通力合作，彼此协助，以执行安全理事会所决定之办法。

第五十条

安全理事会对于任何国家采取防止或执行办法时，其他国家，不论其是否为联合国会员国，遇有因此项办法之执行而引起之特殊经济问题者，应有权与安全理事会会商解决此项问题。

第五十一条

联合国任何会员国受武力攻击时，在安全理事会采取必要办法，以维持国际和平及安全以前，本宪章不得认为禁止行使单独或集体自卫之自然权利。会员国因行使此项自卫权而采取之办法，应立向安全理事会报告，此项办法于任何方面不得影响该会按照本宪章随时采取其所认为必要行动之权责，以维持或恢复国际和平及安全。

第八章　区域办法

第五十二条

一、本宪章不得认为排除区域办法或区域机关、用以应付关于维持国际和平及安全而宜于区域行动之事件者；但以此项办法或机关及其工作与联合国之宗旨及原则符合者为限。

二、缔结此项办法或设立此项机关之联合国会员国，将地方争端提交安全理事会以前，应依该项区域办法，或由该项区域机关，力求和平解决。

三、安全理事会对于依区域办法或由区域机关而求地方争端之和平解决，不论其系由关系国主动，或由安全理事会提交者，应鼓励其发展。

四、本条绝不妨碍第三十四条及第三十五条之适用。

第五十三条

一、安全理事会对于职权内之执行行动，在适当情形下，应利用此项区域办法或区域机关。如无安全理事会之授权，不得依区域办法或由区域机关采取任何执行行动；但关于依第一百零七条之规定对付本条第二项所指之任何敌国之步骤，或在区域办法内所取防备此等国家再施其侵略政策之步骤，截至本组织经各关系政府之请求，对于此等国家之再次侵略，能担负防止责任时为止，不在此限。

二、本条第一项所称敌国系指第二次世界大战中为本宪章任何签字国之敌国而言。

第五十四条

关于为维持国际和平及安全起见，依区域办法或由区域机关所已采取或正在考虑之行动，不论何时应向安全理事会充分报告之。

第九章 国际经济及社会合作

第五十五条

为造成国际间以尊重人民平等权利及自决原则为根据之和平友好关系所必要之安定及福利条件起见，联合国应促进：

（子）较高之生活程度，全民就业，及经济与社会进展。

（丑）国际间经济、社会、卫生及有关问题之解决；国际间文化及教育合作。

（寅）全体人类之人权及基本自由之普遍尊重与遵守，不分种族、性别、语言或宗教。

第五十六条

各会员国担允采取共同及个别行动与本组织合作，以达成第五十五条所载之宗旨。

第五十七条

一、由各国政府间协定所成立之各种专门机关，依其组织约章之规定，于经济、社会、文化、教育、卫生及其他有关部门负有广大国际责任者，应依第六十三条之规定使与联合国发生关系。

二、上述与联合国发生关系之各专门机关，以下简称专门机关。

第五十八条

本组织应作成建议，以调整各专门机关之政策及工作。

第五十九条

本组织应于适当情形下，发动各关系国间之谈判，以创设为达成第五十五条规定宗旨所必要之新专门机关。

第六十条

履行本章所载本组织职务之责任，属于大会及大会权力下之经济及社会理事会。为此目的，该理事会应有第十章所载之权力。

第十章　经济及社会理事会

组　织

第六十一条

一、经济及社会理事会由大会选举联合国五十四会员国组织之。

二、除第三项所规定外，经济及社会理事会每年选举理事十八国，任期三年。任满之理事国得即行连选。

三、经济及社会理事会理事国自二十七国增至五十四国后第一次选举时，除选举理事九国接替任期在该年年终届满之理事国外，应另增选理事二十七国。增选之理事二十七国中，九国任期一年，另九国任期二年，一依大会所定办法。

四、经济及社会理事会之每一理事国应有代表一人。

职　权

第六十二条

一、经济及社会理事会得作成或发动关于国际经济、社会、文化、教育、卫生及其他有关事项之研究及报告；并得向大会、联合国会员国及关系专门机关提出关于此种事项之建议案。

二、本理事会为增进全体人类之人权及基本自由之尊重及维护起见，得作成建议案。

三、本理事会得拟具关于其职权范围内事项之协约草案，提交大会。

四、本理事会得依联合国所定之规则召集本理事会职务范围以内事项之国际会议。

第六十三条

一、经济及社会理事会得与第五十七条所指之任何专门机关订立协定，订明关系专门机关与联合国发生关系之条件。该项协定须经大会之核准。

二、本理事会，为调整各种专门机关之工作，得与此种机关会商并得向其提出建议，并得向大会及联合国会员国建议。

第六十四条

一、经济及社会理事会得取适当步骤，以取得专门机关之经常报告。本理事会得与联合国会员国及专门机关，商定办法俾就实施本理事会之建议及大会对于本理事会职权范围内事项之建议所采之步骤，取得报告。

二、本理事会得将对于此项报告之意见提送大会。

第六十五条

经济及社会理事会得向安全理事会供给情报，并因安全理事会之邀请，予以协助。

第六十六条

一、经济及社会理事会应履行其职权范围内关于执行大会建议之职务。

二、经大会之许可，本理事会得应联合国会员国或专门机关之请求，供其服务。

三、本理事会应履行本宪章他章所特定之其他职务，以及大会所授予之职务。

投　　票

第六十七条

一、经济及社会理事会每一理事国应有一个投票权。

二、本理事会之决议，应以到会及投票之理事国过半数表决之。

程　序

第六十八条

经济及社会理事会应设立经济与社会部门及以提倡人权为目的之各种委员会，并得设立于行使职务所必需之其他委员会。

第六十九条

经济及社会理事会应请联合国会员国参加讨论本理事会对于该国有特别关系之任何事件，但无投票权。

第七十条

经济及社会理事会得商定办法使专门机关之代表无投票权而参加本理事会及本理事会所设各委员会之讨论，或使本理事会之代表参加此项专门机关之讨论。

第七十一条

经济及社会理事会得采取适当办法，俾与各种非政府组织会商有关于本理事会职权范围内之事件。此项办法得与国际组织商定之，并于适当情形下，经与关系联合国会员国会商后，得与该国国内组织商定之。

第七十二条

一、经济及社会理事会应自行制定其议事规则，包括其推选主席之方法。

二、经济及社会理事会应依其规则举行必要之会议。此项规则应包括因理事国过半数之请求而召集会议之条款。

第十一章　关于非自治领土之宣言

第七十三条

联合国各会员国，于其所负有或担承管理责任之领土，其人民尚未臻自治之充分程度者，承认以领土居民之福利为至上之原则，并接受在本宪章所建立之国际和平及安全制度下，以充分增进领土居民福利之义务为神圣之信托，且为此目的：

（子）于充分尊重关系人民之文化下，保证其政治、经济、社会及教育之进展，予以公平待遇，且保障其不受虐待。

（丑）按各领土及其人民特殊之环境及其进化之阶段，发展自治；对各该人民之政治愿望，予以适当之注意；并助其自由政治制度之逐渐发展。

（寅）促进国际和平及安全。

（卯）提倡建设计划，以求进步；奖励研究；各国彼此合作，并于适当之时间及场合与专门国际团体合作，以求本条所载社会、经济及科学目的之实现。

（辰）在不违背安全及宪法之限制下，按时将关于各会员国分别负责管理领土内之经济、社会及教育情形之统计及具有专门性质之情报，递送秘书长，以供参考。本宪章第十二章及第十三章所规定之领土，不在此限。

第七十四条

联合国各会员国共同承诺对于本章规定之领土，一如对于本国区域，其政策必须以善邻之道奉为圭臬；并于社会、经济及商业上，对世界各国之利益及幸福，予以充分之注意。

第十二章 国际托管制度

第七十五条

联合国在其权力下，应设立国际托管制度，以管理并监督凭此后个别协定而置于该制度下之领土。此项领土以下简称托管领土。

第七十六条

按据本宪章第一条所载联合国之宗旨，托管制度之基本目的应为：

（子）促进国际和平及安全。

（丑）增进托管领土居民之政治、经济、社会及教育之进展；并以适合各领土及其人民之特殊情形及关系人民自由表示之愿望为原则，且按照各托管协定之条款，增进其趋向自治或独立之逐渐发展。

（寅）不分种族、性别、语言或宗教，提倡全体人类之人权及基本自由之尊重，并激发世界人民互相维系之意识。

（卯）于社会、经济及商业事件上，保证联合国全体会员国及其国民之平等待遇，及各该国民于司法裁判上之平等待遇，但以不妨碍上述目的之达成，且不违背第八十条之规定为限。

第七十七条

一、托管制度适用于依托管协定所置于该制度下之下列各种类之领土：

（子）现在委任统治下之领土。

（丑）因第二次世界大战结果或将自敌国割离之领土。

（寅）负管理责任之国家自愿置于该制度下之领土。

二、关于上列种类中之何种领土将置于托管制度之下，及其条件，为此后协定所当规定之事项。

第七十八条

凡领土已成为联合国之会员国者，不适用托管制度；联合国会员国间之关系，应基于尊重主权平等之原则。

第七十九条

置于托管制度下之每一领土之托管条款，及其更改或修正，应由直接关系各国、包括联合国之会员国而为委任统治地之受托国者，予以议定，其核准应依第八十三条及第八十五条之规定。

第八十条

一、除依第七十七条、第七十九条及第八十一条所订置各领土于托管制度下之个别托管协定另有议定外，并在该项协定未经缔结以前，本章任何规定绝对不得解释为以任何方式变更任何国家或人民之权利或联合国会员国个别签订之现有国际约章之条款。

二、本条第一项不得解释为对于依第七十七条之规定而订置委任统治地或其他领土于托管制度下之协定，授以延展商订之理由。

第八十一条

凡托管协定均应载有管理领土之条款，并指定管理托管领土之当局。该项当局，以下简称管理当局，得为一个或数个国家，或为联合国本身。

第八十二条

于任何托管协定内，得指定一个或数个战略防区，包括该项协定下之托管领土之一部或全部，但该项协定并不妨碍依第四十三条而订立之任何特别协定。

第八十三条

一、联合国关于战略防区之各项职务，包括此项托管协定条款之核准及其更改或修正，应由安全理事会行使之。

二、第七十六条所规定之基本目的，适用于每一战略防区之人民。

三、安全理事会以不违背托管协定之规定且不妨碍安全之考虑为限，应利用托管理事会之协助，以履行联合国托管制度下关于战略防区内之政治、经济、社会及教育事件之职务。

第八十四条

管理当局有保证托管领土对于维持国际和平及安全尽其本分之义

务。该当局为此目的得利用托管领土之志愿军、便利及协助，以履行该当局对于安全理事会所负关于此点之义务，并以实行地方自卫，且在托管领土内维持法律与秩序。

第八十五条

一、联合国关于一切非战略防区托管协定之职务，包括此项托管协定条款之核准及其更改或修正，应由大会行使之。

二、托管理事会于大会权力下，应协助大会履行上述之职务。

第十三章　托管理事会

组　织

第八十六条

一、托管理事会应由下列联合国会员国组织之：

（子）管理托管领土之会员国。

（丑）第二十三条所列名之国家而现非管理托管领土者。

（寅）大会选举必要数额之其他会员国，任期三年，俾使托管理事会理事国之总数，于联合国会员国中之管理托管领土者及不管理者之间，得以平均分配。

二、托管理事会之每一理事国应指定一特别合格之人员，以代表之。

职　权

第八十七条

大会及在其权力下之托管理事会于履行职务时得：

（子）审查管理当局所送之报告。

（丑）会同管理当局接受并审查请愿书。

（寅）与管理当局商定时间，按期视察各托管领土。

（卯）依托管协定之条款，采取上述其他行动。

第八十八条

托管理事会应拟定关于各托管领土居民之政治、经济、社会及教育进展之问题单；就大会职权范围内，各托管领土之管理当局应根据该项问题单向大会提出常年报告。

投　票

第八十九条

一、托管理事会之每一理事国应有一个投票权。

二、托管理事会之决议应以到会及投票之理事国过半数表决之。

程　序

第九十条

一、托管理事会应自行制定其议事规则，包括其推选主席之方法。

二、托管理事会应依其所定规则，举行必要之会议。此项规则应包括关于经该会理事国过半数之请求而召集会议之规定。

第九十一条

托管理事会于适当时，应利用经济及社会理事会之协助，并对于各关系事项，利用专门机关之协助。

第十四章　国际法院

第九十二条

国际法院为联合国之主要司法机关，应依所附规约执行其职务。该项规约系以国际常设法院之规约为根据并为本宪章之构成部分。

第九十三条

一、联合国各会员国为国际法院规约之当然当事国。

二、非联合国会员国之国家得为国际法院规约当事国之条件，应由大会经安全理事会之建议就个别情形决定之。

第九十四条

一、联合国每一会员国为任何案件之当事国者，承诺遵行国际法院之判决。

二、遇有一造不履行依法院判决应负之义务时，他造得向安全理事会申诉。安全理事会如认为必要时，得作成建议或决定应采办法，以执行判决。

第九十五条

本宪章不得认为禁止联合国会员国依据现有或以后缔结之协定，将其争端托付其他法院解决。

第九十六条

一、大会或安全理事会对于任何法律问题得请国际法院发表咨询意见。

二、联合国其他机关及各种专门机关，对于其工作范围内之任何法律问题，得随时以大会之授权，请求国际法院发表咨询意见。

第十五章　秘书处

第九十七条

秘书处置秘书长一人及本组织所需之办事人员若干人。秘书长应由大会经安全理事会之推荐委派之。秘书长为本组织之行政首长。

第九十八条

秘书长在大会、安全理事会、经济及社会理事会及托管理事会之一切会议，应以秘书长资格行使职务，并应执行各该机关所托付之其他职务。秘书长应向大会提送关于本组织工作之常年报告。

第九十九条

秘书长得将其所认为可能威胁国际和平及安全之任何事件，提请安全理事会注意。

第一百条

一、秘书长及办事人员于执行职务时，不得请求或接受本组织以外任何政府或其他当局之训示，并应避免足以妨碍其国际官员地位之行动。秘书长及办事人员专对本组织负责。

二、联合国各会员国承诺尊重秘书长及办事人员责任之专属国际性，决不设法影响其责任之履行。

第一百零一条

一、办事人员由秘书长依大会所定章程委派之。

二、适当之办事人员应长期分配于经济及社会理事会、托管理事会，并于必要时，分配于联合国其他之机关。此项办事人员构成秘书处之一部。

三、办事人员之雇用及其服务条件之决定，应以求达效率、才干及忠诚之最高标准为首要考虑。征聘办事人员时，于可能范围内，应充分注意地域上之普及。

第十六章　杂项条款

第一百零二条

一、本宪章发生效力后，联合国任何会员国所缔结之一切条约及国际协定应尽速在秘书处登记，并由秘书处公布之。

二、当事国对于未经依本条第一项规定登记之条约或国际协定，不得向联合国任何机关援引之。

第一百零三条

联合国会员国在本宪章下之义务与其依任何其他国际协定所负之义务有冲突时，其在本宪章下之义务应居优先。

第一百零四条

本组织于每一会员国之领土内，应享受于执行其职务及达成其宗旨所必需之法律行为能力。

第一百零五条

一、本组织于每一会员国之领土内，应享受于达成其宗旨所必需之特权及豁免。

二、联合国会员国之代表及本组织之职员，亦应同样享受于其独立行使关于本组织之职务所必需之特权及豁免。

三、为明定本条第一项及第二项之施行细则起见，大会得作成建议，或为此目的向联合国会员国提议协约。

第十七章 过渡安全办法

第一百零六条

在第四十三条所称之特别协定尚未生效，因而安全理事会认为尚不得开始履行第四十二条所规定之责任前，一九四三年十月三十日在莫斯科签订四国宣言之当事国及法兰西应依该宣言第五项之规定，互相洽商，并于必要时，与联合国其他会员国洽商，以代表本组织采取为维持国际和平及安全宗旨所必要之联合行动。

第一百零七条

本宪章并不取消或禁止负行动责任之政府对于在第二次世界大战中本宪章任何签字国之敌国因该次战争而采取或受权执行之行动。

第十八章　修正

第一百零八条

本宪章之修正案经大会会员国三分之二表决并由联合国会员国三分之二、包括安全理事会全体常任理事国，各依其宪法程序批准后，对于联合国所有会员国发生效力。

第一百零九条

一、联合国会员国，为检讨本宪章，得以大会会员国三分之二表决，经安全理事会任何九理事国之表决，确定日期及地点举行全体会议。联合国每一会员国在全体会议中应有一个投票权。

二、全体会议以三分之二表决所建议对于宪章之任何更改，应经联合国会员国三分之二、包括安全理事会全体常任理事国，各依其宪法程序批准后，发生效力。

三、如于本宪章生效后大会第十届年会前，此项全体会议尚未举行时，应将召集全体会议之提议列入大会该届年会之议事日程；如得大会会员国过半数及安全理事会任何七理事国之表决，此项会议应即举行。

第十九章　批准及签字

第一百一十条

一、本宪章应由签字国各依其宪法程序批准之。

二、批准书应交存美利坚合众国政府。该国政府应于每一批准书交存时通知各签字国，如本组织秘书长业经委派时，并应通知秘书长。

三、一俟美利坚合众国政府通知已有中华民国、法兰西、苏维埃社会主义共和国联盟、大不列颠及北爱尔兰联合王国、与美利坚合众国以及其他签字国之过半数将批准书交存时，本宪章即发生效力。美利坚合众国政府应拟就此项交存批准之议定书并将副本分送所有签字国。

四、本宪章签字国于宪章发生效力后批准者，应自其各将批准书交存之日起为联合国之创始会员国。

第一百一十一条

本宪章应留存美利坚合众国政府之档库，其中、法、俄、英及西文各本同一作准。该国政府应将正式副本分送其他签字国政府。

为此联合国各会员国政府之代表谨签字于本宪章，以昭信守。

公历一九四五年六月二十六日签订于金山市。

附录 2
国际法院规约[*]

第一条

联合国宪章所设之国际法院为联合国主要司法机关，其组织及职务之行使应依本规约之下列规定。

第一章　法院之组织

第二条

法院以独立法官若干人组织之。此项法官应不论国籍，就品格高尚并在各本国具有最高司法职位之任命资格或公认为国际法之法学家中选举之。

---

* 联合国在其官方网站上提供了《国际法院规约》的中文译文，参见 http：//www. un. org/ zh/documents/statute/index. shtml，2016 年 9 月 15 日访问。《国际法院规约》经核证无误的副本［Certified True Copies（CTCs）］（含中文文本）交存于联合国秘书长，电子版（https：//treaties. un. org/doc/Publication/CTC/uncharter-all-lang. pdf）可见于联合国条约库（https：//treaties. un. org/Pages/CTCTreaties. aspx？id = 1&subid = A&clang = _ en）。本附录结合上述副本（中文文本）的内容对联合国官网提供的中文译文中明显的字词错误进行了修正。

第三条

一、法院以法官十五人组织之，其中不得有二人为同一国家之国民。

二、就充任法院法官而言，一人而可视为一个国家以上之国民者，应认为属于其通常行使公民及政治权利之国家或会员国之国民。

第四条

一、法院法官应由大会及安全理事会依下列规定就常设公断法院各国团体所提出之名单内选举之。

二、在常设公断法院并无代表之联合国会员国，其候选人名单应由各该国政府专为此事而委派之团体提出；此项各国团体之委派，准用一九〇七年海牙和平解决国际纷争条约第四十四条规定委派常设公断法院公断员之条件。

三、凡非联合国会员国而已接受法院规约之国家，其参加选举法院法官时，参加条件，如无特别协定应由大会经安全理事会之提议规定之。

第五条

一、联合国秘书长至迟应于选举日期三个月前，用书面邀请属于本规约当事国之常设公断法院公断员及依第四条第二项所委派之各国团体、于一定期间内分别由各国团体提出能接受法官职务之人员。

二、每一团体所提人数不得超过四人，其中属其本国国籍者不得超过二人。在任何情形下，每一团体所提候选人之人数不得超过应占席数之一倍。

第六条

各国团体在提出上项人员以前，宜咨询本国最高法院、大学法学院、法律学校、专研法律之国家研究院及国际研究院在各国所设之各分院。

第七条

一、秘书位应依字母次序，编就上项所提人员之名单。除第十二条第二项规定外，仅此项人员有被选权。

二、秘书长应将前项名单提交大会及安全理事会。

第八条

大会及安全理事会各应独立举行法院法官之选举。

第九条

每次选举时，选举人不独应注意被选人必须各具必要资格，并应注意务使法官全体确能代表世界各大文化及各主要法系。

第十条

一、候选人在大会及在安全理事会得绝对多数票者应认为当选。

二、安全理事会之投票，或为法官之选举或为第十二条所称联席会议人员之指派，应不论安全理事会常任理事国及非常任理事国之区别。

三、如同一国家之国民得大会及安全理事会之绝对多数票者不止一人时，其中年事最高者应认为当选。

第十一条

第一次选举会后，如有一席或一席以上尚待补选时，应举行第二次选举会，并于必要时举行第三次选举会。

第十二条

一、第三次选举会后，如仍有一席或一席以上尚待补选时，大会或安全理事会得随时声请组织联席会议，其人数为六人，由大会及安全理事会各派三人。此项联席会议就每一悬缺以绝对多数票选定一人提交大会及安全理事会分别请其接受。

二、具有必要资格人员，即未列入第七条所指之候选人名单，如经联席会议全体同意，亦得列入该会议名单。

三、如联席会议确认选举不能有结果时，应由已选出之法官，在安全理事会所定之期间内，就曾在大会或安全理事会得有选举票之候选人中，选定若干人补足缺额。

四、法官投票数相等时，年事最高之法官应投决定票。

第十三条

一、法官任期九年，并得连选，但第一次选举选出之法官中，五人任期应为三年，另五人为六年。

二、上述初期法官，任期孰为三年孰为六年，应于第一次选举完毕后立由秘书长以抽签方法决定之。

三、法官在其后任接替前，应继续行使其职务，虽经接替，仍应结束其已开始办理之案件。

四、法官辞职时应将辞职书致送法院院长转知秘书长。转知后，该法官之一席即行出缺。

第十四条

凡遇出缺，应照第一次选举时所定之办法补选之，但秘书长应于法官出缺后一个月内，发出第五条规定之邀请书并由安全理事会指定选举日期。

第十五条

法官被选以接替任期未满之法官者，应任职至其前任法官任期届满时为止。

第十六条

一、法官不得行使任何政治或行政职务，或执行任何其他职业性质之任务。

二、关于此点，如有疑义，应由法院裁决之。

第十七条

一、法官对于任何案件，不得充任代理人律师或辅佐人。

二、法官曾以当事国一造之代理人、律师。或辅佐人、或以国内法院或国际法院或调查委员会委员、或以其他资格参加任何案件者，不得参与该案件之裁决。

三、关于此点，如有疑义，应由法院决定之。

第十八条

一、法官除由其余法官一致认为不复适合必要条件外，不得免职。

二、法官之免职，应由书记官长正式通知秘书长。

三、此项通知一经送达秘书长，该法官之一席即行出缺。

第十九条

法官于执行法院职务时，应享受外交特权及豁免。

第二十条

法官于就职前应在公开法庭郑重宣言本人必当秉公竭诚行使职权。

第二十一条

一、法院应选举院长及副院长，其任期各三年，并得连选。

二、法院应委派书记官长，并得酌派其他必要之职员。

第二十二条

一、法院设在海牙，但法院如认为合宜时，得在他处开庭及行使职务。

二、院长及书记官长应驻于法院所在地。

第二十三条

一、法院除司法假期外，应常川办公。司法假期之日期及期间由法院定之。

二、法官得有定时假期，其日期及期间，由法院斟酌海牙与各法官住所之距离定之。

三、法官除在假期或因疾病或其他重大原由，不克视事，经向院长作适当之解释外，应常川备由法院分配工作。

第二十四条

一、法官如因特别原由认为于某案之裁判不应参与时，应通知院长。

二、院长如认某法官因特别原由不应参与某案时，应以此通知该法官。

三、遇有此种情形，法官与院长意见不同时，应由法院决定之。

第二十五条

一、除本规约另有规定外，法院应由全体法官开庭。

二、法院规则得按情形并以轮流方法，规定准许法官一人或数人免予出席，但准备出席之法官人数不得因此减至少于十一人。

三、法官九人即足构成法院之法定人数。

第二十六条

一、法院得随时设立一个或数个分庭，并得决定由法官三人或三人以上组织之。此项分庭处理特种案件，例如劳工案件及关于过境与交通案件。

二、法院为处理某特定案件，得随时设立分庭，组织此项分庭法官之人数，应由法院得当事国之同意定之。

三、案件经当事国之请求应由本条规定之分庭审理裁判之。

第二十七条

第二十六条及第二十九条规定之任何分庭所为之裁判，应视为法院之裁判。

第二十八条

第二十六条及第二十九条规定之分庭，经当事国之同意，得在海牙以外地方开庭及行使职务。

第二十九条

法院为迅速处理事务，应于每年以法官五人组织一分庭。该分庭经当事国之请求，得用简易程序，审理及裁判案件。法院并应选定法官二人，以备接替不能出庭之法官。

第三十条

一、法院应订立规则，以执行其职务，尤应订定关于程序之规则。

二、法院规则得规定关于襄审官之出席法院或任何分庭，但无表决权。

第三十一条

一、属于诉讼当事国国籍之法官，于法院受理该诉讼案件时，保有其参与之权。

二、法院受理案件，如法官中有属于一造当事国之国籍者，任何他造当事国得选派人为法官，参与该案。此项人员尤以就第四条及第五条规定所提之候选人中选充为宜。

三、法院受理案件，如当事国均无本国国籍法官时，各当事国均得依本条第二项之规定选派法官一人。

四、本条之规定于第二十六条及第二十九条之情形适用之。在此种情形下，院长应请分庭法官一人，或于必要时二人，让与属于关系当事国国籍之法官，如无各当事国国籍之法官或各该法官不能出席时，应让与各当事国特别选派之法官。

五、如数当事国具有同样利害关系时，在上列各规定适用范围内，只应作为一当事国。关于此点，如有疑义，由法院裁决之。

六、依本条第二项、第三项、及第四项规定所选派之法官，应适合本规约第二条、第十七条第二项、第二十条及第二十四条规定之条件。各该法官参与案件之裁判时，与其同事立于完全平等地位。

第三十二条

一、法院法官应领年俸。

二、院长每年应领特别津贴。

三、副院长于代行院长职务时，应按日领特别津贴。

四、依第三十一条规定所选派之法官而非法院之法官者，于执行职务时，应按日领酬金。

五、上列俸给津贴及酬金由联合国大会定之，在任期内，不得减少。

六、书记官长之俸给，经法院之提议由大会定之。

七、法官及书记官长交给退休金及补领旅费之条件，由大会订立章程规定之。

八、上列俸给津贴及酬金，应免除一切税捐。

第三十三条

法院经费由联合国担负，其担负方法由大会定之。

第二章　法院之管辖

第三十四条

一、在法院得为诉讼当事国者，限于国家。

二、法院得依其规则，请求公共国际团体供给关于正在审理案件之情报。该项团体自动供给之情报，法院应接受之。

三、法院于某一案件遇有公共国际团体之组织约章或依该项约章所缔结之国际协约、发生解释问题时，书记官长应通知有关公共国际团体并向其递送所有书面程序之文件副本。

第三十五条

一、法院受理本规约各当事国之诉讼。

二、法院受理其他各国诉讼之条件，除现行条约另有特别规定外，由安全理事会定之，但无论如何，此项条件不得使当事国在法院处于不平等地位。

三、非联合国会员国为案件之当事国时，其应担负法院费用之数目由法院定之。如该国业已分组法院经费之一部，本项规定不适用之。

第三十六条

一、法院之管辖包括各当事国提交之一切案件，及联合国宪章或现行条约及协约中所特定之一切事件。

二、本规约各当事国得随时声明关于具有下列性质之一切法律争端，对于接受同样义务之任何其他国家，承认法院之管辖为当然而具有强制性，不须另订特别协定：

（子）条约之解释。

（丑）国际法之任何问题。

（寅）任何事实之存在，如经确定即属违反国际义务者。

（卯）因违反国际义务而应予赔偿之性质及其范围。

三、上述声明，得无条件为之，或以数个或特定之国家间彼此拘束为条件，或以一定之期间为条件。

四、此项声明应交存联合国秘书长并由其将副本分送本规约各当事国及法院书记官长。

五、曾依常设国际法院规约第三十六条所为之声明而现仍有效者，就本规约当事国间而言，在该项声明期间尚未届满前并依其条款，应认为对于国际法院强制管辖之接受。

六、关于法院有无管辖权之争端，由法院裁决之。

第三十七条

现行条约或协约或规定某项事件应提交国际联合会所设之任何裁判机关或常设国际法院者，在本规约当事国间，该项事件应提交国际法院。

第三十八条

一、法院对于陈诉各项争端，应依国际法裁判之，裁判时应适用：

（子）不论普通或特别国际协约，确立诉讼当事国明白承认之规条者。

（丑）国际习惯，作为通例之证明而经接受为法律者。

（寅）一般法律原则为文明各国所承认者。

（卯）在第五十九条规定之下，司法判例及各国权威最高之公法学家学说，作为确定法律原则之补助资料者。

二、前项规定不妨碍法院经当事国同意本"公允及善良"原则裁判案件之权。

第三章　程序

第三十九条

一、法院正式文字为英法两文。如各当事国同意用法文办理案件，其判决应以法文为之。如各当事国同意用英文办理案件，其判决应以英文为之。

二、如未经同意应用何种文字，每一当事国于陈述中得择用英法两文之一，而法院之判词应用英法两文。法院并应同时确定以何者为准。

三、法院经任何当事国之请求，应准该当事国用英法文以外之文字。

第四十条

一、向法院提出诉讼案件，应按其情形将所订特别协定通告书记官长或以请求书送达书记官长。不论用何项方法，均应叙明争端事由及各当事国。

二、书记官长应立将请求书通知有关各方。

三、书记官长并应经由秘书长通知联合国会员国及有权在法院出庭其他之国家。

第四十一条

一、法院如认情形有必要时，有权指示当事国应行遵守以保全彼此权利之临时办法。

二、在终局判决前，应将此项指示办法立即通知各当事国及安全理事会。

第四十二条

一、各当事国应由代理人代表之。

二、各当事国得派律师或辅佐人在法院予以协助。

三、各当事国之代理人、律师及辅助人应享受关于独立行使其职务所必要之特权及豁免。

第四十三条

一、诉讼程序应分书面与口述两部分。

二、书面程序系指以诉状、辩诉状及必要时之答辩状连同可资佐证之各种文件及公文书、送达法院及各当事国。

三、此项送达应由书记官长依法院所定次序及期限为之。

四、当事国一造所提出之一切文件应将证明无讹之抄本一份送达他造。

五、口述程序系指法院审讯证人、鉴定人、代理人。律师及辅佐人。

第四十四条

一、法院遇有对于代理人、律师及辅佐人以外之人送达通知书，而须在某国领土内行之者，应径向该国政府接洽。

二、为就地搜集证据而须采取步骤时，适用前项规定。

第四十五条

法院之审讯应由院长指挥，院长不克出席时，由副院长指挥；院长副院长均不克出席时，由出席法官中之资深者主持。

第四十六条

法院之审讯应公开行之，但法院另有决定或各当事国要求拒绝公众旁听时，不在此限。

第四十七条

一、每次审讯应作成记录，由书记官长及院长签名。

二、前项记录为唯一可据之记录。

第四十八条

法院为进行办理案件应颁发命令；对于当事国每造，应决定其必须终结辩论之方式及时间；对于证据之搜集，应为一切之措施。

第四十九条

法院在开始审讯前，亦得令代理人提出任何文件，或提供任何解释。如经拒绝应予正式记载。

第五十条

法院得随时选择任何个人、团体、局所、委员会或其他组织，委以调查或鉴定之责。

第五十一条

审讯时得依第三十条所指法院在其程序规则中所定之条件，向证人及鉴定人提出任何切要有关之诘问。

第五十二条

法院于所定期限内收到各项证明及证据后，得拒绝接受当事国一造欲提出之其他口头或书面证据，但经他造同意者，不在此限。

第五十三条

一、当事国一造不到法院或不辩护其主张时，他造得请求法院对自己主张为有利之裁判。

二、法院于允准前项请求前，应查明不特依第三十六条及第三十七条法院对本案有管辖权，且请求人之主张在事实及法律上均有根据。

第五十四条

一、代理人律师及辅佐人在法院指挥下陈述其主张已完毕时，院长应宣告辩论终结。

二、法官应退席讨论判决。

三、法官之评议应秘密为之，并永守秘密。

第五十五条

一、一切问题应由出席法官之过半数决定之。

二、如投票数相等时，院长或代理院长职务之法官应投决定票。

第五十六条

一、判词应叙明理由。

二、判词应载明参与裁判之法官姓名。

第五十七条

判词如全部或一部不能代表法官一致之意见时，任何法官得另行宣告其个别意见。

第五十八条

判词应由院长及书记官长签名，在法庭内公开宣读，并应先期通知各代理人。

第五十九条

法院之裁判除对于当事国及本案外，无拘束力。

第六十条

法院之判决系属确定，不得上诉。判词之意义或范围发生争端时，经任何当事国之请求后，法院应予解释。

第六十一条

一、声请法院复核判决，应根据发现具有决定性之事实，而此项事实在判决宣告时为法院及声请复核之当事国所不知者，但以非因过失而不知者为限。

二、复核程序之开始应由法院下以裁决，载明新事实之存在，承认此项新事实具有使本案应予复核性质，并宣告复核之声请因此可予接受。

三、法院于接受复核诉讼前得令先行履行判决之内容。

四、声请复核至迟应于新事实发现后六个月内为之。

五、声请复核自判决日起逾十年后不得为之。

第六十二条

一、某一国家如认为某案件之判决可影响属于该国具有法律性质之利益时，得向法院声请参加。

二、此项声请应由法院裁决之。

第六十三条

一、凡协约发生解释问题，而诉讼当事国以外尚有其他国家为该协约之签字国者，应立由书记官长通知各该国家。

二、受前项通知之国家有参加程序之权；但如该国行使此项权利时，判决中之解释对该国具有同样拘束力。

第六十四条

除法院另有裁定外，诉讼费用由各造当事国自行担负。

第四章　咨询意见

第六十五条

一、法院对于任何法律问题如经任何团体由联合国宪章授权而请求或依照联合国宪章而请求时，得发表咨询意见。

二、凡向法院请求咨询意见之问题，应以声请书送交法院。此项声请书对于咨询意见之问题，应有确切之叙述，并应附送足以释明该问题之一切文件。

第六十六条

一、书记官长应立将咨询意见之声请，通知凡有权在法院出庭之国家。

二、书记官长并应以特别且直接之方法通知法院（或在法院不开庭时，院长）所认为对于咨询问题能供给情报之有权在法院出庭之任何国家或能供给情报之国际团体，声明法院于院长所定之期限内准备接受关于该问题之书面陈述，或准备于本案公开审讯时听取口头陈述。

三、有权在法院出庭之任何国家如未接到本条第二项所指之特别通知时，该国家得表示愿以书面或口头陈述之意思，而由法院裁决之。

四、凡已经提出书面或口头陈述或两项陈述之国家及团体，对于其他国家或团体所提之陈述，准其依法院（或在法院不开庭时，院长）所定关于每案之方式，范围及期限，予以评论。书记官长应于适当时间内将此项书面陈述通知已经提出此类陈述之国家及团体。

第六十七条

法院应将其咨询意见当庭公开宣告并先期通知秘书长、联合国会员国及有直接关系之其他国家及国际团体之代表。

第六十八条

法院执行关于咨询意见之职务时,并应参照本规约关于诉讼案件各条款之规定,但以法院认为该项条款可以适用之范围为限。

第五章 修正

第六十九条

本规约之修正准用联合国宪章所规定关于修正宪章之程序,但大会经安全理事会之建议得制定关于本规约当事国而非联合国会员国参加该项程序之任何规定。

第七十条

法院认为必要时得以书面向秘书长提出于本规约之修正案,由联合国依照第六十条之规定,加以讨论。

附录 3

国际法院规则（英文）
RULES OF COURT（1978）

ADOPTED ON 14 APRIL 1978 AND ENTERED INTO FORCE ON 1 JULY 1978①

PREAMBLE②

The Court,

Having regard to Chapter XIV of the Charter of the United Nations;

Having regard to the Statute of the Court annexed thereto;

Acting in pursuance of Article 30 of the Statute;

Adopts the following Rules.

---

① Any amendments to the Rules of Court, following their adoption by the Court, are now posted on the Court's website, with an indication of the date of their entry into force and a note of any temporal reservations relating to their applicability（for example, whether the application of the amended rule is limited to cases instituted after the date of entry into force of the amendment）; they are also published in the Court's *Yearbook*. Articles amended since 1 July 1978 are marked with an asterisk and appear in their amended form.

② Amendment entered into force on 14 April 2005.

PART I THE COURT

SECTION A. JUDGES AND ASSESSORS

Subsection 1. The Members of the Court

Article 1

1. The Members of the Court are the judges elected in accordance with Articles 2 to 15 of the Statute.

2. For the purposes of a particular case, the Court may also include upon the Bench one or more persons chosen under Article 31 of the Statute to sit as judges *ad hoc*.

3. In the following Rules, the term "Member of the Court" denotes any elected judge; the term "judge" denotes any Member of the Court, and any judge *ad hoc*.

Article 2

1. The term of office of Members of the Court elected at a triennial election shall begin to run from the sixth of February[①] in the year in which the vacancies to which they are elected occur.

2. The term of office of a Member of the Court elected to replace a Member whose term of office has not expired shall begin to run from the date of the election.

Article 3

1. The Members of the Court, in the exercise of their functions, are

---

[①] This is the date on which the terms of office of the Members of the Court elected at the first election began in 1946.

of equal status, irrespective of age, priority of election or length of service.

2. The Members of the Court shall, except as provided in paragraphs 4 and 5 of this Article, take precedence according to the date on which their terms of office respectively began, as provided for by Article 2 of these Rules.

3. Members of the Court whose terms of office began on the same date shall take precedence in relation to one another according to seniority of age.

4. A Member of the Court who is re-elected to a new term of office which is continuous with his previous term shall retain his precedence.

5. The President and the Vice-President of the Court, while holding these offices, shall take precedence before all other Members of the Court.

6. The Member of the Court who, in accordance with the foregoing paragraphs, takes precedence next after the President and the Vice-President is in these Rules designated the "senior judge". If that Member is unable to act, the Member of the Court who is next after him in precedence and able to act is considered as senior judge.

Article 4

1. The declaration to be made by every Member of the Court in accordance with Article 20 of the Statute shall be as follows:

"I solemnly declare that I will perform my duties and exercise my powers as judge honourably, faithfully, impartially and conscientiously."

2. This declaration shall be made at the first public sitting at which the Member of the Court is present. Such sitting shall be held as soon as

practicable after his term of office begins and, if necessary, a special sitting shall be held for the purpose.

3. A Member of the Court who is re-elected shall make a new declaration only if his new term is not continuous with his previous one.

Article 5

1. A Member of the Court deciding to resign shall communicate his decision to the President, and the resignation shall take effect as provided in Article 13, paragraph 4, of the Statute.

2. If the Member of the Court deciding to resign from the Court is the President, he shall communicate his decision to the Court, and the resignation shall take effect as provided in Article 13, paragraph 4, of the Statute.

Article 6

In any case in which the application of Article 18 of the Statute is under consideration, the Member of the Court concerned shall be so informed by the President or, if the circumstances so require, by the Vice-President, in a written statement which shall include the grounds therefor and any relevant evidence. He shall subsequently, at a private meeting of the Court specially convened for the purpose, be afforded an opportunity of making a statement, of furnishing any information or explanations he wishes to give, and of supplying answers, orally or in writing, to any questions put to him. At a further private meeting, at which the Member of the Court concerned shall not be present, the matter shall be discussed; each Member of the Court shall state his opinion, and if requested a vote shall be taken.

Subsection 2. Judges *ad hoc*

Article 7

1. Judges *ad hoc*, chosen under Article 31 of the Statute for the purposes of particular cases, shall be admitted to sit on the Bench of the Court in the circumstances and according to the procedure indicated in Article 17, paragraph 2, Articles 35, 36, 37, Article 91, paragraph 2, and Article 102, paragraph 3, of these Rules.

2. They shall participate in the case in which they sit on terms of complete equality with the other judges on the Bench.

3. Judges *ad hoc* shall take precedence after the Members of the Court and in order of seniority of age.

Article 8

1. The solemn declaration to be made by every judge *ad hoc* in accordance with Articles 20 and 31, paragraph 6, of the Statute shall be as set out in Article 4, paragraph 1, of these Rules.

2. This declaration shall be made at a public sitting in the case in which the judge *ad hoc* is participating. If the case is being dealt with by a chamber of the Court, the declaration shall be made in the same manner in that chamber.

3. Judges *ad hoc* shall make the declaration in relation to any case in which they are participating, even if they have already done so in a previous case, but shall not make a new declaration for a later phase of the same case.

Subsection 3. Assessors

Article 9

1. The Court may, either *proprio motu* or upon a request made not

later than the closure of the written proceedings, decide, for the purpose of a contentious case or request for advisory opinion, to appoint assessors to sit with it without the right to vote.

2. When the Court so decides, the President shall take steps to obtain all the information relevant to the choice of the assessors.

3. The assessors shall be appointed by secret ballot and by a majority of the votes of the judges composing the Court for the case.

4. The same powers shall belong to the chambers provided for by Articles 26 and 29 of the Statute and to the presidents thereof, and may be exercised in the same manner.

5. Before entering upon their duties, assessors shall make the following declaration at a public sitting:

"I solemnly declare that I will perform my duties as an assessor honourably, impartially and conscientiously, and that I will faithfully observe all the provisions of the Statute and of the Rules of the Court."

SECTION B. THE PRESIDENCY

Article 10

1. The term of office of the President and that of the Vice-President shall begin to run from the date on which the terms of office of the Members of the Court elected at a triennial election begin in accordance with Article 2 of these Rules.

2. The elections to the presidency and vice-presidency shall be held on that date or shortly thereafter. The former President, if still a Member of the Court, shall continue to exercise his functions until the election to the

presidency has taken place.

Article11

1. If, on the date of the election to the presidency, the former President is still a Member of the Court, he shall conduct the election. If he has ceased to be a Member of the Court, or is unable to act, the election shall be conducted by the Member of the Court exercising the functions of the presidency by virtue of Article 13, paragraph 1, of these Rules.

2. The election shall take place by secret ballot, after the presiding Member of the Court has declared the number of affirmative votes necessary for election; there shall be no nominations. The Member of the Court obtaining the votes of a majority of the Members composing it at the time of the election shall be declared elected, and shall enter forthwith upon his functions.

3. The new President shall conduct the election of the Vice-President either at the same or at the following meeting. The provisions of paragraph 2 of this Article shall apply equally to this election.

Article 12

The President shall preside at all meetings of the Court; he shall direct the work and supervise the administration of the Court.

Article 13

1. In the event of a vacancy in the presidency or of the inability of the President to exercise the functions of the presidency, these shall be exercised by the Vice-President, or failing him, by the senior judge.

2. When the President is precluded by a provision of the Statute or of these Rules either from sitting or from presiding in a particular case, he

shall continue to exercise the functions of the presidency for all purposes save in respect of that case.

3. The President shall take the measures necessary in order to ensure the continuous exercise of the functions of the presidency at the seat of the Court. In the event of his absence, he may, so far as is compatible with the Statute and these Rules, arrange for these functions to be exercised by the Vice-President, or failing him, by the senior judge.

4. If the President decides to resign the presidency, he shall communicate his decision in writing to the Court through the Vice-President, or failing him, the senior judge. If the Vice-President decides to resign his office, he shall communicate his decision to the President.

Article 14

If a vacancy in the presidency or the vice-presidency occurs before the date when the current term is due to expire under Article 21, paragraph 1, of the Statute and Article 10, paragraph 1, of these Rules, the Court shall decide whether or not the vacancy shall be filled during the remainder of the term.

SECTION C. THE CHAMBERS

Article 15

1. The Chamber of Summary Procedure to be formed annually under Article 29 of the Statute shall be composed of five Members of the Court, comprising the President and Vice-President of the Court, acting ex officio, and three other members elected in accordance with Article 18, paragraph 1, of these Rules. In addition, two Members of the Court shall

be elected annually to act as substitutes.

2. The election referred to in paragraph 1 of this Article shall be held as soon as possible after the sixth of February in each year. The members of the Chamber shall enter upon their functions on election and continue to serve until the next election; they may be re-elected.

3. If a member of the Chamber is unable, for whatever reason, to sit in a given case, he shall be replaced for the purposes of that case by the senior in precedence of the two substitutes.

4. If a member of the Chamber resigns or otherwise ceases to be a member, his place shall be taken by the senior in precedence of the two substitutes, who shall thereupon become a full member of the Chamber and be replaced by the election of another substitute. Should vacancies exceed the number of available substitutes, elections shall be held as soon as possible in respect of the vacancies still existing after the substitutes have assumed full membership and in respect of the vacancies in the substitutes.

Article 16

1. When the Court decides to form one or more of the Chambers provided for in Article 26, paragraph 1, of the Statute, it shall determine the particular category of cases for which each Chamber is formed, the number of its members, the period for which they will serve, and the date at which they will enter upon their duties.

2. The members of the Chamber shall be elected in accordance with Article 18, paragraph 1, of these Rules from among the Members of the Court, having regard to any special knowledge, expertise or previous experience which any of the Members of the Court may have in relation to

the category of case the Chamber is being formed to deal with.

3. The Court may decide upon the dissolution of a Chamber, but without prejudice to the duty of the Chamber concerned to finish any cases pending before it.

Article 17

1. A request for the formation of a Chamber to deal with a particular case, as provided for in Article 26, paragraph 2, of the Statute, may be filed at any time until the closure of the written proceedings. Upon receipt of a request made by one party, the President shall ascertain whether the other party assents.

2. When the parties have agreed, the President shall ascertain their views regarding the composition of the Chamber, and shall report to the Court accordingly. He shall also take such steps as may be necessary to give effect to the provisions of Article 31, paragraph 4, of the Statute.

3. When the Court has determined, with the approval of the parties, the number of its Members who are to constitute the Chamber, it shall proceed to their election, in accordance with the provisions of Article 18, paragraph 1, of these Rules. The same procedure shall be followed as regards the filling of any vacancy that may occur on the Chamber.

4. Members of a Chamber formed under this Article who have been replaced, in accordance with Article 13 of the Statute following the expiration of their terms of office, shall continue to sit in all phases of the case, whatever the stage it has then reached.

Article 18

1. Elections to all Chambers shall take place by secret ballot. The

Members of the Court obtaining the largest number of votes constituting a majority of the Members of the Court composing it at the time of the election shall be declared elected. If necessary to fill vacancies, more than one ballot shall take place, such ballot being limited to the number of vacancies that remain to be filled.

2. If a Chamber when formed includes the President or Vice-President of the Court, or both of them, the President or Vice-President, as the case may be, shall preside over that Chamber. In any other event, the Chamber shall elect its own president by secret ballot and by a majority of votes of its members. The Member of the Court who, under this paragraph, presides over the Chamber at the time of its formation shall continue to preside so long as he remains a member of that Chamber.

3. The president of a Chamber shall exercise, in relation to cases being dealt with by that Chamber, all the functions of the President of the Court in relation to cases before the Court.

4. If the president of a Chamber is prevented from sitting or from acting as president, the functions of the presidency shall be assumed by the member of the Chamber who is the senior in precedence and able to act.

SECTION D. INTERNAL FUNCTIONING OF THE COURT

Article 19

The internal judicial practice of the Court shall, subject to the provisions of the Statute and these Rules, be governed by any resolutions on the subject adopted by the Court[①].

---

① The resolution now in force was adopted on 12 April 1976.

Article 20

1. The quorum specified by Article 25, paragraph 3, of the Statute applies to all meetings of the Court.

2. The obligation of Members of the Court under Article 23, paragraph 3, of the Statute, to hold themselves permanently at the disposal of the Court, entails attendance at all such meetings, unless they are prevented from attending by illness or for other serious reasons duly explained to the President, who shall inform the Court.

3. Judges *ad hoc* are likewise bound to hold themselves at the disposal of the Court and to attend all meetings held in the case in which they are participating. They shall not be taken into account for the calculation of the quorum.

4. The Court shall fix the dates and duration of the judicial vacations and the periods and conditions of leave to be accorded to individual Members of the Court under Article 23, paragraph 2, of the Statute, having regard in both cases to the state of its General List and to the requirements of its current work.

5. Subject to the same considerations, the Court shall observe the public holidays customary at the place where the Court is sitting.

6. In case of urgency the President may convene the Court at any time.

Article 21

1. The deliberations of the Court shall take place in private and remain secret. The Court may however at any time decide in respect of its deliberations on other than judicial matters to publish or allow publication of any part of them.

2. Only judges, and the assessors, if any, take part in the Court's judicial deliberations. The Registrar, or his deputy, and other members of the staff of the Registry as may be required shall be present. No other person shall be present except by permission of the Court.

3. The minutes of the Court's judicial deliberations shall record only the title or nature of the subjects or matters discussed, and the results of any vote taken. They shall not record any details of the discussions nor the views expressed, provided however that any judge is entitled to require that a statement made by him be inserted in the minutes.

PART II THE REGISTRY

Article 22

1. The Court shall elect its Registrar by secret ballot from amongst candidates proposed by Members of the Court. The Registrar shall be elected for a term of seven years. He may be re-elected.

2. The President shall give notice of a vacancy or impending vacancy to Members of the Court, either forthwith upon the vacancy arising, or, where the vacancy will arise on the expiration of the term of office of the Registrar, not less than three months prior thereto. The President shall fix a date for the closure of the list of candidates so as to enable nominations and information concerning the candidates to be received in sufficient time.

3. Nominations shall indicate the relevant information concerning the candidate, and in particular information as to his age, nationality, and present occupation, university qualifications, knowledge of languages, and any previous experience in law, diplomacy or the work of international

organizations.

4. The candidate obtaining the votes of the majority of the Members of the Court composing it at the time of the election shall be declared elected.

Article 23

The Court shall elect a Deputy-Registrar: the provisions of Article 22 of these Rules shall apply to his election and term of office.

Article 24

1. Before taking up his duties, the Registrar shall make the following declaration at a meeting of the Court:

"I solemnly declare that I will perform the duties incumbent upon me as Registrar of the International Court of Justice in all loyalty, discretion and good conscience, and that I will faithfully observe all the provisions of the Statute and of the Rules of the Court."

2. The Deputy-Registrar shall make a similar declaration at a meeting of the Court before taking up his duties.

Article 25

1. The staff-members of the Registry shall be appointed by the Court on proposals submitted by the Registrar. Appointments to such posts as the Court shall determine may however be made by the Registrar with the approval of the President.

2. Before taking up his duties, every staff-member shall make the following declaration before the President, the Registrar being present:

"I solemnly declare that I will perform the duties incumbent upon me as an official of the International Court of Justice in all loyalty, discretion and good conscience, and that I will faithfully observe all the provisions of the Statute and of the Rules of the Court. "

Article 26

1. The Registrar, in the discharge of his functions, shall:

（a）be the regular channel of communications to and from the Court, and in particular shall effect all communications, notifications and transmission of documents required by the Statute or by these Rules and ensure that the date of despatch and receipt thereof may be readily verified;

（b）keep, under the supervision of the President, and in such form as may be laid down by the Court, a General List of all cases, entered and numbered in the order in which the documents instituting proceedings or requesting an advisory opinion are received in the Registry;

（c）have the custody of the declarations accepting the jurisdiction of the Court made by States not parties to the Statute in accordance with any resolution adopted by the Security Council under Article 35, paragraph 2, of the Statute, and transmit certified copies thereof to all States parties to the Statute, to such other States as shall have deposited declarations, and to the Secretary-General of the United Nations;

（d）transmit to the parties copies of all pleadings and documents annexed upon receipt thereof in the Registry;

（e）communicate to the government of the country in which the Court or a Chamber is sitting, and any other governments which may be concerned, the necessary information as to the persons from time to time entitled, under the Statute and relevant agreements, to privileges, immunities, or facilities;

（f）be present, in person or by his deputy, at meetings of the

Court, and of the Chambers, and be responsible for the preparation of mi-nutes of such meetings;

(g) make arrangements for such provision or verification of transla-tions and interpretations into the Court's official languages as the Court may require;

(h) sign all judgments, advisory opinions and orders of the Court, and the minutes referred to in subparagraph (f);

(i) be responsible for the printing and publication of the Court's judg-ments, advisory opinions and orders, the pleadings and statements, and minutes of public sittings in cases, and of such other documents as the Court may direct to be published;

(j) be responsible for all administrative work and in particular for the accounts and financial administration in accordance with the financial pro-cedures of the United Nations;

(k) deal with enquiries concerning the Court and its work;

(l) assist in maintaining relations between the Court and other organs of the United Nations, the specialized agencies, and international bodies and conferences concerned with the codification and progressive develop-ment of international law;

(m) ensure that information concerning the Court and its activities is made accessible to governments, the highest national courts of justice, professional and learned societies, legal faculties and schools of law, and public information media;

(n) have custody of the seals and stamps of the Court, of the ar-chives of the Court, and of such other archives as may be entrusted to the

Court①.

2. The Court may at any time entrust additional functions to the Registrar.

3. In the discharge of his functions the Registrar shall be responsible to the Court.

Article 27

1. The Deputy-Registrar shall assist the Registrar, act as Registrar in the latter's absence and, in the event of the office becoming vacant, exercise the functions of Registrar until the office has been filled.

2. If both the Registrar and the Deputy-Registrar are unable to carry out the duties of Registrar, the President shall appoint an official of the Registry to discharge those duties for such time as may be necessary. If both offices are vacant at the same time, the President, after consulting the Members of the Court, shall appoint an official of the Registry to discharge the duties of Registrar pending an election to that office.

Article 28

1. The Registry shall comprise the Registrar, the Deputy-Registrar, and such other staff as the Registrar shall require for the efficient discharge of his functions.

2. The Court shall prescribe the organization of the Registry, and shall for this purpose request the Registrar to make proposals.

---

① The Registrar also keeps the Archives of the Permanent Court of International Justice, entrusted to the present Court by decision of the Permanent Court of October 1945 (*I. C. J. Yearbook* 1946 – 1947, p. 26). and the Archives of the Trial of the Major War Criminals before the International Military Tribunal at Nuremberg (1945 – 1946), entrusted to the Court by decision of that Tribunal of 1 October 1946; the Court authorized the Registrar to accept the latter Archives by decision of 19 November 1949.

3. Instructions for the Registry shall be drawn up by the Registrar and approved by the Court.

4. The staff of the Registry shall be subject to Staff Regulations drawn up by the Registrar, so far as possible in conformity with the United Nations Staff Regulations and Staff Rules, and approved by the Court.

Article 29

1. The Registrar may be removed from office only if, in the opinion of two-thirds of the Members of the Court, he has either become permanently incapacitated from exercising his functions, or has committed a serious breach of his duties.

2. Before a decision is taken under this Article, the Registrar shall be informed by the President of the action contemplated, in a written statement which shall include the grounds therefor and any relevant evidence. He shall subsequently, at a private meeting of the Court, be afforded an opportunity of making a statement, of furnishing any information or explanations he wishes to give, and of supplying answers, orally or in writing, to any questions put to him.

3. The Deputy-Registrar may be removed from office only on the same grounds and by the same procedure.

PART III PROCEEDINGS IN CONTENTIOUS CASES

SECTION A. COMMUNICATIONS TO THE COURT AND CONSULTATIONS

Article 30

All communications to the Court under these Rules shall be addressed to the Registrar unless otherwise stated. Any request made by a party shall likewise be addressed to the Registrar unless made in open court in the course of the oral proceedings.

Article 31

In every case submitted to the Court, the President shall ascertain the views of the parties with regard to questions of procedure. For this purpose he shall summon the agents of the parties to meet him as soon as possible after their appointment, and whenever necessary thereafter.

SECTION B. THE COMPOSITION OF THE COURT FOR PARTICULAR CASES

Article 32

1. If the President of the Court is a national of one of the parties in a case he shall not exercise the functions of the presidency in respect of that case. The same rule applies to the Vice-President, or to the senior judge, when called on to act as President.

2. The Member of the Court who is presiding in a case on the date on which the Court convenes for the oral proceedings shall continue to preside in that case until completion of the current phase of the case, notwithstanding the election in the meantime of a new President or Vice-President. If he should become unable to act, the presidency for the case shall be determined in accordance with Article 13 of these Rules, and on the basis of the composition of the Court on the date on which it convened for the oral proceedings.

Article 33

Except as provided in Article 17 of these Rules, Members of the

Court who have been replaced, in accordance with Article 13, paragraph 3, of the Statute following the expiration of their terms of office, shall discharge the duty imposed upon them by that paragraph by continuing to sit until the completion of any phase of a case in respect of which the Court convenes for the oral proceedings prior to the date of such replacement.

Article 34

1. In case of any doubt arising as to the application of Article 17, paragraph 2, of the Statute or in case of a disagreement as to the application of Article 24 of the Statute, the President shall inform the Members of the Court, with whom the decision lies.

2. If a party desires to bring to the attention of the Court facts which it considers to be of possible relevance to the application of the provisions of the Statute mentioned in the previous paragraph, but which it believes may not be known to the Court, that party shall communicate confidentially such facts to the President in writing.

Article 35

1. If a party proposes to exercise the power conferred by Article 31 of the Statute to choose a judge *ad hoc* in a case, it shall notify the Court of its intention as soon as possible. If the name and nationality of the judge selected are not indicated at the same time, the party shall, not later than two months before the time-limit fixed for the filing of the Counter-Memorial, inform the Court of the name and nationality of the person chosen and supply brief biographical details. The judge *ad hoc* may be of a nationality other than that of the party which chooses him.

2. If a party proposes to abstain from choosing a judge *ad hoc*, on

condition of a like abstention by the other party, it shall so notify the Court which shall inform the other party. If the other party thereafter gives notice of its intention to choose, or chooses, a judge *ad hoc*, the time-limit for the party which has previously abstained from choosing a judge may be extended by the President.

3. A copy of any notification relating to the choice of a judge *ad hoc* shall be communicated by the Registrar to the other party, which shall be requested to furnish, within a time-limit to be fixed by the President, such observations as it may wish to make. If within the said time-limit no objection is raised by the other party, and if none appears to the Court itself, the parties shall be so informed.

4. In the event of any objection or doubt, the matter shall be decided by the Court, if necessary after hearing the parties.

5. A judge *ad hoc* who has accepted appointment but who becomes unable to sit may be replaced.

6. If and when the reasons for the participation of a judge *ad hoc* are found no longer to exist, he shall cease to sit on the Bench.

Article 36

1. If the Court finds that two or more parties are in the same interest, and therefore are to be reckoned as one party only, and that there is no Member of the Court of the nationality of any one of those parties upon the Bench, the Court shall fix a time-limit within which they may jointly choose a judge *ad hoc*.

2. Should any party amongst those found by the Court to be in the same interest allege the existence of a separate interest of its own, or put

forward any other objection, the matter shall be decided by the Court, if necessary after hearing the parties.

Article 37

1. If a Member of the Court having the nationality of one of the parties is or becomes unable to sit in any phase of a case, that party shall thereupon become entitled to choose a judge *ad hoc* within a time-limit to be fixed by the Court, or by the President if the Court is not sitting.

2. Parties in the same interest shall be deemed not to have a judge of one of their nationalities upon the Bench if the Member of the Court having one of their nationalities is or becomes unable to sit in any phase of the case.

3. If the Member of the Court having the nationality of a party becomes able to sit not later than the closure of the written proceedings in that phase of the case, that Member of the Court shall resume his seat on the Bench in the case.

SECTION C. PROCEEDINGS BEFORE THE COURT

Subsection 1. Institution of Proceedings

Article 38

1. When proceedings before the Court are instituted by means of an application addressed as specified in Article 40, paragraph 1, of the Statute, the application shall indicate the party making it, the State against which the claim is brought, and the subject of the dispute.

2. The application shall specify as far as possible the legal grounds upon which the jurisdiction of the Court is said to be based; it shall also

specify the precise nature of the claim, together with a succinct statement of the facts and grounds on which the claim is based.

3. The original of the application shall be signed either by the agent of the party submitting it, or by the diplomatic representative of that party in the country in which the Court has its seat, or by some other duly authorized person. If the application bears the signature of someone other than such diplomatic representative, the signature must be authenticated by the latter or by the competent authority of the applicant's foreign ministry.

4. The Registrar shall forthwith transmit to the respondent a certified copy of the application.

5. When the applicant State proposes to found the jurisdiction of the Court upon a consent thereto yet to be given or manifested by the State against which such application is made, the application shall be transmitted to that State. It shall not however be entered in the General List, nor any action be taken in the proceedings, unless and until the State against which such application is made consents to the Court's jurisdiction for the purposes of the case.

Article 39

1. When proceedings are brought before the Court by the notification of a special agreement, in conformity with Article 40, paragraph 1, of the Statute, the notification may be effected by the parties jointly or by any one or more of them. If the notification is not a joint one, a certified copy of it shall forthwith be communicated by the Registrar to the other party.

2. In each case the notification shall be accompanied by an original or certified copy of the special agreement. The notification shall also, in so

far as this is not already apparent from the agreement, indicate the precise subject of the dispute and identify the parties to it.

Article 40

1. Except in the circumstances contemplated by Article 38, paragraph 5, of these Rules, all steps on behalf of the parties after proceedings have been instituted shall be taken by agents. Agents shall have an address for service at the seat of the Court to which all communications concerning the case are to be sent. Communications addressed to the agents of the parties shall be considered as having been addressed to the parties themselves.

2. When proceedings are instituted by means of an application, the name of the agent for the applicant shall be stated. The respondent, upon receipt of the certified copy of the application, or as soon as possible thereafter, shall inform the Court of the name of its agent.

3. When proceedings are brought by notification of a special agreement, the party making the notification shall state the name of its agent. Any other party to the special agreement, upon receiving from the Registrar a certified copy of such notification, or as soon as possible thereafter, shall inform the Court of the name of its agent if it has not already done so.

Article 41

The institution of proceedings by a State which is not a party to the Statute but which, under Article 35, paragraph 2, thereof, has accepted the jurisdiction of the Court by a declaration made in accordance with any resolution adopted by the Security Council under that Article[1], shall be ac-

---

① The resolution now in force was adopted on 15 October 1946.

companied by a deposit of the declaration in question, unless the latter has previously been deposited with the Registrar. If any question of the validity or effect of such declaration arises, the Court shall decide.

Article 42

The Registrar shall transmit copies of any application or notification of a special agreement instituting proceedings before the Court to: (*a*) the Secretary-General of the United Nations; (*b*) the Members of the United Nations; (*c*) other States entitled to appear before the Court.

Article 43[①②]

1. Whenever the construction of a convention to which States other than those concerned in the case are parties may be in question within the meaning of Article 63, paragraph 1, of the Statute, the Court shall consider what directions shall be given to the Registrar in the matter.

2. Whenever the construction of a convention to which a public international organization is a party may be in question in a case before the Court, the Court shall consider whether the Registrar shall so notify the public international organization concerned. Every public international organization notified by the Registrar may submit its observations on the particular provisions of the convention the constr

3. If a public international organization sees fit to furnish its observations under paragraph 2 of this Article, the procedure to be followed shall be that provided for in Article 69, paragraph 2, of these Rules.

---

①   Amendment entered into force on 29 September 2005.

②   Article 43, paragraph 1, as amended, repeats unchanged the text of Article 43, as adopted on 14 April 1978.

    Paragraphs 2 and 3 of the amended Article 43 are new.

Subsection 2. The Written Proceedings

Article 44

1. In the light of the information obtained by the President under Article 31 of these Rules, the Court shall make the necessary orders to determine, *inter alia*, the number and the order of filing of the pleadings and the time-limits within which they must be filed.

2. In making an order under paragraph 1 of this Article, any agreement between the parties which does not cause unjustified delay shall be taken into account.

3. The Court may, at the request of the party concerned, extend any time-limit, or decide that any step taken after the expiration of the time-limit fixed therefor shall be considered as valid, if it is satisfied that there is adequate justification for the request. In either case the other party shall be given an opportunity to state its views.

4. If the Court is not sitting, its powers under this Article shall be exercised by the President, but without prejudice to any subsequent decision of the Court. If the consultation referred to in Article 31 reveals persistent disagreement between the parties as to the application of Article 45, paragraph 2, or Article 46, paragraph 2, of these Rules, the Court shall be convened to decide the matter.

Article 45

1. The pleadings in a case begun by means of an application shall consist, in the following order, of: a Memorial by the applicant; a Counter-Memorial by the respondent.

2. The Court may authorize or direct that there shall be a Reply by the applicant and a Rejoinder by the respondent if the parties are so agreed, or if the Court decides, *proprio motu* or at the request of one of the parties, that these pleadings are necessary.

Article 46

1. In a case begun by the notification of a special agreement, the number and order of the pleadings shall be governed by the provisions of the agreement, unless the Court, after ascertaining the views of the parties, decides otherwise.

2. If the special agreement contains no such provision, and if the parties have not subsequently agreed on the number and order of pleadings, they shall each file a Memorial and Counter-Memorial, within the same time-limits. The Court shall not authorize the presentation of Replies unless it finds them to be necessary.

Article 47

The Court may at any time direct that the proceedings in two or more cases be joined. It may also direct that the written or oral proceedings, including the calling of witnesses, be in common; or the Court may, without effecting any formal joinder, direct common action in any of these respects.

Article 48

Time-limits for the completion of steps in the proceedings may be fixed by assigning a specified period but shall always indicate definite dates. Such time-limits shall be as short as the character of the case permits.

Article 49

1. A Memorial shall contain a statement of the relevant facts, a statement of law, and the submissions.

2. A Counter-Memorial shall contain: an admission or denial of the facts stated in the Memorial; any additional facts, if necessary; observations concerning the statement of law in the Memorial; a statement of law in answer thereto; and the submissions.

3. The Reply and Rejoinder, whenever authorized by the Court, shall not merely repeat the parties' contentions, but shall be directed to bringing out the issues that still divide them.

4. Every pleading shall set out the party's submissions at the relevant stage of the case, distinctly from the arguments presented, or shall confirm the submissions previously made.

Article 50

1. There shall be annexed to the original of every pleading certified copies of any relevant documents adduced in support of the contentions contained in the pleading.

2. If only parts of a document are relevant, only such extracts as are necessary for the purpose of the pleading in question need be annexed. A copy of the whole document shall be deposited in the Registry, unless it has been published and is readily available.

3. A list of all documents annexed to a pleading shall be furnished at the time the pleading is filed.

Article 51

1. If the parties are agreed that the written proceedings shall be con-

ducted wholly in one of the two official languages of the Court, the pleadings shall be submitted only in that language. If the parties are not so a-greed, any pleading or any part of a pleading shall be submitted in one or other of the official languages.

2. If in pursuance of Article 39, paragraph 3, of the Statute a language other than French or English is used, a translation into French or English certified as accurate by the party submitting it, shall be attached to the original of each pleading.

3. When a document annexed to a pleading is not in one of the official languages of the Court, it shall be accompanied by a translation into one of these languages certified by the party submitting it as accurate. The translation may be confined to part of an annex, or to extracts therefrom, but in this case it must be accompanied by an explanatory note indicating what passages are translated. The Court may however require a more extensive or a complete translation to be furnished.

Article 52 ①②③

1. The original of every pleading shall be signed by the agent and filed in the Registry. It shall be accompanied by a certified copy of the pleading, documents annexed, and any translations, for communication to the other party in accordance with Article 43, paragraph 4, of the Statute, and by

---

① Amendment entered into force on 14 April 2005.

② The agents of the parties are requested to ascertain from the Registry the usual format of the pleadings.

③ The text of Article 52, as adopted on 14 April 1978, contained a paragraph 3 concerning the procedure to be followed where the Registrar arranges for the printing of a pleading; this paragraph has been deleted and the footnote to the Article has been amended. Former paragraph 4 has been renumbered and is now paragraph 3.

the number of additional copies required by the Registry, but without prejudice to an increase in that number should the need arise later.

2. All pleadings shall be dated. When a pleading has to be filed by a certain date, it is the date of the receipt of the pleading in the Registry which will be regarded by the Court as the material date.

3. The correction of a slip or error in any document which has been filed may be made at any time with the consent of the other party or by leave of the President. Any correction so effected shall be notified to the other party in the same manner as the pleading to which it relates.

Article 53

1. The Court, or the President if the Court is not sitting, may at any time decide, after ascertaining the views of the parties, that copies of the pleadings and documents annexed shall be made available to a State entitled to appear before it which has asked to be furnished with such copies.

2. The Court may, after ascertaining the views of the parties, decide that copies of the pleadings and documents annexed shall be made accessible to the public on or after the opening of the oral proceedings.

Subsection 3. The Oral Proceedings

Article 54

1. Upon the closure of the written proceedings, the case is ready for hearing. The date for the opening of the oral proceedings shall be fixed by the Court, which may also decide, if occasion should arise, that the opening or the continuance of the oral proceedings be postponed.

2. When fixing the date for, or postponing, the opening of the oral

proceedings the Court shall have regard to the priority required by Article 74 of these Rules and to any other special circumstances, including the urgency of a particular case.

3. When the Court is not sitting, its powers under this Article shall be exercised by the President.

Article 55

The Court may, if it considers it desirable, decide pursuant to Article 22, paragraph 1, of the Statute that all or part of the further proceedings in a case shall be held at a place other than the seat of the Court. Before so deciding, it shall ascertain the views of the parties.

Article 56

1. After the closure of the written proceedings, no further documents may be submitted to the Court by either party except with the consent of the other party or as provided in paragraph 2 of this Article. The party desiring to produce a new document shall file the original or a certified copy thereof, together with the number of copies required by the Registry, which shall be responsible for communicating it to the other party and shall inform the Court. The other party shall be held to have given its consent if it does not lodge an objection to the production of the document.

2. In the absence of consent, the Court, after hearing the parties, may, if it considers the document necessary, authorize its production.

3. If a new document is produced under paragraph 1 or paragraph 2 of this Article, the other party shall have an opportunity of commenting upon it and of submitting documents in support of its comments.

4. No reference may be made during the oral proceedings to the con-

tents of any document which has not been produced in accordance with Article 43 of the Statute or this Article, unless the document is part of a publication readily available.

5. The application of the provisions of this Article shall not in itself constitute a ground for delaying the opening or the course of the oral proceedings.

Article 57

Without prejudice to the provisions of the Rules concerning the production of documents, each party shall communicate to the Registrar, in sufficient time before the opening of the oral proceedings, information regarding any evidence which it intends to produce or which it intends to request the Court to obtain. This communication shall contain a list of the surnames, first names, nationalities, descriptions and places of residence of the witnesses and experts whom the party intends to call, with indications in general terms of the point or points to which their evidence will be directed. A copy of the communication shall also be furnished for transmission to the other party.

Article 58

1. The Court shall determine whether the parties should present their arguments before or after the production of the evidence; the parties shall, however, retain the right to comment on the evidence given.

2. The order in which the parties will be heard, the method of handling the evidence and of examining any witnesses and experts, and the number of counsel and advocates to be heard on behalf of each party, shall be settled by the Court after the views of the parties have been ascertained

in accordance with Article 31 of these Rules.

Article 59

The hearing in Court shall be public, unless the Court shall decide otherwise, or unless the parties demand that the public be not admitted. Such a decision or demand may concern either the whole or part of the hearing, and may be made at any time.

Article 60

1. The oral statements made on behalf of each party shall be as succinct as possible within the limits of what is requisite for the adequate presentation of that party's contentions at the hearing. Accordingly, they shall be directed to the issues that still divide the parties, and shall not go over the whole ground covered by the pleadings, or merely repeat the facts and arguments these contain.

2. At the conclusion of the last statement made by a party at the hearing, its agent, without recapitulation of the arguments, shall read that party's final submissions. A copy of the written text of these, signed by the agent, shall be communicated to the Court and transmitted to the other party.

Article 61

1. The Court may at any time prior to or during the hearing indicate any points or issues to which it would like the parties specially to address themselves, or on which it considers that there has been sufficient argument.

2. The Court may, during the hearing, put questions to the agents, counsel and advocates, and may ask them for explanations.

3. Each judge has a similar right to put questions, but before exerci-

sing it he should make his intention known to the President, who is made responsible by Article 45 of the Statute for the control of the hearing.

4. The agents, counsel and advocates may answer either immediately or within a time-limit fixed by the President.

Article 62

1. The Court may at any time call upon the parties to produce such evidence or to give such explanations as the Court may consider to be necessary for the elucidation of any aspect of the matters in issue, or may itself seek other information for this purpose.

2. The Court may, if necessary, arrange for the attendance of a witness or expert to give evidence in the proceedings.

Article 63

1. The parties may call any witnesses or experts appearing on the list communicated to the Court pursuant to Article 57 of these Rules. If at any time during the hearing a party wishes to call a witness or expert whose name was not included in that list, it shall so inform the Court and the other party, and shall supply the information required by Article 57. The witness or expert may be called either if the other party makes no objection or if the Court is satisfied that his evidence seems likely to prove relevant.

2. The Court, or the President if the Court is not sitting, shall, at the request of one of the parties or *proprio motu*, take the necessary steps for the examination of witnesses otherwise than before the Court itself.

Article 64

Unless on account of special circumstances the Court decides on a different form of words,

(a) every witness shall make the following declaration before giving any evidence:

"I solemnly declare upon my honour and conscience that I will speak the truth, the whole truth and nothing but the truth";

(b) every expert shall make the following declaration before making any statement:

"I solemnly declare upon my honour and conscience that I will speak the truth, the whole truth and nothing but the truth, and that my statement will be in accordance with my sincere belief."

Article 65

Witnesses and experts shall be examined by the agents, counsel or advocates of the parties under the control of the President. Questions may be put to them by the President and by the judges. Before testifying, witnesses shall remain out of court.

Article 66

The Court may at any time decide, either *proprio motu* or at the request of a party, to exercise its functions with regard to the obtaining of evidence at a place or locality to which the case relates, subject to such conditions as the Court may decide upon after ascertaining the views of the parties. The necessary arrangements shall be made in accordance with Article 44 of the Statute.

Article 67

1. If the Court considers it necessary to arrange for an enquiry or an expert opinion, it shall, after hearing the parties, issue an order to this effect, defining the subject of the enquiry or expert opinion, stating the

number and mode of appointment of the persons to hold the enquiry or of the experts, and laying down the procedure to be followed. Where appropriate, the Court shall require persons appointed to carry out an enquiry, or to give an expert opinion, to make a solemn declaration.

2. Every report or record of an enquiry and every expert opinion shall be communicated to the parties, which shall be given the opportunity of commenting upon it.

Article 68

Witnesses and experts who appear at the instance of the Court under Article 62, paragraph 2, and persons appointed under Article 67, paragraph 1, of these Rules, to carry out an enquiry or to give an expert opinion, shall, where appropriate, be paid out of the funds of the Court.

Article 69

1. The Court may, at any time prior to the closure of the oral proceedings, either *proprio motu* or at the request of one of the parties communicated as provided in Article 57 of these Rules, request a public international organization, pursuant to Article 34 of the Statute, to furnish information relevant to a case before it. The Court, after consulting the chief administrative officer of the organization concerned, shall decide whether such information shall be presented to it orally or in writing, and the time-limits for its presentation.

2. When a public international organization sees fit to furnish, on its own initiative, information relevant to a case before the Court, it shall do so in the form of a Memorial to be filed in the Registry before the closure of the written proceedings. The Court shall retain the right to require such

information to be supplemented, either orally or in writing, in the form of answers to any questions which it may see fit to formulate, and also to authorize the parties to comment, either orally or in writing, on the information thus furnished.

3. In the circumstances contemplated by Article 34, paragraph 3, of the Statute, the Registrar, on the instructions of the Court, or of the President if the Court is not sitting, shall proceed as prescribed in that paragraph. The Court, or the President if the Court is not sitting, may, as from the date on which the Registrar has communicated copies of the written proceedings and after consulting the chief administrative officer of the public international organization concerned, fix a time-limit within which the organization may submit to the Court its observations in writing. These observations shall be communicated to the parties and may be discussed by them and by the representative of the said organization during the oral proceedings.

4. In the foregoing paragraph, the term "public international organization" denotes an international organization of States.

Article 70

1. In the absence of any decision to the contrary by the Court, all speeches and statements made and evidence given at the hearing in one of the official languages of the Court shall be interpreted into the other official language. If they are made or given in any other language, they shall be interpreted into the two official languages of the Court.

2. Whenever, in accordance with Article 39, paragraph 3, of the Statute, a language other than French or English is used, the necessary arrangements for interpretation into one of the two official languages shall be

made by the party concerned; however, the Registrar shall make arrange-
ments for the verification of the interpretation provided by a party of evi-
dence given on the party's behalf. In the case of witnesses or experts who
appear at the instance of the Court, arrangements for interpretation shall be
made by the Registry.

3. A party on behalf of which speeches or statements are to be made,
or evidence given, in a language which is not one of the official languages
of the Court, shall so notify the Registrar in sufficient time for him to
make the necessary arrangements.

4. Before first interpreting in the case, interpreters provided by a party
shall make the following declaration in open court:

"I solemnly declare upon my honour and conscience that my interpre-
tation will be faithful and complete."

Article 71

1. A verbatim record shall be made by the Registrar of every hearing,
in the official language of the Court which has been used. When the lan-
guage used is not one of the two official languages of the Court, the verba-
tim record shall be prepared in one of the Court's official languages.

2. When speeches or statements are made in a language which is not
one of the official languages of the Court, the party on behalf of which
they are made shall supply to the Registry in advance a text thereof in one
of the official languages, and this text shall constitute the relevant part of
the verbatim record.

3. The transcript of the verbatim record shall be preceded by the names
of the judges present, and those of the agents, counsel and advocates of

the parties.

4. Copies of the transcript shall be circulated to the judges sitting in the case, and to the parties. The latter may, under the supervision of the Court, correct the transcripts of speeches and statements made on their behalf, but in no case may such corrections affect the sense and bearing thereof. The judges may likewise make corrections in the transcript of anything they may have said.

5. Witnesses and experts shall be shown that part of the transcript which relates to the evidence given, or the statements made by them, and may correct it in like manner as the parties.

6. One certified true copy of the eventual corrected transcript, signed by the President and the Registrar, shall constitute the authentic minutes of the sitting for the purpose of Article 47 of the Statute. The minutes of public hearings shall be printed and published by the Court.

Article 72

Any written reply by a party to a question put under Article 61, or any evidence or explanation supplied by a party under Article 62 of these Rules, received by the Court after the closure of the oral proceedings, shall be communicated to the other party, which shall be given the opportunity of commenting upon it. If necessary the oral proceedings may be reopened for that purpose.

SECTION D. INCIDENTAL PROCEEDINGS

Subsection 1. Interim Protection

Article 73

1. A written request for the indication of provisional measures may be

made by a party at any time during the course of the proceedings in the case in connection with which the request is made.

2. The request shall specify the reasons therefor, the possible consequences if it is not granted, and the measures requested. A certified copy shall forthwith be transmitted by the Registrar to the other party.

Article 74

1. A request for the indication of provisional measures shall have priority over all other cases.

2. The Court, if it is not sitting when the request is made, shall be convened forthwith for the purpose of proceeding to a decision on the request as a matter of urgency.

3. The Court, or the President if the Court is not sitting, shall fix a date for a hearing which will afford the parties an opportunity of being represented at it. The Court shall receive and take into account any observations that may be presented to it before the closure of the oral proceedings.

4. Pending the meeting of the Court, the President may call upon the parties to act in such a way as will enable any order the Court may make on the request for provisional measures to have its appropriate effects.

Article 75

1. The Court may at any time decide to examine *proprio motu* whether the circumstances of the case require the indication of provisional measures which ought to be taken or complied with by any or all of the parties.

2. When a request for provisional measures has been made, the Court may indicate measures that are in whole or in part other than those reques-

ted, or that ought to be taken or complied with by the party which has it-self made the request.

3. The rejection of a request for the indication of provisional measures shall not prevent the party which made it from making a fresh request in the same case based on new facts.

Article 76

1. At the request of a party the Court may, at any time before the final judgment in the case, revoke or modify any decision concerning provisional measures if, in its opinion, some change in the situation justifies such revocation or modification.

2. Any application by a party proposing such a revocation or modification shall specify the change in the situation considered to be relevant.

3. Before taking any decision under paragraph 1 of this Article the Court shall afford the parties an opportunity of presenting their observations on the subject.

Article 77

Any measures indicated by the Court under Articles 73 and 75 of these Rules, and any decision taken by the Court under Article 76, paragraph 1, of these Rules, shall forthwith be communicated to the Secretary-General of the United Nations for transmission to the Security Council in pursuance of Article 41, paragraph 2, of the Statute.

Article 78

The Court may request information from the parties on any matter connected with the implementation of any provisional measures it has indicated.

Subsection 2. Preliminary Objections

Article 79①②

1. Any objection by the respondent to the jurisdiction of the Court or to the admissibility of the application, or other objection the decision upon which is requested before any further proceedings on the merits, shall be made in writing as soon as possible, and not later than three months after the delivery of the Memorial. Any such objection made by a party other than the respondent shall be filed within the time-limit fixed for the delivery of that party's first pleading.

2. Notwithstanding paragraph 1 above, following the submission of the application and after the President has met and consulted with the parties, the Court may decide that any questions of jurisdiction and admissibility shall be determined separately.

3. Where the Court so decides, the parties shall submit any pleadings as to jurisdiction and admissibility within the time-limits fixed by the Court and in the order determined by it, notwithstanding Article 45, paragraph 1.

4. The preliminary objection shall set out the facts and the law on which the objection is based, the submissions and a list of the documents

---

① Amendment entered into force on 1 February 2001. Article 79 of the Rules of Court as adopted on 14 April 1978 has continued to apply to all cases submitted to the Court prior to 1 February 2001.

② In Article 79, paragraph 1, as amended, the words "as soon as possible, and not later than three months after the delivery of the Memorial" have been substituted for the words "within the time-limit fixed for the delivery of the Counter-Memorial" contained in the text of this paragraph as adopted on 14 April 1978.
Paragraphs 2 and 3 of the amended Article 79 are new.
The former paragraphs 2 to 8 have been renumbered, respectively, as paragraphs 4 to 10.

in support; it shall mention any evidence which the party may desire to produce. Copies of the supporting documents shall be attached.

5. Upon receipt by the Registry of a preliminary objection, the proceedings on the merits shall be suspended and the Court, or the President if the Court is not sitting, shall fix the time-limit within which the other party may present a written statement of its observations and submissions; documents in support shall be attached and evidence which it is proposed to produce shall be mentioned.

6. Unless otherwise decided by the Court, the further proceedings shall be oral.

7. The statements of facts and law in the pleadings referred to in paragraphs 4 and 5 of this Article, and the statements and evidence presented at the hearings contemplated by paragraph 6, shall be confined to those matters that are relevant to the objection.

8. In order to enable the Court to determine its jurisdiction at the preliminary stage of the proceedings, the Court, whenever necessary, may request the parties to argue all questions of law and fact, and to adduce all evidence, which bear on the issue.

9. After hearing the parties, the Court shall give its decision in the form of a judgment, by which it shall either uphold the objection, reject it, or declare that the objection does not possess, in the circumstances of the case, an exclusively preliminary character. If the Court rejects the objection or declares that it does not possess an exclusively preliminary character, it shall fix time-limits for the further proceedings.

10. Any agreement between the parties that an objection submitted un-

der paragraph 1 of this Article be heard and determined within the framework of the merits shall be given effect by the Court.

Subsection 3. Counter-Claims

Article 80①②

1. The Court may entertain a counter-claim only if it comes within the jurisdiction of the Court and is directly connected with the subject-matter of the claim of the other party.

2. A counter-claim shall be made in the Counter-Memorial and shall appear as part of the submissions contained therein. The right of the other party to present its views in writing on the counter-claim, in an additional pleading, shall be preserved, irrespective of any decision of the Court, in accordance with Article 45, paragraph 2, of these Rules, concerning the filing of further written pleadings.

3. Where an objection is raised concerning the application of paragraph 1 or whenever the Court deems necessary, the Court shall take its decision thereon after hearing the parties.

---

① Amendment entered into force on 1 February 2001. Article 80 of the Rules of Court as adopted on 14 April 1978 has continued to apply to all cases submitted to the Court prior to 1 February 2001.

② Article 80 of the Rules of Court as adopted on 14 April 1978 read as follows:

"*Article* 80

1. A counter-claim may be presented provided that it is directly connected with the subject-matter of the claim of the other party and that it comes within the jurisdiction of the Court.

2. A counter-claim shall be made in the Counter-Memorial of the party presenting it, and shall appear as part of the submissions of that party.

3. In the event of doubt as to the connection between the question presented by way of counter-claim and the subject-matter of the claim of the other party the Court shall, after hearing the parties, decide whether or not the question thus presented shall be joined to the original proceedings. "

Subsection 4. Intervention

Article 81

1. An application for permission to intervene under the terms of Article 62 of the Statute, signed in the manner provided for in Article 38, paragraph 3, of these Rules, shall be filed as soon as possible, and not later than the closure of the written proceedings. In exceptional circumstances, an application submitted at a later stage may however be admitted.

2. The application shall state the name of an agent. It shall specify the case to which it relates, and shall set out:

(a) the interest of a legal nature which the State applying to intervene considers may be affected by the decision in that case;

(b) the precise object of the intervention;

(c) any basis of jurisdiction which is claimed to exist as between the State applying to intervene and the parties to the case.

3. The application shall contain a list of the documents in support, which documents shall be attached.

Article 82

1. A State which desires to avail itself of the right of intervention conferred upon it by Article 63 of the Statute shall file a declaration to that effect, signed in the manner provided for in Article 38, paragraph 3, of these Rules. Such a declaration shall be filed as soon as possible, and not later than the date fixed for the opening of the oral proceedings. In exceptional circumstances a declaration submitted at a later stage may however be admitted.

2. The declaration shall state the name of an agent. It shall specify the case and the convention to which it relates and shall contain：

(a) particulars of the basis on which the declarant State considers itself a party to the convention；

(b) identification of the particular provisions of the convention the construction of which it considers to be in question；

(c) a statement of the construction of those provisions for which it contends；

(d) a list of the documents in support, which documents shall be attached.

3. Such a declaration may be filed by a State that considers itself a party to the convention the construction of which is in question but has not received the notification referred to in Article 63 of the Statute.

Article 83

1. Certified copies of the application for permission to intervene under Article 62 of the Statute, or of the declaration of intervention under Article 63 of the Statute, shall be communicated forthwith to the parties to the case, which shall be invited to furnish their written observations within a time-limit to be fixed by the Court or by the President if the Court is not sitting.

2. The Registrar shall also transmit copies to： (a) the Secretary-General of the United Nations； (b) the Members of the United Nations； (c) other States entitled to appear before the Court； (d) any other States which have been notified under Article 63 of the Statute.

Article 84

1. The Court shall decide whether an application for permission to in-

tervene under Article 62 of the Statute should be granted, and whether an intervention under Article 63 of the Statute is admissible, as a matter of priority unless in view of the circumstances of the case the Court shall otherwise determine.

2. If, within the time-limit fixed under Article 83 of these Rules, an objection is filed to an application for permission to intervene, or to the admissibility of a declaration of intervention, the Court shall hear the State seeking to intervene and the parties before deciding.

Article 85

1. If an application for permission to intervene under Article 62 of the Statute is granted, the intervening State shall be supplied with copies of the pleadings and documents annexed and shall be entitled to submit a written statement within a time-limit to be fixed by the Court. A further time-limit shall be fixed within which the parties may, if they so desire, furnish their written observations on that statement prior to the oral proceedings. If the Court is not sitting, these time-limits shall be fixed by the President.

2. The time-limits fixed according to the preceding paragraph shall, so far as possible, coincide with those already fixed for the pleadings in the case.

3. The intervening State shall be entitled, in the course of the oral proceedings, to submit its observations with respect to the subject-matter of the intervention.

Article 86

1. If an intervention under Article 63 of the Statute is admitted, the intervening State shall be furnished with copies of the pleadings and docu-

ments annexed, and shall be entitled, within a time-limit to be fixed by the Court, or by the President if the Court is not sitting, to submit its written observations on the subject-matter of the intervention.

2. These observations shall be communicated to the parties and to any other State admitted to intervene. The intervening State shall be entitled, in the course of the oral proceedings, to submit its observations with respect to the subject-matter of the intervention.

Subsection 5. Special Reference to the Court

Article 87

1. When in accordance with a treaty or convention in force a contentious case is brought before the Court concerning a matter which has been the subject of proceedings before some other international body, the provisions of the Statute and of the Rules governing contentious cases shall apply.

2. The application instituting proceedings shall identify the decision or other act of the international body concerned and a copy thereof shall be annexed; it shall contain a precise statement of the questions raised in regard to that decision or act, which constitute the subject of the dispute referred to the Court.

Subsection 6. Discontinuance

Article 88

1. If at any time before the final judgment on the merits has been delivered the parties, either jointly or separately, notify the Court in writing

that they have agreed to discontinue the proceedings, the Court shall make an order recording the discontinuance and directing that the case be removed from the list.

2. If the parties have agreed to discontinue the proceedings in consequence of having reached a settlement of the dispute and if they so desire, the Court may record this fact in the order for the removal of the case from the list, or indicate in, or annex to, the order, the terms of the settlement.

3. If the Court is not sitting, any order under this Article may be made by the President.

Article 89

1. If in the course of proceedings instituted by means of an application, the applicant informs the Court in writing that it is not going on with the proceedings, and if, at the date on which this communication is received by the Registry, the respondent has not yet taken any step in the proceedings, the Court shall make an order officially recording the discontinuance of the proceedings and directing the removal of the case from the list. A copy of this order shall be sent by the Registrar to the respondent.

2. If, at the time when the notice of discontinuance is received, the respondent has already taken some step in the proceedings, the Court shall fix a time-limit within which the respondent may state whether it opposes the discontinuance of the proceedings. If no objection is made to the discontinuance before the expiration of the time-limit, acquiescence will be presumed and the Court shall make an order officially recording the discontinuance of the proceedings and directing the removal of the case from the

list. If objection is made, the proceedings shall continue.

3. If the Court is not sitting, its powers under this Article may be exercised by the President.

SECTION E. PROCEEDINGS BEFORE THE CHAMBERS

Article 90

Proceedings before the Chambers mentioned in Articles 26 and 29 of the Statute shall, subject to the provisions of the Statute and of these Rules relating specifically to the Chambers, be governed by the provisions of Parts I to III of these Rules applicable in contentious cases before the Court.

Article 91

1. When it is desired that a case should be dealt with by one of the Chambers which has been formed in pursuance of Article 26, paragraph 1, or Article 29 of the Statute, a request to this effect shall either be made in the document instituting the proceedings or accompany it. Effect will be given to the request if the parties are in agreement.

2. Upon receipt by the Registry of this request, the President of the Court shall communicate it to the members of the Chamber concerned. He shall take such steps as may be necessary to give effect to the provisions of Article 31, paragraph 4, of the Statute.

3. The President of the Court shall convene the Chamber at the earliest date compatible with the requirements of the procedure.

Article 92

1. Written proceedings in a case before a Chamber shall consist of a

single pleading by each side. In proceedings begun by means of an application, the pleadings shall be delivered within successive time-limits. In proceedings begun by the notification of a special agreement, the pleadings shall be delivered within the same time-limits, unless the parties have agreed on successive delivery of their pleadings. The time-limits referred to in this paragraph shall be fixed by the Court, or by the President if the Court is not sitting, in consultation with the Chamber concerned if it is already constituted.

2. The Chamber may authorize or direct that further pleadings be filed if the parties are so agreed, or if the Chamber decides, *proprio motu* or at the request of one of the parties, that such pleadings are necessary.

3. Oral proceedings shall take place unless the parties agree to dispense with them, and the Chamber consents. Even when no oral proceedings take place, the Chamber may call upon the parties to supply information or furnish explanations orally.

Article 93

Judgments given by a Chamber shall be read at a public sitting of that Chamber.

SECTION F. JUDGMENTS, INTERPRETATION AND REVISION

Subsection 1. Judgments

Article 94

1. When the Court has completed its deliberations and adopted its judgment, the parties shall be notified of the date on which it will be read.

2. The judgment shall be read at a public sitting of the Court and shall

become binding on the parties on the day of the reading.

Article 95

1. The judgment, which shall state whether it is given by the Court or by a Chamber, shall contain:

the date on which it is read;

the names of the judges participating in it;

the names of the parties;

the names of the agents, counsel and advocates of the parties;

a summary of the proceedings;

the submissions of the parties;

a statement of the facts;

the reasons in point of law;

the operative provisions of the judgment;

the decision, if any, in regard to costs;

the number and names of the judges constituting the majority;

a statement as to the text of the judgment which is authoritative.

2. Any judge may, if he so desires, attach his individual opinion to the judgment, whether he dissents from the majority or not; a judge who wishes to record his concurrence or dissent without stating his reasons may do so in the form of a declaration. The same shall also apply to orders made by the Court.

3. One copy of the judgment duly signed and sealed, shall be placed in the archives of the Court and another shall be transmitted to each of the parties. Copies shall be sent by the Registrar to: (a) the Secretary-General of the United Nations; (b) the Members of the United Nations; (c) other

Sates entitled to appear before the Court.

Article 96

When by reason of an agreement reached between the parties, the written and oral proceedings have been conducted in one of the Court's two official languages, and pursuant to Article 39, paragraph 1, of the Statute the judgment is to be delivered in that language, the text of the judgment in that language shall be the authoritative text.

Article 97

If the Court, under Article 64 of the Statute, decides that all or part of a party's costs shall be paid by the other party, it may make an order for the purpose of giving effect to that decision.

Subsection 2. Requests for the Interpretation or Revision of a Judgment

Article 98

1. In the event of dispute as to the meaning or scope of a judgment any party may make a request for its interpretation, whether the original proceedings were begun by an application or by the notification of a special agreement.

2. A request for the interpretation of a judgment may be made either by an application or by the notification of a special agreement to that effect between the parties; the precise point or points in dispute as to the meaning or scope of the judgment shall be indicated.

3. If the request for interpretation is made by an application, the requesting party's contentions shall be set out therein, and the other party shall be entitled to file written observations thereon within a time-limit fixed

by the Court, or by the President if the Court is not sitting.

4. Whether the request is made by an application or by notification of a special agreement, the Court may, if necessary, afford the parties the opportunity of furnishing further written or oral explanations.

Article 99

1. A request for the revision of a judgment shall be made by an application containing the particulars necessary to show that the conditions specified in Article 61 of the Statute are fulfilled. Any documents in support of the application shall be annexed to it.

2. The other party shall be entitled to file written observations on the admissibility of the application within a time-limit fixed by the Court, or by the President if the Court is not sitting. These observations shall be communicated to the party making the application.

3. The Court, before giving its judgment on the admissibility of the application may afford the parties a further opportunity of presenting their views thereon.

4. If the Court finds that the application is admissible it shall fix time-limits for such further proceedings on the merits of the application as, after ascertaining the views of the parties, it considers necessary.

5. If the Court decides to make the admission of the proceedings in revision conditional on previous compliance with the judgment, it shall make an order accordingly.

Article 100

1. If the judgment to be revised or to be interpreted was given by the Court, the request for its revision or interpretation shall be dealt with by

the Court. If the judgment was given by a Chamber, the request for its revision or interpretation shall be dealt with by that Chamber.

2. The decision of the Court, or of the Chamber, on a request for interpretation or revision of a judgment shall itself be given in the form of a judgment.

SECTION G. MODIFICATIONS PROPOSED BY THE PARTIES

Article 101

The parties to a case may jointly propose particular modifications or additions to the rules contained in the present Part (with the exception of Articles 93 to 97 inclusive), which may be applied by the Court or by a Chamber if the Court or the Chamber considers them appropriate in the circumstances of the case.

PART IV ADVISORY PROCEEDINGS

Article 102

1. In the exercise of its advisory functions under Article 65 of the Statute, the Court shall apply, in addition to the provisions of Article 96 of the Charter and Chapter IV of the Statute, the provisions of the present Part of the Rules.

2. The Court shall also be guided by the provisions of the Statute and of these Rules which apply in contentious cases to the extent to which it recognizes them to be applicable. For this purpose, it shall above all consider whether the request for the advisory opinion relates to a legal question actually pending between two or more States.

3. When an advisory opinion is requested upon a legal question actually pending between two or more States, Article 31 of the Statute shall apply, as also the provisions of these Rules concerning the application of that Article.

Article 103

When the body authorized by or in accordance with the Charter of the United Nations to request an advisory opinion informs the Court that its request necessitates an urgent answer, or the Court finds that an early answer would be desirable, the Court shall take all necessary steps to accelerate the procedure, and it shall convene as early as possible for the purpose of proceeding to a hearing and deliberation on the request.

Article 104

All requests for advisory opinions shall be transmitted to the Court by the Secretary-General of the United Nations or, as the case may be, the chief administrative officer of the body authorized to make the request. The documents referred to in Article 65, paragraph 2, of the Statute shall be transmitted to the Court at the same time as the request or as soon as possible thereafter, in the number of copies required by the Registry.

Article 105

1. Written statements submitted to the Court shall be communicated by the Registrar to any States and organizations which have submitted such statements.

2. The Court, or the President if the Court is not sitting, shall:

(a) determine the form in which, and the extent to which, comments permitted under Article 66, paragraph 4, of the Statute shall be received, and fix the time-limit for the submission of any such comments in writing;

(b) decide whether oral proceedings shall take place at which statements and comments may be submitted to the Court under the provisions of Article 66 of the Statute, and fix the date for the opening of such oral proceedings.

Article 106

The Court, or the President if the Court is not sitting, may decide that the written statements and annexed documents shall be made accessible to the public on or after the opening of the oral proceedings. If the request for advisory opinion relates to a legal question actually pending between two or more States, the views of those States shall first be ascertained.

Article 107

1. When the Court has completed its deliberations and adopted its advisory opinion, the opinion shall be read at a public sitting of the Court.

2. The advisory opinion shall contain:

the date on which it is delivered;

the names of the judges participating;

a summary of the proceedings;

a statement of the facts;

the reasons in point of law;

the reply to the question put to the Court;

the number and names of the judges constituting the majority;

a statement as to the text of the opinion which is authoritative.

3. Any judge may, if he so desires, attach his individual opinion to

the advisory opinion of the Court, whether he dissents from the majority or not; a judge who wishes to record his concurrence or dissent without stating his reasons may do so in the form of a declaration.

Article 108

The Registrar shall inform the Secretary-General of the United Nations, and, where appropriate, the chief administrative officer of the body which requested the advisory opinion, as to the date and the hour fixed for the public sitting to be held for the reading of the opinion. He shall also inform the representatives of the Members of the United Nations and other States, specialized agencies and public international organizations immediately concerned.

Article 109

One copy of the advisory opinion, duly signed and sealed, shall be placed in the archives of the Court, another shall be sent to the Secretary-General of the United Nations and, where appropriate, a third to the chief administrative officer of the body which requested the opinion of the Court. Copies shall be sent by the Registrar to the Members of the United Nations and to any other States, specialized agencies and public international organizations immediately concerned.

(*Signed*) Rosalyn HIGGINS,

President.

(*Signed*) Ph. COUVREUR,

Registrar.

附录 4
国际法院程序指引（英文）
Practice Directions

（As amended on 20 January 2009 and 21 March 2013. ）

Practice Direction Ⅰ

The Court wishes to discourage the practice of simultaneous deposit of pleadings in cases brought by special agreement.

The Court would expect future special agreements to contain provisions as to the number and order of pleadings, in accordance with Article 46, paragraph 1, of the Rules of Court. Such provisions shall be without prejudice to any issue in the case, including the issue of burden of proof.

If the special agreement contains no provisions on the number and order of pleadings, the Court will expect the parties to reach agreement to that effect, in accordance with Article 46, paragraph 2, of the Rules of Court.

Practice Direction Ⅱ

Each of the parties is, in drawing up its written pleadings, to bear in mind the fact that these pleadings are intended not only to reply to the submissions and arguments of the other party, but also, and above all, to present clearly the submissions and arguments of the party which is filing the proceedings.

In the light of this, at the conclusion of the written pleadings of each party, there is to appear a short summary of its reasoning.

Practice Direction Ⅲ

The parties are strongly urged to keep the written pleadings as concise as possible, in a manner compatible with the full presentation of their positions.

In view of an excessive tendency towards the proliferation and protraction of annexes to written pleadings, the parties are also urged to append to their pleadings only strictly selected documents.

Practice Direction Ⅳ

Where one of the parties has a full or partial translation of its own pleadings or of those of the other party in the other official language of the Court, these translations should as a matter of course be passed to the Registry of the Court. The same applies to the annexes.

These translations will be examined by the Registry and communicated to the other party. The latter will also be informed of the manner in which they were prepared.

Practice Direction Ⅴ

With the aim of accelerating proceedings on preliminary objections made by one party under Article 79, paragraph 1, of the Rules of Court, the timelimit for the presentation by the other party of a written statement of its observations and submissions under Article 79, paragraph 5, shall generally not exceed four months from the date of the filing of the preliminary objections.

Practice Direction VI

The Court requires full compliance with Article 60, paragraph 1, of the Rules of Court and observation of the requisite degree of brevity in oral pleadings. In that context, the Court will find it very helpful if the parties focus in the first round of the oral proceedings on those points which have been raised by one party at the stage of written proceedings but which have not so far been adequately addressed by the other, as well as on those which each party wishes to emphasize by way of winding up its arguments. Where objections of lack of jurisdiction or of inadmissibility are being considered, oral proceedings are to be limited to statements on the objections.

Practice Direction VII[①]

The Court considers that it is not in the interest of the sound administration of justice that a person sit as judge *ad hoc* in one case who is also acting or has recently acted as agent, counsel or advocate in another case before the Court. Accordingly, parties, when choosing a judge *ad hoc*

---

① Practice Directions VII and VIII do not affect a choice or designation made by the parties prior to 7 February 2002, the date of the adoption by the Court of those Directions.

pursuant to Article 31 of the Statute and Article 35 of the Rules of Court, should refrain from nominating persons who are acting as agent, counsel or advocate in another case before the Court or have acted in that capacity in the three years preceding the date of the nomination. Furthermore, parties should likewise refrain from designating as agent, counsel or advocate in a case before the Court a person who sits as judge *ad hoc* in another case before the Court.

Practice Direction Ⅷ

The Court considers that it is not in the interest of the sound administration of justice that a person who until recently was a Member of the Court, judge *ad hoc*, Registrar, DeputyRegistrar or higher official of the Court (principal legal secretary, first secretary or secretary), appear as agent, counsel or advocate in a case before the Court. Accordingly, parties should refrain from designating as agent, counsel or advocate in a case before the Court a person who in the three years preceding the date of the designation was a Member of the Court, judge *ad hoc*, Registrar, DeputyRegistrar or higher official of the Court.

Practice Direction Ⅸ

1. The parties to proceedings before the Court should refrain from submitting new documents after the closure of the written proceedings.

2. A party nevertheless desiring to submit a new document after the closure of the written proceedings, including during the oral proceedings, pursuant to Article 56, paragraphs 1 and 2, of the Rules, shall explain

why it considers it necessary to include the document in the case file and shall indicate the reasons preventing the production of the document at an earlier stage.

3. In the absence of consent of the other party, the Court will authorize the production of the new document only in exceptional circumstances, if it considers it necessary and if the production of the document at this stage of the proceedings appears justified to the Court.

4. If a new document has been added to the case file under Article 56 of the Rules of Court, the other party, when commenting upon it, shall confine the introduction of any further documents to what is strictly necessary and relevant to its comments on what is contained in this new document.

Practice Direction IX *bis*

1. Any recourse to Article 56, paragraph 4, of the Rules of Court, is not to be made in such a manner as to undermine the general rule that all documents in support of a party's contentions shall be annexed to its written pleadings or produced in accordance with Article 56, paragraphs 1 and 2, of the Rules of Court.

2. While the Court will determine, in the context of a particular case, whether a document referred to under Article 56, paragraph 4, of the Rules of Court, can be considered "part of a publication readily available", it wishes to make it clear to the parties that both of the following two criteria must be met whenever that provision is applied.

(i) First, the document should form "part of a publication",

i. e. should be available in the public domain. The publication may be in any format（printed or electronic）, form（physical or online, such as posted on the internet）or on any data medium（on paper, on digital or any other media）.

（ii）Second, the requirement of a publication being "readily available" shall be assessed by reference to its accessibility to the Court as well as to the other party. Thus the publication or its relevant parts should be accessible in either of the official languages of the Court, and it should be possible to consult the publication within a reasonably short period of time. This means that a party wishing to make reference during the oral proceedings to a new document emanating from a publication which is not accessible in one of the official languages of the Court should produce a translation of that document into one of these languages certified as accurate.

3. In order to demonstrate that a document is part of a publication readily available in conformity with paragraph 2 above and to ensure the proper administration of the judicial process, a party when referring to the contents of a document under Article 56, paragraph 4, of the Rules of Court, should give the necessary reference for the rapid consultation of the document, unless the source of the publication is well known（e. g. United Nations documents, collections of international treaties, major monographs on international law, established reference works, etc. ）.

4. If during the oral proceedings a party objects to the reference by the other party to a document under Article 56, paragraph 4, of the Rules of Court, the matter shall be settled by the Court.

5. If during the oral proceedings a party refers to a document which is

part of a publication readily available, the other party shall have an opportunity of commenting upon it.

Practice Direction IX *ter*

The Court has noted the practice by the parties of preparing folders of documents for the convenience of the judges during the oral proceedings. The Court invites parties to exercise restraint in this regard and recalls that the documents included in a judge's folder should be produced in accordance with Article 43 of the Statute or Article 56, paragraphs 1 and 2, of the Rules of Court. No other documents may be included in the folder except for any document which is part of a publication readily available in conformity with Practice Direction IX *bis* and under the conditions specified therein. In addition, parties should indicate from which annex to the written pleadings or which document produced under Article 56, paragraphs 1 and 2, of the Rules, the documents included in a judge's folder originate.

Practice Direction IX *quater*

1. Having regard to Article 56 of the Rules of Court, any party wishing to present audio-visual or photographic material at the hearings which was not previously included in the case file of the written proceedings shall submit a request to that effect sufficiently in advance of the date on which that party wishes to present that material to permit the Court to take its decision after having obtained the views of the other party.

2. The party in question shall explain in its request why it wishes to present the audio-visual or photographic material at the hearings.

3. A party's request to present audio-visual or photographic material must be accompanied by information as to the source of the material, the circumstances and date of its making and the extent to which it is available to the public. The party in question must also specify, wherever relevant, the geographic co-ordinates at which that material was taken.

4. The audio-visual or photographic material which the party in question is seeking to present shall be filed in the Registry in five copies. The Registrar shall communicate a copy to the other party and inform the Court accordingly.

5. It shall be for the Court to decide on the request, after considering any views expressed by the other party and taking account of any question relating to the sound administration of justice which might be raised by that request.

Practice Direction X

Whenever a decision on a procedural issue needs to be made in a case and the President deems it necessary to call a meeting of the agents to ascertain the views of the parties in this regard pursuant to Article 31 of the Rules of Court, agents are expected to attend that meeting as early as possible.

Practice Direction XI

In the oral pleadings on requests for the indication of provisional measures parties should limit themselves to what is relevant to the criteria for the indication of provisional measures as stipulated in the Statute, Rules and jurisprudence of the Court. They should not enter into the merits of the case beyond what is strictly necessary for that purpose.

Practice Direction XII

1. Where an international nongovernmental organization submits a written statement and/or document in an advisory opinion case on its own initiative, such statement and/or document is not to be considered as part of the case file.

2. Such statements and/or documents shall be treated as publications readily available and may accordingly be referred to by States and intergovernmental organizations presenting written and oral statements in the case in the same manner as publications in the public domain.

3. Written statements and/or documents submitted by international nongovernmental organizations will be placed in a designated location in the Peace Palace. All States as well as intergovernmental organizations presenting written or oral statements under Article 66 of the Statute will be informed as to the location where statements and/or documents submitted by international nongovernmental organizations may be consulted.

Practice Direction XIII

The reference in Article 31 of the Rules of Court to ascertaining the views of the parties with regard to questions of procedure is to be understood as follows:

After the initial meeting with the President, and in the context of any further ascertainment of the parties' views relating to questions of procedure, the parties may, should they agree on the procedure to be followed, inform the President by letter accordingly.

The views of the parties as to the future procedure may also, should they agree, be ascertained by means of a video or telephone conference.

附表 1
根据《国际法院规约》第 62 条
请求参加的案件列表

案名	实体程序的当事国	参加请求国	国际法院对参加请求的裁判时间、形式和结果
核试验案	新西兰诉法国	斐济	1974 年以命令形式裁定参加请求失效
核试验案	澳大利亚诉法国	斐济	1974 年以命令形式裁定参加请求失效
大陆架案	突尼斯/利比亚	马耳他	1984 年以判决形式驳回参加请求
大陆架案	利比亚/马耳他	意大利	1984 年以判决形式驳回参加请求
陆地、岛屿和海域边界争端案	萨尔瓦多/洪都拉斯	尼加拉瓜	（国际法院分庭）1990 年以判决形式许可参加请求
陆地和海域边界案	喀麦隆诉尼日利亚	赤道几内亚	1999 年以命令形式许可参加请求
利吉丹岛和西巴丹岛主权案	印度尼西亚/马来西亚	菲律宾	2001 年以判决形式驳回参加请求
领土和海洋争端案	尼加拉瓜诉哥伦比亚	哥斯达黎加	2011 年以判决形式驳回参加请求
领土和海洋争端案	尼加拉瓜诉哥伦比亚	洪都拉斯	2011 年以判决形式驳回参加请求
国家管辖豁免案	德国诉意大利	希腊	2011 年以命令形式许可参加请求

附表 2
与《国际法院规约》第 62 条
参加制度有关的案件判决情况

1978 年大陆架案（突尼斯与利比亚，马耳他请求参加）

参加程序（intervention）	
参加判决作出时间	19810414
参加判决的结果	全体一致拒绝
发表少数意见的法官	Morozov、Oda、Schwebel
实体程序（merits）	
实体判决作出时间	19820224
发表少数意见的法官	Ago、Schwebel、Jiménez de Aréchaga
发表异议意见的法官	Gros、Oda、Evensen

1982 年大陆架案（利比亚与马耳他，意大利请求参加）

参加程序（intervention）	
参加判决作出时间	19840321
参加判决的结果	11:5 拒绝
拒绝参加请求的法官	Lachs、Morozov、Singh、Ruda、El-Khani、De Lacharrière、Mbaye、Bedjaoui、Jiménez de Aréchaga、Castañeda
许可参加请求的法官	Sette-Camara、Oda、Ago、Schwebel、Sir Robert Jennings

续表

发表少数意见的法官	Morozov、Nagendra Singh、Mbaye、Jiménez de Aréchaga
发表异议意见的法官	Sette-Camara、Oda、Ago、Schwebel、Sir Robert Jennings
实体程序（merits）	
实体判决作出时间	19850603
发表声明的法官	El-Khani
发表少数意见的法官	Sette-Camara、Ruda、Bedjaoui and Jiménez de Aréchaga、Mbaye、Valticos
发表异议意见的法官	Mosler、Oda、Schwebel

1986 年陆地、岛屿和海域边界争端案（萨尔瓦多与洪都拉斯，尼加拉瓜请求参加）

参加程序（intervention）	
参加判决作出时间	19900913
参加判决的结果	一致许可
发表少数意见的法官	Oda
实体程序（merits）	
实体判决作出时间	19920911
发表声明的法官	Oda
发表少数意见的法官	Valticos、Torres-Bernárdez
发表异议意见的法官	Oda

1994 年陆地和海域边界案（喀麦隆诉尼日利亚，赤道几内亚请求参加）

参加程序（intervention）	
参加命令作出时间	19991021
参加命令的结果	一致许可
实体程序（merits）	
实体判决作出时间	20021010
发表声明的法官	Oda、Rezek
发表少数意见的法官	Ranjeva、Herczegh、Parra-Aranguren、Al-Khasawneh、Mbaye
发表异议意见的法官	Koroma、Ajibola

1998 年利吉丹岛和西巴丹岛主权案（印度尼西亚与马来西亚，菲律宾请求参加）

参加程序（intervention）	
参加判决作出时间	20011023
参加判决的结果	14:1 拒绝
拒绝参加请求的法官	Guillaume、Shi、Ranjea、Fleischhauer、Koroma、Vereshchetin、Higgins、Parra-Aranguren、Kooijmans、Rezek、Al-Khasawneh、Buergenthal、Weeramantry、Franck
许可参加请求的法官	Oda
发表声明的法官	Parra-Aranguren、Kooijmans
发表少数意见的法官	Koroma、Weeramantry、Franck
发表异议意见的法官	Oda

实体程序（merits）	
实体判决作出时间	20021217
发表声明的法官	Oda
发表少数意见的法官	Franck

2001 年领土和海洋争端案（尼加拉瓜诉哥伦比亚，哥斯达黎加、洪都拉斯请求参加）

参加程序（intervention）		
	哥斯达黎加请求参加	洪都拉斯请求参加
参加判决作出时间	20110504	20110504
参加判决的结果	9:7 拒绝	13:2 拒绝
拒绝参加请求的法官	Owada、Tomka、Koroma、Keith、Sepúlveda-Amor、Bennouna、Skotnikov、Xue、Cot	Owada、Tomka、Koroma、Al-Khasawneh、Simma、Keith、Sepúlveda-Amor、Bennouna、Cançado Trindade、Yusuf、Xue、Gaja、Cot
许可参加请求的法官	Al-Khasawneh、Simma、Abraham、Cançado Trindade、Yusuf、Donoghue、Gaja	Abraham、Donoghue
发表声明的法官	Keith、Gaja	Al-Khasawneh、Keith、Cançado Trindade and Yusuf
发表异议意见的法官	Al-Khasawneh、Abraham、Cançado Trindade and Yusuf、Donoghue	Abraham、Donoghue

续表

实体程序 （merits）	
实体判决作出时间	20121112
发表声明的法官	Keith、Xue、Mensah、Cot
发表少数意见的法官	Abraham、Donoghue
发表异议意见的法官	Owada

2008 年国家管辖豁免案（德国诉意大利，希腊请求参加）

参加程序 （intervention）	
参加命令作出时间	20110704
参加命令的结果	15:1 许可
许可参加请求的法官	Owada、 Tomka、 Koroma、 Al-Khasawneh、 Simma、 Abraham、 Keith、 Sepúlveda-Amor、 Bennouna、 Skotnikov、 Cançado Trindade、 Yusuf、 Greenwood、 Xue、 Donoghue
拒绝参加请求的法官	Gaja
发表声明的法官	Gaja
发表少数意见的法官	Cançado Trindade
实体程序 （merits）	
实体判决作出时间	20120203
发表少数意见的法官	Koroma、Keith、Bennouna
发表异议意见的法官	Cançado Trindade、Yusuf、Gaja

附表 3

国际法院诉讼案件附带程序列表

（1947 ~ 2016. 8）

时间	案名	初步反对/先决性抗辩（Preliminary Objections）（裁判形式）	反诉（Counter-Claims）（裁判形式）	参加（Intervention）（裁判形式）	临时保全措施（Interim Protection）（裁判形式）
1947	科孚海峡案（英国诉阿尔巴尼亚）Corfu Channel（United Kingdom of Great Britain and Northern Ireland v. Albania）	判决			
1949	庇护权案（哥伦比亚与秘鲁）Asylum（Colombia/Peru）		判决		
1950	哈雅·德·托雷案（哥伦比亚诉秘鲁）Haya de la Torre（Colombia v. Peru）			古巴根据《国际法院规约》第63条提出参加请求；国际法院未作独立判决	
1950	在摩洛哥的美国国民权利案（法国诉美国）Rights of Nationals of the United States of America in Morocco（France v. United States of America）	命令	判决		

续表

时间	案名	初步反对/先决性抗辩（Preliminary Objections）（裁判形式）	反诉（Counter-Claims）（裁判形式）	参加（Intervention）（裁判形式）	临时保全措施（Interim Protection）（裁判形式）
1951	诺特鲍姆案（列支敦士登诉危地马拉）Nottebohm（Liechtenstein *v.* Guatemala）	判决			
1951	英伊石油案（英国诉伊朗）Anglo-Iranian Oil Co.（United Kingdom *v.* Iran）	判决			命令
1951	安巴蒂洛斯案（希腊诉英国）Ambatielos（Greece *v.* United Kingdom）	判决			
1955	印度领土通行权案（印度领土过境权案、印度通行权案）（葡萄牙诉印度）Right of Passage over Indian Territory（Portugal *v.* India）	判决			
1955	挪威公债案（法国诉挪威）Certain Norwegian Loans（France *v.* Norway）	命令			
1957	坠机案（击落客机案、1955 年 7 月 27 日空中事件案）（美国诉保加利亚）Aerial Incident of 27 July 1955（United States of America *v.* Bulgaria）	命令			
1957	坠机案（击落客机案、1955 年 7 月 27 日空中事件案）（以色列诉保加利亚）Aerial Incident of 27 July 1955（Israel *v.* Bulgaria）	判决			
1957	国际工商业投资公司案（英特亨德公司案）（瑞士诉美国）Interhandel（Switzerland *v.* United States of America）	判决			命令

时间	案名	初步反对/先决性抗辩（Preliminary Objections）（裁判形式）	反诉（Counter-Claims）（裁判形式）	参加（Intervention）（裁判形式）	临时保全措施（Interim Protection）（裁判形式）
1958	巴塞罗那电力公司案（比利时诉西班牙）Barcelona Traction, Light and Power Company, Limited (Belgium *v.* Spain)	命令			
1959	隆端寺案（柬埔寨诉泰国）Temple of Preah Vihear (Cambodia *v.* Thailand)	判决			
1959	贝鲁特港口、码头、仓库公司和东方广播公司案（法国诉黎巴嫩）Compagnie du Port, des Quais et des Entrepôts de Beyrouth and Société Radio-Orient (France *v.* Lebanon)	命令			
1960	西南非洲案（利比亚诉南非）South West Africa (Liberia *v.* South Africa)	判决			
1960	西南非洲案（埃塞俄比亚诉南非）South West Africa (Ethiopia *v.* South Africa)	判决［与西南非洲案(利比亚诉南非)合并判决］			
1961	北喀麦隆案（喀麦隆诉英国）Northern Cameroons (Cameroon *v.* United Kingdom)	判决			
1962	巴塞罗那电力公司案（比利时诉西班牙）（新的诉讼请求）Barcelona Traction, Light and Power Company, Limited (Belgium *v.* Spain) (New Application: 1962)	判决			

续表

时间	案名	初步反对/ 先决性抗辩 （Preliminary Objections） （裁判形式）	反诉 （Counter- Claims） （裁判 形式）	参加 （Intervention） （裁判形式）	临时保 全措施 （Interim Protection） （裁判形式）
1972	渔业管辖权案（英国诉冰岛） Fisheries Jurisdiction（United Kingdom of Great Britain and Northern Ireland v. Iceland）				命令
1972	渔业管辖权案（德国诉冰岛） Fisheries Jurisdiction（Federal Republic of Germany v. Iceland）				命令
1973	巴基斯坦战俘审判案（巴基斯坦诉印度） Trial of Pakistani Prisoners of War（Pakistan v. India）				命令
1973	核试验案（新西兰诉法国） Nuclear Tests（New Zealand v. France） 依国际法院1974年核试验案判决第63段而提起的对情势进行审查的请求案			命令 （斐济根据《国际法院规约》第62条提出参加请求）	命令
1973	核试验案（澳大利亚诉法国） Nuclear Tests（Australia v. France）			命令 （斐济根据《国际法院规约》第62条提出参加请求）	命令
1976	爱琴海大陆架案（希腊诉土耳其） Aegean Sea Continental Shelf（Greece v. Turkey）				命令
1978	大陆架案（突尼斯与利比亚） Continental Shelf（Tunisia/Libyan Arab Jamahiriya）			判决 （马耳他根据《国际法院规约》第62条提出参加请求）	

续表

时间	案名	初步反对/先决性抗辩（Preliminary Objections）（裁判形式）	反诉（Counter-Claims）（裁判形式）	参加（Intervention）（裁判形式）	临时保全措施（Interim Protection）（裁判形式）
1979	德黑兰外交人质案（美国驻德黑兰外交和领事人员案）（美国诉伊朗）United States Diplomatic and Consular Staff in Tehran（United States of America v. Iran）				命令
1982	大陆架案（利比亚与马耳他）Continental Shelf（Libyan Arab Jamahiriya/Malta）			判决（意大利根据《国际法院规约》第62条提出参加请求）	
1983	边界争端案（布基纳法索与马里）Frontier Dispute（Burkina Faso/Republic of Mali）				命令
1984	尼加拉瓜军事行动案（在尼加拉瓜境内及针对尼加拉瓜的军事与准军事活动案）（尼加拉瓜诉美国）Military and Paramilitary Activities in and against Nicaragua（Nicaragua v. United States of America）			命令（萨尔瓦多根据《国际法院规约》第63条提出参加请求）	命令
1986	国境武装冲突案（尼加拉瓜诉洪都拉斯）Border and Transborder Armed Actions（Nicaragua v. Honduras）				命令
1986	陆地、岛屿和海域边界争端案（萨尔瓦多与洪都拉斯：尼加拉瓜参加）Land, Island and Maritime Frontier Dispute（El Salvador/Honduras：Nicaragua intervening）			命令、判决（尼加拉瓜根据《国际法院规约》第62条提出参加请求）	

续表

时间	案名	初步反对/ 先决性抗辩 （Preliminary Objections） （裁判形式）	反诉 （Counter- Claims） （裁判 形式）	参加 （Intervention） （裁判形式）	临时保 全措施 （Interim Protection） （裁判形式）
1989	1988 年 7 月 30 日空难案（伊朗诉美国） Aerial Incident of 3 July 1988（Islamic Republic of Iran *v.* United States of America）	命令			
1989	瑙鲁磷矿地案（瑙鲁诉澳大利亚） Certain Phosphate Lands in Nauru（Nauru *v.* Australia）	判决			
1989	仲裁判决案（1987 年 7 月 31 日仲裁裁决案）（几内亚比绍诉塞内加尔） Arbitral Award of 31 July 1989（Guinea-Bissau *v.* Senegal）				命令
1991	大贝尔特海峡通行权案（大贝尔特海峡通过案、大海带海峡案）（芬兰诉丹麦） Passage through the Great Belt（Finland *v.* Denmark）				命令
1992	洛克比空难事件引起的有关 1971 年《蒙特利尔公约》的解释和适用问题案（关于洛克比空难的蒙特利尔条约的解释和适用案）（利比亚诉英国） Questions of Interpretation and Application of the 1971 Montreal Convention arising from the Aerial Incident at Lockerbie（Libyan Arab Jamahiriya *v.* United Kingdom）	判决			命令

续表

时间	案名	初步反对/先决性抗辩（Preliminary Objections）（裁判形式）	反诉（Counter-Claims）（裁判形式）	参加（Intervention）（裁判形式）	临时保全措施（Interim Protection）（裁判形式）
1992	洛克比空难事件引起的有关 1971 年《蒙特利尔公约》的解释和适用问题案（关于洛克比空难的蒙特尔条约的解释和适用案）（利比亚诉美国） Questions of Interpretation and Application of the 1971 Montreal Convention arising from the Aerial Incident at Lockerbie（Libyan Arab Jamahiriya *v.* United States of America）	判决			命令
1992	石油平台案（伊朗诉美国） Oil Platforms（Islamic Republic of Iran *v.* United States of America）	判决	命令		
1993	《防止及惩治灭绝种罪公约》适用案（波斯尼亚和黑塞哥维那诉塞尔维亚和黑山） Application of the Convention on the Prevention and Punishment of the Crime of Genocide（Bosnia and Herzegovina *v.* Serbia and Montenegro）	判决	命令		命令
1994	陆地和海域边界案（喀麦隆诉尼日利亚：赤道几内亚参加） Land and Maritime Boundary between Cameroon and Nigeria（Cameroon *v.* Nigeria；Equatorial Guinea intervening）	判决	命令	命令（赤道几内亚根据《国际法院规约》第 62 条提出参加请求）	命令
1995	依国际法院 1974 年核试验案判决第 63 段而提起的对情势进行审查的请求案（新西兰诉法国） Request for an Examination of the Situation in Accordance with Paragraph 63 of the Court's Judgment of 20 December 1974 in the Nuclear Tests（New Zealand v. France）Case			命令（澳大利亚根据《国际法院规约》第 62 条提出参加请求）	命令

续表

时间	案名	初步反对/ 先决性抗辩 （Preliminary Objections） （裁判形式）	反诉 （Counter- Claims） （裁判 形式）	参加 （Intervention） （裁判形式）	临时保 全措施 （Interim Protection） （裁判形式）
1998	维也纳领事关系公约案（巴拉圭诉美国） Vienna Convention on Consular Relations（Paraguay *v.* United States of America）				命令
1998	利吉丹岛和西巴丹岛主权归属案（印度尼西亚与马来西亚） Sovereignty over Pulau Ligitan and Pulau Sipadan（Indonesia/Malaysia）			判决 （菲律宾根据《国际法院规约》第 62 条提出参加请求）	
1998	艾哈迈杜·萨迪奥·迪亚洛案（几内亚共和国诉民主刚果） Ahmadou Sadio Diallo（Republic of Guinea *v.* Democratic Republic of the Congo）	判决			
1999	《防止及惩治灭绝种族罪公约》适用案（克罗地亚诉塞尔维亚） Application of the Convention on the Prevention and Punishment of the Crime of Genocide（Croatia *v.* Serbia）	判决			
1999	刚果境内的武装活动案（民主刚果诉乌干达） Armed Activities on the Territory of the Congo（Democratic Republic of the Congo *v.* Uganda）		命令		命令
1999	使用武力的合法性案（南斯拉夫诉美国） Legality of Use of Force（Yugoslavia *v.* United States of America）				命令

时间	案名	初步反对/先决性抗辩（Preliminary Objections）（裁判形式）	反诉（Counter-Claims）（裁判形式）	参加（Intervention）（裁判形式）	临时保全措施（Interim Protection）（裁判形式）
1999	使用武力的合法性案（塞尔维亚和黑山诉英国）Legality of Use of Force（Serbia and Montenegro v. United Kingdom）	判决			命令
1999	使用武力的合法性案（塞尔维亚和黑山诉西班牙）Legality of Use of Force（Yugoslavia v. Spain）				命令
1999	使用武力的合法性案（塞尔维亚和黑山诉葡萄牙）Legality of Use of Force（Serbia and Montenegro v. Portugal）	判决			命令
1999	使用武力的合法性案（塞尔维亚和黑山诉荷兰）Legality of Use of Force（Serbia and Montenegro v. Netherlands）	判决			命令
1999	使用武力的合法性案（塞尔维亚和黑山诉意大利）Legality of Use of Force（Serbia and Montenegro v. Italy）	判决			命令
1999	使用武力的合法性案（塞尔维亚和黑山诉德国）Legality of Use of Force（Serbia and Monténégro v. Germany）	判决			命令
1999	使用武力的合法性案（塞尔维亚和黑山诉法国）Legality of Use of Force（Serbia and Montenegro v. France）	判决			命令

续表

时间	案名	初步反对/ 先决性抗辩 （Preliminary Objections） （裁判形式）	反诉 （Counter- Claims） （裁判 形式）	参加 （Intervention） （裁判形式）	临时保 全措施 （Interim Protection） （裁判形式）
1999	使用武力的合法性案（塞尔维亚和黑山诉加拿大） Legality of Use of Force（Serbia and Montenegro *v.* Canada）	判决			命令
1999	使用武力的合法性案（塞尔维亚和黑山诉比利时） Legality of Use of Force（Serbia and Montenegro *v.* Belgium）	判决			命令
1999	拉格兰德案（德国诉美国） LaGrand（Germany *v.* United States of America）				命令
2000	2000 年 4 月 11 日逮捕证案（民主刚果诉比利时） Arrest Warrant of 11 April 2000（Democratic Republic of the Congo *v.* Belgium）				命令
2001	某些财产案（列支敦士登诉德国） Certain Property（Liechtenstein *v.* Germany）	判决			
2001	领土和海洋争端案（尼加拉瓜诉哥伦比亚） Territorial and Maritime Dispute（Nicaragua *v.* Colombia）	判决		判决 （哥斯达黎加、洪都拉斯根据《国际法院规约》第 62 条提出参加请求）	
2002	刚果境内的武装活动案（民主刚果诉卢旺达） Armed Activities on the Territory of the Congo（New Application：2002）（Democratic Republic of the Congo *v.* Rwanda）				命令

续表

时间	案名	初步反对/先决性抗辩（Preliminary Objections）（裁判形式）	反诉（Counter-Claims）（裁判形式）	参加（Intervention）（裁判形式）	临时保全措施（Interim Protection）（裁判形式）
2003	阿韦纳和其他墨西哥国民案（墨西哥诉美国） Avena and Other Mexican Nationals（Mexico *v.* United States of America）				命令
2003	法国国内的若干刑事诉讼程序案（刚果诉法国） Certain Criminal Proceedings in France（Republic of the Congo *v.* France）				命令
2006	乌拉圭河纸浆厂案（阿根廷诉乌拉圭） Pulp Mills on the River Uruguay（Argentina *v.* Uruguay）				命令
2008	《消除一切形式种族歧视国际公约》适用案（格鲁吉亚诉俄罗斯） Application of the International Convention on the Elimination of All Forms of Racial Discrimination（Georgia *v.* Russian Federation）	判决			命令
2008	国家的管辖豁免案（德国诉意大利：希腊参加） Jurisdictional Immunities of the State（Germany *v.* Italy：Greece intervening）		命令	命令（希腊根据《国际法院规约》第62条提出参加请求）	
2008	请求解释2004年3月31日对阿韦纳和其他墨西哥国民案所作判决（墨西哥诉美国） Request for Interpretation of the Judgment of 31 March 2004 in the Case concerning Avena and Other Mexican Nationals（Mexico v. United States of America）（Mexico v. United States of America）				命令

续表

时间	案名	初步反对/ 先决性抗辩 （Preliminary Objections） （裁判形式）	反诉 （Counter- Claims） （裁判 形式）	参加 （Intervention） （裁判形式）	临时保 全措施 （Interim Protection） （裁判形式）
2009	民事和商事管辖权和判决的执行案 （比利时诉瑞士） Jurisdiction and Enforcement of Judg- ments in Civil and Commercial Matters （Belgium *v.* Switzerland）	未决			
2009	与起诉或引渡义务有关的问题案 （比利时诉塞内加尔） Questions relating to the Obligation to Prosecute or Extradite（Belgium *v.* Senegal）				命令
2010	尼加拉瓜在边界地区进行的某些活 动案（哥斯达黎加诉尼加拉瓜） Certain Activities carried out by Nicara- gua in the Border Area（Costa Rica *v.* Nicaragua）				命令
2010	南极捕鲸案（澳大利亚诉日本） Whaling in the Antarctic（Australia v. Japan）			命令 （新西兰根据 《国际法院规约》 第 63 条提出参 加请求）	
2011	请求解释 1962 年 6 月 15 日对柏威 夏寺（柬埔寨诉泰国）案所作判决 （柬埔寨诉泰国） Request for interpretation of the Judg- ment of 15 June 1962 in the case con- cerning the Temple of Preah Vihear （Cambodia v. Thailand）（Cambodia v. Thailand）				命令

时间	案名	初步反对/先决性抗辩（Preliminary Objections）（裁判形式）	反诉（Counter-Claims）（裁判形式）	参加（Intervention）（裁判形式）	临时保全措施（Interim Protection）（裁判形式）
2013	没收扣押有关文件数据案（东帝汶诉澳大利亚）Questions relating to the Seizure and Detention of Certain Documents and Data（Timor-Leste v. Australia）				命令
2013	违反主权权利和加勒比海海洋争端案（尼加拉瓜诉哥伦比亚）Alleged Violations of Sovereign Rights and Maritime Spaces in the Caribbean Sea（Nicaragua v. Colombia）	判决			
2013	200海里以外大陆架划界案（尼加拉瓜诉哥伦比亚）Question of the Delimitation of the Continental Shelf between Nicaragua and Colombia beyond 200 nautical miles from the Nicaraguan Coast（Nicaragua v. Colombia）	判决			
2013	出海口案（玻利维亚诉智利）Obligation to Negotiate Access to the Pacific Ocean（Bolivia v. Chile）	判决			
2014	停止核军备竞赛和核裁军案（马绍尔群岛诉英国）Obligations concerning Negotiations relating to Cessation of the Nuclear Arms Race and to Nuclear Disarmament（Marshall Islands v. United Kingdom）	未决			

参考文献

一 中文著作

［1］陈卫佐：《拉丁语法律用语和法律格言词典》，法律出版社，2009。

［2］陈治世：《国际法院》，台北商务印书馆，1991。

［3］段洁龙主编《中国国际法实践与案例》，法律出版社，2011。

［4］高之国、贾宇、张海文主编《国际海洋法问题研究》，海洋出版社，2011。

［5］古祖雪、陈辉萍等：《国际法学专论》，科学出版社，2007。

［6］江国青：《国际法》，高等教育出版社，2010。

［7］梁慧星：《法学学位论文写作方法》（第二版），法律出版社，2012。

［8］梁西：《国际法》，武汉大学出版社，2011。

［9］梁西：《梁著国际组织法》，武汉大学出版社，2011。

［10］刘国涛等：《法学论文写作指南》，中国法制出版社，2009。

［11］饶戈平主编《国际法》，北京大学出版社，1999。

［12］饶戈平：《全球进程中的国际组织》，北京大学出版社，2005。

［13］邵沙平、余敏友主编《国际法问题专论》，武汉大学出版社，2004。

［14］邵沙平主编《国际法院新近案例研究（1990——2003）》，商务印书馆，2006。

［15］石育斌：《国际商事仲裁第三人制度比较研究》，上海人民出版社，2008。

［16］宋杰：《国际法院司法实践中的解释问题研究》，武汉大学出版社，2008。

［17］苏晓宏：《变动世界中的国际司法》，北京大学出版社，2005。

［18］王林彬：《国际司法程序价值论》，法律出版社，2009。

［19］王铁崖：《国际法》，法律出版社，1995。

［20］王铁崖主编《中华法学大辞典》，中国检察出版社，1996。

［21］王勇：《中华人民共和国条约法问题研究（1949～2009年)》，法律出版社，2012。

［22］翁国民：《"法庭之友"制度与司法改革》，法律出版社，2006。

［23］吴慧：《国际海洋法法庭研究》，海洋出版社，2002。

［24］熊志勇、苏浩、陈涛编《中国近现代外交史资料选辑》，世界知识出版社，2012。

［25］杨泽伟主编《联合国改革的国际法问题研究》，武汉大学出版社，2009。

［26］余民才：《国际法的当代实践》，中国人民大学出版

社，2011。

［27］张历历：《外交决策》，世界知识出版社，2007。

［28］张卫彬：《国际法院证据问题研究——以领土边界争端为视角》，法律出版社，2012。

［29］赵海峰等：《国际司法制度初论》，北京大学出版社，2006。

［30］赵兴民编著《联合国文件翻译：案例讲评》，外文出版社，2011。

［31］郑启荣主编《为了一个共同的世界：外交学院联合国研究论文集》，世界知识出版社，2012。

［32］郑启荣、牛仲军主编《中国多边外交》，世界知识出版社，2012。

［33］中国国际法学会主办：《中国国际法年刊2012》，世界知识出版社，2013。

［34］中国联合国协会编《中国的联合国外交》，世界知识出版社，2009。

［35］中国政法大学国际法教研室编《国际公法案例评析》，中国政法大学出版社，1995。

［36］朱文奇主编《国际法学原理与案例教程》，中国人民大学出版社，2006。

［37］邹克渊：《国际法院审判案例评析》，安徽人民出版社，1991。

二 中文译著

［1］〔美〕陈世材：《国际法院的透视》，中国友谊出版公司，1984。

〔2〕〔美〕路易斯·亨金:《国际法:政治与价值》,张乃根等译,中国政法大学出版社,2005。

〔3〕〔美〕戈德史密斯、波斯纳:《国际法的局限性》,龚宇译,法律出版社,2010。

〔4〕〔美〕帕尔米特、〔希〕马弗鲁第斯:《WTO 中的争端解决:实践与程序》(第二版),罗培新、李春林译,北京大学出版社,2005。

〔5〕〔日〕杉原高嶺:《国际司法裁判制度》,王志安、易平译,中国政法大学出版社,2007。

〔6〕〔以〕尤瓦·沙尼:《国际法院与法庭的竞合管辖权》,韩秀丽译,法律出版社,2012。

〔7〕〔英〕布朗利:《国际公法原理》,曾令良等译,法律出版社,2007。

〔8〕〔英〕詹宁斯等修订《奥本海国际法》,王铁崖等译,中国大百科全书出版社,1998。

三 中文期刊、文集论文

〔1〕曾令良:《联合国在推动国际法治建设中的作用》,载《法商研究》2011 年第 2 期。

〔2〕车丕照:《我们可以期待怎样的国际法治?》,载《吉林大学社会科学学报》2009 年第 4 期。

〔3〕陈滨生:《谈加强国际法院诉讼管辖权的作用》,载《学术交流》2000 年第 2 期。

〔4〕崔玲玲:《民事诉讼中第三人利益保护系统论——以诉讼为中心》,载《河北法学》2012 年第 4 期。

〔5〕方向、王海英、密启娜:《GATT/WTO 下第三方参加诉讼制

度探析》，载《中国法学》2003年第3期。

［6］付琴：《民事诉讼中无独立请求权第三人的现状和完善》，载《当代法学》2002年第9期。

［7］管建军：《国际法院的"复兴"与我国之应对》，载《法学》1996年第4期。

［8］郭玉军：《论仲裁第三人》，载《法学家》2001年第3期。

［9］何志鹏：《大国政治中的司法困境——国际法院"科索沃独立咨询意见"的思考与启示》，载《法商研究》2010年第6期。

［10］何志鹏：《国际法治：一个概念的界定》，载《政法论坛》2009年第4期。

［11］何志鹏：《全球制度的完善与国际法治的可能》，载《吉林大学社会科学学报》2010年第5期。

［12］何志鹏：《国际司法的中国立场》，载《法商研究》2016年第2期。

［13］纪文华、姜丽勇：《中国对和平争端解决的充分参与——WTO争端解决中的第三方与中国的参与》，载《法学家》2004年第6期。

［14］江国青、杨慧芳：《联合国改革背景下国际法院的管辖权问题》，载《外交评论》2012年第2期。

［15］江国青：《国际法实施机制与程序法律制度的发展》，载《法学研究》2004年第2期。

［16］姜琪：《简论国际法上的管辖权制度》，载《当代法学》2001年第5期。

［17］金永明：《国际海洋法法庭与国际法院比较研究——以法庭在组成、管辖权、程序即判决方面的特征为中心》，载《中国海洋法

学评论》2005 年第 1 期。

[18] 李明峻：《国际法院规约第 62 条的适用问题——以诉讼参加申请国的举证责任为中心》，载《台湾国际法季刊》2007 年第 4 期。

[19] 廖福特：《非联合国会员国之国际法院当事国适格性——比较分析与台湾借鉴》，载《台湾国际法学刊》2005 年第 2 卷第 2 期。

[20] 刘芳雄：《国际法治与国际法院的强制管辖权》，载《求索》2006 年第 5 期。

[21] 龙翼飞、杨建文：《无独立请求权第三人的诉讼地位》，载《法学家》2009 年第 4 期。

[22] 聂宏毅：《国际法院在解决领土争端中的作用及困境》，载《河北法学》2009 年第 1 期。

[23] 蒲一苇：《美国诉讼第三人制度及其成因》，载《民事程序法研究》2007 年第三辑。

[24] 邱星美：《制度的借鉴与创制——"法庭之友"与专家法律意见》，载《河北法学》2009 年第 8 期。

[25] 史久墉：《国际法院判例中的海洋划界》，载《法治研究》2011 年第 12 期。

[26] 宋杰：《国际法院司法实践中的非当事国形式的参加问题研究》，载《2006 年中国青年国际法学者暨博士生论坛论文集》（国际公法卷），武汉大学国际法研究所，2006。

[27] 宋杰：《从英美实践来看我国参与国际法律事务的有效性问题》，载《比较法研究》2015 年第 2 期。

[28] 苏晓宏：《国际司法对国际关系转型的影响》，载《法学》2005 年第 4 期。

[29] 王林彬：《论国际法院管辖争议中的可受理性问题》，载

《新疆大学学报（哲学·人文社会科学版）》2007 年第 5 期。

［30］王义桅：《中国外交如何争取国际话语权》，载《人民论坛·学术前沿》2012 年第 19 期。

［31］王勇、管征峰：《五十五年来中国对国际法院诉讼管辖权的态度之述评》，载《华东政法学院学报》2002 年第 3 期。

［32］肖建华：《论我国无独立请求权第三人制度的重构》，载《政法论坛》2000 年第 1 期。

［33］徐杰：《联合国国际法院作用之辨析》，载《法商研究》1996 年第 3 期。

［34］杨泽伟：《国际法院的司法独立：困境与变革》，载《外交评论》2012 年第 2 期。

［35］弋浩婕：《国际法院参加制度的新发展——以国家管辖豁免案为例》，载陈水胜、席桂桂主编《危机与国际政治》，暨南大学出版社，2013。

［36］余敏友、刘衡：《论国际法在中国的发展走向》，载《武汉大学学报（哲学社会科学版）》2010 年第 5 期。

［37］张卫彬：《论国际法院的三重性分级判案规则》，载《世界经济与政治》2011 年第 5 期。

［38］张文显、谷昭民：《中国法律外交的理论与实践》，载《国际展望》2013 年第 2 期。

［39］赵海峰：《论国际司法程序的发展及其对国际法的影响》，载《当代法学》2011 年第 1 期。

［40］赵海峰：《中国与国际司法机构关系的演进》，载《法学评论》2008 年第 6 期。

［41］赵海峰、高立忠：《论国际司法程序中的法庭之友制度》，

载《比较烦研究》2007 年第 3 期。

[42] 赵劲松:《中国和平解决国际争端问题初探》,载《法律科学》2006 年第 1 期。

[43] 钟继军:《政府间国际组织成为国际法院诉讼当事者之辨析》,载《法学杂志》2008 年第 5 期。

[44] 中国国际法学会主办:《中国国际法年刊 2009》,世界知识出版社,2010。

[45] 朱立江:《国际法院对国际人权法的贡献》,载《外交评论》2006 年第 5 期。

四 中文学位论文

[1] 崔悦:《国家对国际司法程序的态度研究——以 ICJ 和 WTO 争端解决机制的比较为视角》,吉林大学博士学位论文,2015。

[2] 黄建中:《国际法庭管辖权研究》,中国政法大学博士学位论文,2005。

[3] 黎晓武:《司法救济权研究》,苏州大学博士学位论文,2005。

[4] 刘衡:《国际法之治:从国际法治到全球治理》,武汉大学博士学位论文,2011。

[5] 孟涛:《民事诉讼要件理论研究》,重庆大学博士学位论文,2009。

[6] 石育斌:《国际商事仲裁第三人制度比较研究——兼论中国〈仲裁法〉修改中的第三人问题》,华东政法大学博士学位论文,2007。

[7] 苏晓宏:《变动世界中的国际司法》,华东师范大学博士学位论文,2004。

［8］王林彬：《国际司法程序价值论》，复旦大学博士学位论文，2007。

［9］王奇才：《全球治理、善治与法治》，吉林大学博士学位论文，2009。

［10］许昌：《国际法院迟延同意管辖权研究》，外交学院博士学位论文，2013。

［11］于莒：《全球时代的国际机制研究》，吉林大学博士学位论文，2008。

［12］张卫彬：《国际法院解决领土争端中的证据问题研究》，华东政法大学博士学位论文，2011。

［13］郑金虎：《司法过程中的利益衡量研究》，山东大学博士学位论文，2010。

五 英文著作

［1］Academie de Droit International de la Haye, *Recueil Des Cours: Collected Courses of the Hague Academy of International Law*, 1993-Ⅶ, M. Nijhoff Publishers, 1995.

［2］Alexandrov, Stanimir A., *Reservations in Unilateral Declarations Accepting the Compulsory Jurisdiction of the International Court of Justice*, M. Nijhoff Publishers, 1995.

［3］Amerasinghe, Chittharanjan F., *Jurisdiction of International Tribunals*, Kluwer Law International, 2003.

［4］Amr, Mohamed Sameh M., *The Role of the International Court of Justice as the Principal Judicial Organ of the United Nations*, Kluwer Law International, 2003.

[5] Anand, Ram P., *Compulsory Jurisdiction of the International Court of Justice*, Hope India Publications, 2008.

[6] Ando, Nisuke et al. eds., *Liber amicorum Judge Shigeru Oda*, Vol. 1, Kluwer Law Internaitonal, 2002.

[7] Antonopoulos, Constantine, *Counterclaims Before the International Court of Justice*, T. M. C., Asser Press, 2011.

[8] Aust, Anthony, *Handbook of International Law*, Cambridge University Press, 2005.

[9] Bekker, Peter H. F., *Commentaries on World Court Decisions* (1987 - 1996), M. Nijhoff Publishers, 1998.

[10] Besson, Samantha and Tasioulas, John eds., *The philosophy of International Law*, Oxford University Press, 2010.

[11] Biehler, Gernot, *Procedures in international law*, Berlin Springer, 2008.

[12] Boyle, Alan and Chinkin, Christine, *The Making of International Law*, Oxford University Press, 2007.

[13] Capaldo, Giuliana Z. ed., *Repertory of Decisions of the International Court of Justice* (1947 - 1992), Vol. II, M. Nijhoff Publishers, 1995.

[14] Carty, Anthony and Smith, Richard A., *Sir Gerald Fitzmaurice and the World Crisis: a Legal Adviser in the Foreign Office*, 1932 - 1945, Kluwer Law International, 2000.

[15] Cheng, Bin, *General Princeiples of Law as applied by International Courts and Tribunals*, Cambridge University Press, 2006.

[16] Chinkin, Christine., *Third Parties in International Law*, Oxford

University Press, 1993.

[17] Dupuy, René Jean, *Handbook on International Organizations* (*2nd edition*), M. Nijhoff Publishers, 1998.

[18] Elias, Taslim O., *New Horizons in International Law*, Sijthoff & Noordhoff, 1979.

[19] Elias, Taslim O., *The International Court of Justice and Some Contemporary Problems: Essays on Iinternational Law*, M. Nijhoff Publishers, 1983.

[20] Eyffinger, Arthur, *The International Court of Justice*, Kluwer Law International, 1996.

[21] Fitzmaurice, Gerald, *The Law and Procedure of the International Court of Justice*, Grotius Publications Limited, 1986.

[22] Gill, Terry D., *Litigation Strategy at the International Court: A case study of the Nicaragua v. United States Dispute*, M. Nijhoff Publishers, 1989.

[23] Giorgetti, Chiara, *The Rules, Practice, and Jurisprudence of Internatoinal Courts and Tribunals*, Martinus Nijhoff Publishers, 2012.

[24] Hambro, E., *The Case Law of the International Court*, Sijthoff International Publishing, 1977.

[25] Hambro, Edvard, *The Case Law of the International Court: III. Individual and Dissenting Opinions 1947 – 1958 B*, A. W. Sijthoff, 1963.

[26] Henkin, Louis, *How Nations Behave*, Columbia University Press, 1979.

[27] Hussain, Ijza, *Dissenting and Separate Opinions at the World*

Court, M. Nijhoff Publishers, 1984.

[28] Janis, Mark W. eds., *International Courts for the Twenty-First Century*, M. Nijhoff Publishers, 1992.

[29] Jenks, C. Wilfred, *The Prospects of International Adjudication*, Stevens & Sons, 1964.

[30] Koopmans, Sven M. G., *Diplomatic Dispute Settlement: The Use of Inter-State Conciliation*, T. M. C Asser Press, 2008.

[31] Ku, Charlotte & F. Diehl, Paul, *International Law: Classics and Contemporary Readings*, Lynne Rienner Publisher, 1998.

[32] Lauterpacht, Hersch, *The Development of International Law by the International Court*, Cambridge University Press, 1982.

[33] Lowe, Vaughan and Fitzmaurice, Malgosia eds., *Fifty Years of the International Court of Justice: Essays in Honour of Sir Robert Jennings*, Cambridge University Press, 1996.

[34] Mackenzie, Ruth, et al. eds., *The Manual on International Courts and Tribunals* (2nd Ed.), Oxford University Press, 2009.

[35] McWhinney, Edward, *The Internaitonal Court of Justice and the Western Tradition of International Law: the Paul Martin Lectures in International Relations and Law*, M. Nijhoff Publishers, 1987.

[36] Merrills, J. G. and Fitzmaurice, Gerald, *Judge Sir Gerald Fitz-maurice and the Discipline of International Law: Opinions on the Interna-tional Court of Justice*, 1961 – 1973, Kluwer Law International, 1998.

[37] Merrills, J. G., *International Dispute Settlement* (fifth ed.), Cambridge University Press, 2011.

[38] Muller, A. S. et al. eds., *The International Court of Justice: Its*

Future Role after Fifty Years, Kluwer Law International, 1997.

[39] Peck, Connieand Lee, Roy S., eds., *Increasing the Effectiveness of the International Court of Justice*: *Proceedings of the ICJ/UNITAR Colloquim to Celebrate the 50th Anneversary of the Court*, M. Nighoff, 1997.

[40] Romano, Cesare P. R. eds., *The Sword and the Scales*: *United States and International Courts and Tribunals*, Cambridge University Press, 2009.

[41] Rosenne, Shabtai, *Documents on the International Court of Justice* (Second Edition), Sijthoff & Noordhoff, 1979.

[42] Rosenne, Shabtai, *Essays on International Law and Practice*, M. Nijhoff Publishers, 2007.

[43] Rosenne, Shabtai, *Intervention in the International Court of Justice*, M. Nijhoff Publishers, 1993.

[44] Rosenne, Shabtai, *Practice and Methods of International Law*, Oceana, 1984.

[45] Rosenne, Shabtai, *Procedure in the International Court*: *A Commentary on the 1978 Rules of the International Court of Justice*, M. Nijhoff Publishers, 1983.

[46] Rosenne, Shabtai, *The Law and Practice of the International Court*, 1920 – 1996, M. Nijhoff Publishers, 1997.

[47] Rosenne, Shabtai, *The World Court*: *What it is and how it works* (Fifth Completely Revised Edition), M. Nijhoff Publishers, 1995.

[48] Sands, Pierre and Klein, Pierre, *Bowett's of International Institutions*, Sweet and Maxwell, 2001.

[49] Schwebel, Stephen M., *Justice in International Law*, Cambridge

University Press, 2011.

[50] Shahabuddeen, Mohamed, *Precedent in the World Court*, Cambridge University Press, 2007.

[51] Shaw, Malcolm, *International Law*, 6th ed., Cambridge University Press, 2008.

[52] Singh, Nagendra, *The Role and Record of the International Court of Justice*, M. Nijhoff Publishers, 1989.

[53] Spiermann, Ole, *International Legal Argument in the Permanent Court of International Justice: The Rise of the International Judiciary*, Cambridge University Press, 2005.

[54] Szafarz, Renata, *The Compulsory Jurisdiction of the International Court of Justice*, M. Nijhoff Publishers, 1993.

[55] Thirlway, Hugh, *The Law and Procedure of the International Court of Justice: Fifty Years of Jurisprudence*, Oxford University Press, 2013.

[56] Tomuschat, Christian and Thouvenin, Jean-Marc eds., *The Fundamental Rules of the International Legal Order: Jus Cogens and Obligations Erga Omnes*, M. Nijhoff Publishers, 2006.

[57] Wallace-Bruce, Nii Lante, *The Settlement of International Disputes: The Contribution of Australia and New Zealand*, M. Nijhoff Publishers, 1998.

[58] Yee, Sienho, *Towards an International Law of Co-progressiveness*, M. Nighoff, 2004.

[59] Zimmermann, Andreaset al. eds., *The Statute of the International Court of Justice: A Commentary*, Second Edition, Oxford University

Press, 2012.

六 英文论文

[1] ABILA Committee on Intergovernmental Settlement of Disputes, "Reforming the United Nations: What About the International Court of Justice?", *Chinese Journal of International Law*, Vol. 5, No. 1, 2006.

[2] Al-Qahtani, Mutlaq, "The Status of Would-Be Intervening States before the International Court of Justice and the Application of *Res Judicata*", *The Law and Practice of International Courts and Tribunals* 2: 269 - 294, 2003.

[3] Bilder, R., "Internaitonal Third Party Dispute Settlement", 17 *Denv. J. Int'l L. & Pol'y* 471 (1988 - 1989).

[4] Bonafé, Beatrice I., "Interests of a Legal Nature Justifying Intervention before the ICJ", *Leiden Journal of International Law*, 25, 2012, doi: 10. 1017/S0922156512000362.

[5] Charney, Jonathan I., "The Impact on the International Legal System of the Growth of International Courts and Tribunals", *International Law and Politics*, Vol. 31, 1999.

[6] Charney, Jonathan I., "Third Party Dispute Settlement and International Law", 36 *Colum. J. Transnat'l L.* 65 (1998).

[7] Chinkin, C., "Third-Party Intervention before the International Court of Justice", 80 *Am. J. Int'l L.* 495 (1986).

[8] Collier, J., "Intervention in the International Court: A Slight Breakthrough", *The Cambridge Law Journal*, Vol. 50, No. 2, 1991.

[9] De Hoogh, A. J. J., "Intervention under Article 62 of the Statute

and the Quest for Incidental Jurisdiction without the Consent of the Principle Parties", *Leiden Journal of International Law*, Vol. 6, No. 1, 1993.

[10]Evans, Malcolm D. and Shaw, Malcolm N., "Case Concerning The Land, Island And Maritime Frontier Dispute(El Salvador/Honduras: Nicaragua Intervening), Judgment of 11 September 1992", *International and Comparative Law Quarterly*, 42, 1993, doi:10. 1093/iclqaj/42. 4. 929

[11]Evans, Malcolm D., "Intervention in the International Court of Justice by Shabtai Rosenne", *The International and Comparative Law Quarterly*, Vol. 43, No. 2, Apr., 1994.

[12] Gill, Terry, "Third Party Intervention in Contentious Proceedings at the International Court within the Context of Litigation Strategy", *American Society of International Law*, Vol. 85, 1991.

[13]Greig, D. W., "Nicaragua and the United States: Confrontation over the Jurisdiction of the International Court", *British Yearbook of International Law*(1991)62(1): 119 – 281.

[14] Greig, D., "Third Party Rights and Intervention before the International Court", 32 *Va. J. Int'l L.* 285(1991 – 1992).

[15] Gross, Leo, "The Jurisprudence of the World Court: Thirty-Eighth Year (1959)", *The American Journal of International Law*, Vol. 57, No. 4, Oct., 1963.

[16]Highet, Keith, "Intervention in the International Court of Justice by Shabtai Rosenne", *The American Journal of International Law*, Vol. 89, No. 3, Jul., 1995.

[17]Irwin, Joe C., "An Alternate Role for the International Court of

Justice: Applied to Cameroon v. Nigeria", 26 *Denv. J. Int'l L. & Pol'y* 759 1997 – 1998.

[18] Jessup, Philip C., "Intervention in the International Court", *The American Journal of International Law*, Vol. 75, No. 4, Oct., 1981.

[19] Kammerhofer, Jörg and De Hoogh, André, "All things to All People? The International Court of Justice and its Commentators", *The European Journal of International Law*, Vol. 18, 2007.

[20] Kirgis, Frederic L. et al., "The Maturing of the ICJ", *Proceedings of the Annual Meeting (American Society of International Law)*, Vol. 88, The Transformation of Sovereignty, AApr. 6 – 9, 1994.

[21] Kokott, Julia B., "Die Intervention vor dem Internationalen Gerichtshof. by Wolfgang Fritzemeyer", *The American Journal of International Law*, Vol. 82, No. 1, Jan., 1988.

[22] Lauterpacht, Elihu, "The Waning of the Requirement of Consent", *Proceedings of the Annual Meeting (American Society of International Law)*, Vol. 85, AApr. 17 – 20, 1991.

[23] Mathias, D. Stephen, "The 2008 Judicial Activity of the International Court of Justice", *The American Journal of International Law*, Vol. 103, No. 3, Jul., 2009.

[24] Mcginley, G., "Intervention in the International Court: the Libya/Malta Continental Shelf Case", *International and Comparative Law Quarterly*, Vol. 34, 1985.

[25] McGinley, Gerald P., "Intervention in the International Court: The Libya/Malta Continental Shelf Case", *The International and Comparative Law Quarterly*, Vol. 34, Oct., 1985.

[26] Merrills, J. and Evans, Malcolm D., "The Land and Maritime Boundary Case (Cameroon v. Nigeria): The Intervention by Equatorial Guinea", *International and Comparative Law Quarterly*, Vol. 49, No. 3, Jul., 2000.

[27] Merrills, J. G., "Sovereignty over Pulau Ligatan and Pulau Sipadan (Indonesia v Malaysia): The Philippines' Intervention", *The International and Comparative Law Quarterly*, Vol. 51, No. 3, Jul., 2002.

[28] Moore, A., "Ad hoc chambers of the international court and the question of intervention", *Case Western Reserve Journal of International Law*, Summer 92, Vol. 24 Issue 3.

[29] Morrison, Fred L., "Legal Issues in the Nicaragua Opinion", *The American Journal of International Law*, Vol. 81, No. 1, Jan., 1987.

[30] Murphy, Sean, "Amplifying the World Court's Jurisdiction through Counter-Claims and Third-Party Intervention", 33 *Geo. Wash. Int'l L. Rev.* 5 (2000 – 2001).

[31] Myers, Denys P. reviewed, "Fundamental Problems of International Law. by D. S. Constantopoulos; C. Th. Eustathiades; C. N. Fragistas", *The American Journal of International Law*, Vol. 53, No. 2, Apr., 1959.

[32] Oda, Shigeru, "The Compulsory Jurisdiction of the International Court of Justice: A Myth? A Statistical Analysis of Contentious Cases", *The International and Comparative Law Quarterly*, Vol. 49, No. 2 Apr., 2000.

[33] Palcbetti, Paolo, "Opening the International Court of Justice to Third States: Intervention and Beyond", *Max Planck Yearbook of United*

Nations Law, Vol. 6, 2002.

[34] Posner, E., "The Decline of the International Court of Justice", *John M. Olin Law & Economics Working Paper*, No. 233. (2d Series), available at: http://www. law. uchicago. edu/files/files/233. eap _. icj _. pdf, 2012 - 7 - 7.

[35] Pouliot, Vincent, "Forum prorogatum before the International Court of Justice: the Djibouti v. France case", *The Hague Justice Portal*, Issue 3, 2008.

[36] Quintana, J., "The Intervention by Nicaragua in the Case between El Salvador and Honduras before an *Ad Hoc* Chamber of the International Court of Justice", *Netherlands International Law Review*, Vol. 38, 1991.

[37] Raju, Deepak & Jasari, Blerina, "Intervention before the International Court of Justice-A Critical Examniation of the Court's Recent Decision in Germany v. Italy", 6 *NUJS Law Review* 63(2013).

[38] Rosenne, Shabtai, "Some Reflections on Intervention in the International Court of Justice", *NILR*, Vol. 34, 1987.

[39] Rubio, Mariano García, "Intervention Before the International Court of Justice: The Nicaraguan Intervention in El Salvador/Honduras Case", *Anuario Mexicano de Derecho Internacional*, Vol. I, 2001.

[40] Schwebel, Stephen M., "Third Parties in International Law. by Christine Chinkin", *The American Journal of International Law*, Vol. 89, No. 4, Oct., 1995.

[41] Scobbie, Iain, "Discontinuance in the International Court: The Enigma of the *Nuclear Tests* Cases", *International and Comparative Law*

Quarterly, Vol. 4, 1992, pp. 808 – 840.

[42] Sztucki, Jerzy., "Intervention under Article 63 of the ICJ Statute in the Phase of Preliminary Proceedings: The 'Salvadoran Incident'", *The American Journal of International Law*, Vol. 79, No. 4, Oct., 1985.

[43] Tania Licari, "Intervention under Article 62 of the Statute of the I. C. J.", 8 *Brook. J. Int'l L.* 267(1982).

[44] Wright, Q., "The International Court of Justice and the Interpretation of Multilateral Treaties", *The American Journal of International Law*, Vol. 41, No. 2, Apr., 1947.

[45] Yee, Sienho, "Forum Prorogatum in the International Court", 42 *German Yearbook of International Law*, 1999.

[46] Yee, Sienho, "Forum Prorogatum Returns to the International Court of Justice", *Leiden Journal of International Law*, 16, 2003.

七 国际条约和文件

[1] 《联合国宪章》

[2] 《国际法院规约》

[3] 《国际法院规则》

[4] 《国际法院年鉴》

[5] 《国际法院报告》

[6] 《国际法院判决、咨询意见和命令摘要》

[7] *Documents Presented to the Committee Relating to Existing Plans for the Establishment of a Permanent Court of International Court of Justice.*

[8] *Procès-Verbaux of the Proceedings of the Committee*, 1920.

八 相关案例

[1] 1923 年温布尔顿号案（英国、法国、意大利诉德国，波兰请求参加）

http：//www. icj-cij. org/pcij/series-a. php？p1＝9&p2＝1

[2] 1950 年哈雅·德·拉·托雷案（哥伦比亚诉秘鲁）

http：//www. icj-cij. org/docket/index. php？p1＝3&p2＝3&code＝haya&case＝14&k＝d4&p3＝0

[3] 1953 年从罗马移出黄金案（意大利诉法国、英国、美国）

http：//www. icj-cij. org/docket/index. php？p1＝3&p2＝3&code＝gold&case＝19&k＝79&p3＝0

[4] 1973 年核试验案（新西兰诉法国、新西兰诉澳大利亚，斐济请求参加）

http：//www. icj-cij. org/docket/index. php？p1＝3&p2＝3&code＝nzf&case＝59&k＝6b&p3＝0

http：//www. icj-cij. org/docket/index. php？p1＝3&p2＝3&code＝af&case＝58&k＝78&p3＝0

[5] 1978 年大陆架案（突尼斯与利比亚，马耳他请求参加）

http：//www. icj-cij. org/docket/index. php？p1＝3&p2＝3&code＝tl&case＝63&k＝c4&p3＝0

[6] 1982 年大陆架案（利比亚与马耳他，意大利请求参加）

http：//www. icj-cij. org/docket/index. php？p1＝3&p2＝3&code＝lm&case＝68&k＝a8&p3＝0

[7] 1984 年尼加拉瓜军事行动案（尼加拉瓜诉美国，萨尔瓦多请求参加）

http：//www. icj-cij. org/docket/index. php？p1 = 3&p2 = 3&code = nus&case = 70&k = 66&p3 = 0

［8］1986 年陆地、岛屿和海域边界争端案（萨尔瓦多与洪都拉斯，尼加拉瓜请求参加）

http：//www. icj-cij. org/docket/index. php？p1 = 3&p2 = 3&code = sh&case = 75&k = 0e&p3 = 0

［9］1989 年瑙鲁案（瑙鲁诉奥地利）

http：//www. icj-cij. org/docket/index. php？p1 = 3&p2 = 3&code = naus&case = 80&k = e2&p3 = 0

［10］1991 年东帝汶案（葡萄牙诉奥地利）

http：//www. icj-cij. org/docket/index. php？p1 = 3&p2 = 3&code = pa&case = 84&k = 66&p3 = 0

［11］1994 年陆地和海域边界案（喀麦隆诉尼日利亚，赤道几内亚请求参加）

http：//www. icj-cij. org/docket/index. php？p1 = 3&p2 = 3&code = cn&case = 94&k = 74&p3 = 0

［12］1998 年利吉丹岛和西巴丹岛主权案（印度尼西亚与马来西亚，菲律宾请求参加）

http：//www. icj-cij. org/docket/index. php？p1 = 3&p2 = 3&code = inma&case = 102&k = df&p3 = 0

［13］2001 年领土和海洋争端案（尼加拉瓜诉哥伦比亚，哥斯达黎加、洪都拉斯请求参加）

http：//www. icj-cij. org/docket/index. php？p1 = 3&p2 = 3&code = nicol&case = 124&k = e2&p3 = 0

［14］2008 年国家管辖豁免案（德国诉意大利，希腊请求参加）

http：//www. icj-cij. org/docket/index. php？ p1 = 3&p2 = 3&code = ai&case = 143&k = 60&p3 = 0

［15］2010 年南极捕鲸案（澳大利亚诉日本，新西兰请求参加）

http：//www. icj-cij. org/docket/index. php？ p1 = 3&p2 = 3&code = aj&case = 148&k = 64

九　相关网站

［1］联合国：http：//www. un. org/

［2］国际法院：http：//www. icj-cij. org/

［3］联合国国际法委员会：http：//www. un. org/law/ilc/

［4］中华人民共和国外交部：http：//www. fmprc. gov. cn

后　记

匆匆。

匆匆不光是一个个思考的下午和写作的深夜，不光是那些南方暖阳和北方落雪共享的季节，匆匆，是这五年。

本书是在我的博士学位论文基础上修改而成的。时至今日，我仍然认为，国际法院的参加制度在国际法学领域还并不是一个热门的研究课题，然而，这不意味着我们可以忽略甚至无视它。今年是国际法院成立 70 周年，对于这一联合国的主要司法机关，我们应当对其有一个全面而系统的认识，而现实是对国际法院的研究目前还有很多地方是不足的——这也是我五年前选题的初衷。随后根据文献阅读和分析，我选择对《国际法院规约》第 62 条下的参加制度进行深入研究。论文成稿于 2014 年，修改本书文稿的时候，正值"南海仲裁案"讨论热烈之时，这更让我意识到，国际法领域还有很多需要钻研。不论是立足于学科领域的研究本身，还是出于对国家的国际法实践的关切，我希望可以从这一段研究中有所学习和收获。

论文的写作和修改过程是艰辛而卓有收获的。在这里不言其苦，因为这是任何学术研究都必须而且正在经历的，它不是终点，而是未完的过程。所以无需多言，我要做的就是致谢。

最要感谢的是我的导师江国青教授。五年前我辞去工作重新选择人生道路，跟随导师进一步学习国际法。不论是研习国际法基础理论还是国际法实践，我在学业上的探索和进步都离不开他的引领和帮助。也不论是在课堂还是课外，江老师都毫不吝惜地和我们分享他对学术的思考与经验。论文从选题、写作、成稿到修改，这一过程一直都凝聚着他的指导和关切。老师治学严谨，做事认真细致，这一点尤让学生铭记。在面对社会生活的纷繁浮躁时，他的这一品性一直提醒我为人之沉静与踏实。虽然江老师在学习上对学生要求严格，但是在学习以外，他一直为学生着想，尽量与人方便。参加工作后，老师还常常关心学生的工作和生活，时常提醒我们注意身体。师母杨慧芳教授也一直关心爱护着我。她在学术研究上的坚持、执着亦为学生所学习。我毕业南下时，老师和师母给我的鼓励与期许我犹记心间，在此一并致以深深的谢意！

感谢其他诸位敬爱的老师。外交学院的苏浩教授和张历历教授在外交战略和外交学等领域的授课和指导拓宽了我的学术视野，在增强学术研究的问题意识上为我的写作提供了思路和方法。这两位教授以及郑启荣教授、中国政法大学的梁淑英教授、中国人民大学的邵沙平教授、北京大学的张清敏教授、国际关系学院的吴慧教授、北京理工大学的李寿平教授和杨成铭教授在开题、评阅和答辩时对论文提出了宝贵的意见。另外，李寿平教授和杨成铭教授也一直对我的学习和生活表示关心。他们为我提出了许多积极的学术和人生建议。感谢这些诲人不倦的老师，我的成长道路因为遇到他们而变得更加宽广。

读书期间，同窗间的情谊是珍贵的。感谢王怀胜、韩叶、姜志达、崔越、席桂桂、凌胜利、黎旭坤、张怿丹等同学。在进行项目研究的过程中我有幸熟识了黄茜茜、何为两位学妹。她们踏实的研究态度和高效的做事风格都值得我学习，在此也感谢她们给我的鼓励。亦感谢李圣刚博士、李活力博士、朱镜宇博士以及还在异国求学的杨倩博士，还有我的朋友姜琨琨、董一鹏、易思、李少伟、刘敏等。他们或是积极为我提供有关中外文的文献资料，或是不断关心、支持和激励我，正是这些深厚的友谊让我在论文写作过程中一直保持着乐观开朗的心态。

毕业以后，我断续地对论文进行修改和完善。论文有幸获得单位的资助，在此要感谢我的工作单位浙江省社会科学院以及院领导张伟斌书记、迟全华院长、陈柳裕副院长、葛立成前副院长、毛跃副院长、王金玲前副院长以及方志办潘捷军主任等对我论文的认可并提出相应的修改意见。还要特别感谢唐明良副研究员、王崟屾副研究员、沈军副研究员、罗利丹副研究员等同事和前辈们给予我的理解和分担，让我能抽出宝贵的时间专心于论文修改。

感谢社会科学文献出版社的周志宽编辑和杨春花编辑。他们对书稿字斟句酌地编辑和审校，甚为辛苦，诸多修改意见也让我收获颇丰。

最后要言及的是家人。感谢我的先生许昌博士。他在我学术研究的过程中提出了许多中肯的意见和建议，并帮助我整理各种文献资料，校对文稿。他对我工作的理解和支持以及对家务的分担让我得以继续踏实地写作。

感谢父母。父母爱之深重，无以言表。我跟爸爸说我和同学去唱歌了，爸爸说，北方放歌，南国可闻。我想，那其实就是思念吧。这让我想起龙应台《目送》一文里最后那三个字——"不必追"。我常常离家远行，留给父母的大多是背影和记忆，而他们却能用最深厚的感情包容我的一切。

我想，我当健康、勤勉、向上，以感谢所有助我成长、前进的前辈和学友。五年是一个旅程，下一站，你我共勉。

弋浩婕

2016 年 8 月于杭州

图书在版编目(CIP)数据

国际法院参加制度研究：以《国际法院规约》第62
条为视角／弋浩婕著． －－ 北京：社会科学文献出版社，
2016.10

（中国地方社会科学院学术精品文库．浙江系列）

ISBN 978 - 7 - 5097 - 9827 - 0

Ⅰ.①国… Ⅱ.①弋… Ⅲ.①国际法院 - 规章制度 -
研究 Ⅳ.①D813.4

中国版本图书馆 CIP 数据核字（2016）第 245707 号

·中国地方社会科学院学术精品文库·浙江系列·

国际法院参加制度研究
——以《国际法院规约》第 62 条为视角

著　　者／弋浩婕

出 版 人／谢寿光
项目统筹／宋月华　杨春花
责任编辑／周志宽

出　　版／社会科学文献出版社·人文分社（010）59367215
　　　　　地址：北京市北三环中路甲 29 号院华龙大厦　邮编：100029
　　　　　网址：www. ssap. com. cn
发　　行／市场营销中心（010）59367081　59367018
印　　装／三河市尚艺印装有限公司

规　　格／开 本：787mm×1092mm　1/16
　　　　　印 张：23　字 数：285 千字
版　　次／2016 年 10 月第 1 版　2016 年 10 月第 1 次印刷
书　　号／ISBN 978 - 7 - 5097 - 9827 - 0
定　　价／98.00 元

本书如有印装质量问题，请与读者服务中心（010 - 59367028）联系